공동체 시리즈 **1**

리더십은 이렇게

느 헤 미 야 강 해

| 배현찬 지음 |

Q 쿰란출판사

발간사

　디아스포라 목회 30년이 되던 2011년에 제가 섬기는 주예수교회가 한인교회 최초로 미국 장로교(PCUSA)가 수여하는 '사회봉사상'을 받았습니다. 하나님의 은혜와 섭리 안에서 이루어져가는 이민 목회의 열매라고 생각합니다.

　미래의 사역에 대한 새로운 발전의 계기가 되기를 기대하면서, 열매의 씨를 뿌리는 마음으로 공동체 시리즈를 세상에 내놓게 되었습니다. 이 책은 디아스포라의 삶의 애환(哀歡)이 묻어 있는 신앙적 결단과 시대상황적 소명이 함께 어울어진 공동체 사명의 결정체입니다. 척박한 목회 환경에서 분투하는 이민목회자들, 전세계 디아스포라 현장에서 사역하는 선교사님들, 그리고 새로운 문화적 도전 앞에 맞서야 하는 한국교회의 목회자들과 평신도 지도자들에게 유용한 자료가 되기를 간절히 소망합니다.

　한국교회와 미주 한인교회에서 선구자적 사역을 감당하고 있는 동역자 일곱 분의 추천이 출판에 큰 격려가 되었습니다. 기독교 문화사역에 헌신하는 쿰란출판사와 시대적 사명에 함께하는 주예수교회 공동체에 깊은 감사를 드립니다.

추천사를 쓰신 분들은 다음과 같습니다.

1. 함께 세우는 공동체 / 리더십은 이렇게 (느헤미야 리더십 강해)

   오정현 목사 (사랑의 교회 담임, 국제제자훈련원 원장)

   정인수 목사 (애틀랜타 연합장로교회 담임, 미주 크리스천 타임스 이사장)

2. 함께 자라는 공동체 / 양육은 이렇게 (로마서 함께 읽기 및 적용)

   김성봉 목사 (신반포중앙교회 담임, 전 안양대학교 신학대학원장)

   유승원 목사 (디트로이트 연합장로교회 담임, 전 나사렛 신학대학원 교수)

3. 함께 섬기는 공동체 / 사회선교는 이렇게

   (디아스포라 교회의 다인종 지역사회 봉사 이론 및 실제)

   호성기 목사 (안디옥교회 담임, 세계전문인선교회(PGM) 국제 대표, 한인세계선교 네트워크(KIMNET) 회장)

   정종훈 교수 (연세대학교 교목실장, 기독교 윤리학 교수)

   김세광 교수 (서울장신대학교 신학대학원장, 한국 실천 신학회장)

추천사

    쓰나미와 같은 엄청난 변화의 해일이 일고 있는 오늘날 목회 환경에서 씨름하는 목회자들을 바라볼 때마다 경외의 마음을 품게 됩니다. 저자 배현찬 목사님은 척박한 이민 목회지에서 창조와 비전의 리더십을 가지고 성공적인 목회를 감당하고 계십니다. 때때로 처절한 목회 위기 가운데 절망의 나락에도 빠져 들어갔지만 목사님은 다시금 일어나 새로운 부흥의 이야기를 써 내려가고 계십니다. 그동안의 아픔과 상처가 목사님의 리더십을 새롭게 갱신하는 은총의 계기가 되었습니다. 이제 배 목사님의 목회 지도력이 완숙해지면서 그 모든 목회의 경험과 노하우를 이번에 《리더십은 이렇게》라는 책에서 집약하고 계십니다.

    리더십은 단지 전략이나 커뮤니케이션 정도가 아닙니다. 리더십은 보다 깊은 본질적인 내면을 다루고 있습니다. 그것은 하나님과의 깊은 관계성에서 오는 것입니다. 배 목사님은 험한 리더십의 여정 속에서 하나님을 체험적으로 이해하셨습니다. 그리고 그것을 느헤미야서 곳곳에서 자신의 눈으로 새롭게 조명해 가고 계십니다. 본서를 통해 영적인 리더십의 본질을 조목조목 다루고 계십니다. 더구나 이민 목회의 현장에서 피와 눈물과 발로 쓴 검증된 목회의 이야기입니다.

리더십은 또한 개인 한 사람으로 완성될 수 없는 공동체적인 요소를 안고 있습니다. 주예수교회라는 공동체를 통해 목사님은 온몸으로 교우들과 함께 웃고 울며 목회하시는 가운데 아름다운 공동체를 세워 나가셨습니다. 느헤미야가 백성들과 한덩이가 되어 성벽을 건설한 것과 같은 동일한 이야기가 주예수교회를 통해 펼쳐지고 있습니다. 목회가 담임 목사 혼자의 전유물이 아닌 모든 평신도들과 공유하는 배 목사님의 뚜렷한 평신도 사역 철학을 곳곳에서 느낄 수 있습니다.

또한 이 느헤미야 강해집은 전통 교회의 허물을 벗어 버리고 새로운 교회로 탈바꿈하는 혁신적인 교회의 몸부림의 산물입니다. 광야같은 이민 목회 현장에서 느헤미야서와 씨름하면서 놀라운 성서적인 통찰력의 눈으로 써 내려간 이야기입니다. 구약의 현장을 오늘의 삶과 사역의 현장으로 그대로 접목하여서 살아있는 말씀으로 새롭게 써 내려 가셨습니다.

모든 목회자, 영적인 리더들, 평신도, 그리고 사역의 현장에서 하나님의 음성을 듣고자 하는 모든 주의 사역자들에게 위로와 힘을 공급해 주는 희망의 저서입니다. 이 책이 이민 목회의 새로운 지평을 열어갈 수 있게 되기를 기원합니다.

애틀란타 연합장로교회 담임목사, 미주 크리스천 타임스 이사장
정인수

추천사

그리스도인의 정체성 회복의 뿌리는 건강한 공동체요, 공동체 재건의 출발인 비전 성취의 열쇠는 협력입니다. 말씀 중심의 제자훈련과 디아스포라 교회의 사회선교사역에 집중하여 이민 목회의 귀한 모델이 되고 있는 리치몬드 주예수교회 배현찬 목사님이 이민목회 30주년을 맞아 출간하는 공동체 시리즈의 첫번째로 느헤미야를 선택한 것은 그런 점에서 더 큰 은혜가 있다고 생각합니다. 하나님과 동행한 느헤미야의 리더십은 공동체의 회복과 부흥을 위해 반드시 깊이 이해하고 배워야 할 모범이기 때문입니다.

이 책에서 저는 주님의 사랑하는 자녀들을 제자로 바로 세우려는 배 목사님의 목양일념과 주님이 세우신 교회를 충성되게 섬기고 사랑하는 선한 청지기의 열정을 진하게 느낄 수 있었습니다. 하나님을 기쁘시게 할 인생의 목적을 바로 세우고 하나님과 함께 동행하여 날마다 승리의 삶을 살기 원하는 성도들과 이런 성도들과 함께 멋진 공동체를 세워 가길 원하는 모든 사역자들에게 기쁜 마음으로 추천합니다.

사랑의교회 담임목사, 국제제자훈련원원장 오정현

머리말

"부흥하는 교회의 가장 기본 되는 공통분모가 무엇인가를 생각해 오다 최근에야 깨달았는데, 건강하고 역동적으로 부흥하는 모든 교회의 공통분모는 바로 지도력(leadership)이었습니다. 너무 당연한 답인 것 같지만 저는 이것을 내 자신의 것으로 깨닫고 소화하고 확신하는 데 10년이 넘는 시간이 걸렸습니다…… 담임목사에게 어느 누구도 대신해 줄 수 없는 독특하고도 확고한 영역이 있음을 인식해야 하는데 그것은 바로 하나님을 향한 믿음의 은사와 꿈, 비전입니다. 이것이 부흥하는 교회의 지도력의 요체입니다. 이런 이유로 대부분 성장하는 교회의 목사는 선교 지향적(Missionary)일 뿐 아니라 비전 지향적(Visionary)이라는 평을 듣습니다…… 담임목사 혼자서 사역의 열매를 따고 혼자서 영광을 얻는 시대는 지나가고 담임목사와 부교역자, 담임목사와 평신도들이 모두 다 승리해야 합니다."(오정현, 《열정의 비전 메이커》, pp. 230-238).

열정의 비전 메이커 오정현 목사가 주장하는 이러한 논리에 가장 적합한 성서적 모형이 '느헤미야'입니다. 느헤미야는 예언자의 초월적 계시나 신비한 능력에 의존하기보다는, 실제적이며 구체적인 역사상황에서 이스라엘 민족 재건의 사역을 통하여 리더십의 모범을 보여준 지도자입니다. 또한 그는 비전의 사람으로서 공동체와 함께하는 지도자로 그 특징이 나타납니다.

빌 하이벨스의 말처럼 "비전은 열정을 만들어 내는 미래의 그림"(빌 하이벨스, 《리더십의 용기》, p. 30)이기 때문에, 하나님께서 리더의 인생에 명확한 비전을 부어주시면 열정이 끓어오르게 되어 있습니다. 그러므로 리더는 하나님이 주시는 비전에 수반된 강력한 감정을 절대로 거부해서는 안 되는 것입니다. 리더가 자신의 삶을 하나님께 온전히 드릴 때 하나님께서는 그를 당신이 사용하시는 지도자로 훈련시키시고 빚으셔서, 하나님께서 원하시는 역사를 이루어 가신다는 것을 느헤미야를 통해서 분명히 드러내셨습니다.

느헤미야 리더십 강해는 주일 예배시 교우들과 함께 주예수교회 공동체를 세워가시는 하나님의 도전에 공동체가 응답하는 새 역사 창조의 이야기입니다. 주예수교회 설립을 통하여 지난 12년 동안 역사하신 하나님의 신묘막측한 섭리를 감사하며, 하나님께서 기대하시는 앞날의 사역에 대한 부름 앞에 순종하는 다짐입니다. 문화적 충격과 가치관의 혼돈 속에서 도전받는 오늘의 교회가, 느헤미야 같은 지도력으로 함께 세우는 건강한 신앙 공동체가 되기를 기대하면서, 동역자들에게 도움이 되기를 간절히 바랍니다.

2012년 9월 10일
주예수교회 담임목사 배현찬

목 차

발간사   2
추천사_ 정인수(애틀란타 연합장로교회 담임목사,   4
           미주 크리스천 타임스 이사장)
        오정현(사랑의교회 담임목사, 국제제자훈련원원장)   6
머리말   7

I. 상황을 분석하라

1 하나님과 동행하는 삶 (1:1-3)   14
2 먼저 기도로 준비하라 (1:4-13)   27
3 하나님의 때에 위기를 기회로 (2:1-8)   40
4 대적을 물리쳐라 (2:9-10, 19-20)   51
5 선한 일을 도모하라 (2:11-18)   63

II. 믿음으로 도전하라

6 영예로운 38명 (3:1-32)	76
7 업신여김을 당하지 않는 믿음 (4:1-6)	94
8 열 번 찍어 안 넘어가는 믿음 (4:7-14)	104
9 전천후 믿음 (4:15-23)	116

III. 하나님과 더불어 하라

10 서로를 위하여 (5:1-13)	130
11 함께 일하는 지도자 (5:14-19)	145
12 모함을 견뎌내고 (6:1-9)	164
13 하나를 두렵게 하는 자 (6:10-14)	175
14 하나님께서 이루신 역사 (6:15-19)	190

IV. 지도자를 세워라

15 지도자들을 세우다 (7:1-4)   206
16 내 마음을 감동케 하사 (7:5-73)   223
17 말씀이 주는 기쁨 (8:1-12)   241
18 말씀을 행하는 기쁨 (8:13-18)   256
19 자복의 기도 (9:1-36)   270

V. 공동체와 함께하라

20 언약 공동체 (9:37-10:27)   288
21 하나님이 세우신 공동체 (10:28-39)   300
22 하나님의 공동체 (11:1-36)   319
23 거룩한 공동체 (12:1-47)   334
24 건강한 공동체 (13:1-27)   355
25 역사적 공동체 (13:28-31)   374

I. 상황을 분석하라

1. 하나님과 동행하는 삶

느헤미야 1:1-3

¹하가랴의 아들 느헤미야의 말이라 아닥사스다 왕 제이십년 기슬르 월에 내가 수산 궁에 있는데 ²내 형제들 가운데 하나인 하나니가 두어 사람과 함께 유다에서 내게 이르렀기로 내가 그 사로잡힘을 면하고 남아 있는 유다와 예루살렘 사람들의 형편을 물은즉 ³그들이 내게 이르되 사로잡힘을 면하고 남아 있는 자들이 그 지방 거기에서 큰 환난을 당하고 능욕을 받으며 예루살렘 성은 허물어지고 성문들은 불탔다 하는지라

디아스포라의 삶

우리가 떠나온 조국이 만약 이런 형편에 처했다면 우리의 마음이 얼마나 안타깝겠습니까? 우리가 두고 온 고향 산천이 이런 환난을 당하고 능욕을 받았다면 우리 가슴이 얼마나 찢어질 듯 아프겠습니까? 우리가 이렇게 미국 땅에 와서 안정된 삶을 누리고 자녀들을 잘 키우고 있지만, 만약 우리가 두고 온 조국, 삼천리 반도 강산인 모국 땅이 이렇게 가난과 침략에 찌들어 있다는 소식이 들린다면 우리가

어찌 곤히 잠을 잘 수 있겠습니까?

지난 주간 추석에는 대한민국 수도 서울에 집중호우가 한 시간 동안 계속되면서 많은 사람들이 피해를 입었습니다. 여러분 가운데 가족의 안부를 묻는 전화를 한 분도 많았을 것입니다. 이제 추석 명절은 우리 한민족의 조상들이 지내오던 한가위만이 아닙니다. 미국의 국무장관이 한국인의 추석을 축하한다는 성명을 발표할 정도로 다민족도 인정하는 우리의 'Thanksgiving Day'가 되었습니다. 미국에 사는 250만 재미 한인동포들(Korean-American)에게 추석은 미국 사회의 한 절기가 되어가고 있습니다.

1903년 하와이에 102명의 우리 선조들이 처음 이민 온 지 110여 년의 세월이 흘렀습니다. 그동안 이 땅에서 우리는 잘 정착하고 번영을 누려갈 뿐 아니라, 우리의 후손들이 자라서 이 땅의 지도자로서 그리고 세계 선교의 몫을 감당해 가는 신앙 공동체를 세워가는 이민 사회로 잘 자랐습니다. 2006년 1월 13일 미국 정부는 이날을 미주 한인의 날로 선포했습니다. 국가 기념일이나 대통령의 기념일 같은 큰 날은 아니지만, 그만큼 주류 사회에서 0.785퍼센트 밖에 되지 않는 이 소수 민족을 인정해 주고 있는 것입니다. 이민의 꿈으로 이루어진 이 나라에 살고 있는 우리에게 주는 좋은 도전과 사명으로 받아들여야 합니다.

디아스포라 느헤미야

느헤미야는 이민자의 3세대 내지 4세대로서, 바벨론에 살면서 크게 성공한 사람입니다. 그는 이국 땅인 바벨론으로 포로로 잡혀가 살고 있던 유대 민족의 이민자의(3세 또는 4세가 되는) 후손입니다.

　B.C. 586년 바벨론에게 망하고 포로로 팔려 간 유대 민족은 늘 고향을 그리워했습니다. 예레미야의 예언대로 70년이 되는 해에 고국에 돌아간 스룹바벨의 지도하에 약 4~5만 명의 사람들이 성전을 중건하기 시작했습니다. 성전 중건과 에스라의 신앙개혁 운동을 통해서 영적 부흥도 일어났지만, 14년의 세월이 흐르면서 이스라엘 백성들의 국가 재건의 꿈은 허물어지고 있었습니다. 성전은 봉헌되고 성전 예배는 이어졌지만, 예루살렘 성전과 예루살렘 성민을 에워싸야 할 성벽이 허물어진 채로 그대로 있었기 때문입니다.

　포로로 붙잡혀 온 지 140여 년의 세월이 흐르는 동안, 유대 민족은 느헤미야처럼 이민의 후손인 디아스포라로서 뿌리를 잘 내리고 있었습니다. 그러나 때때로 고향 산천에서 들려오는 소식으로 마음이 아팠습니다. 고향의 예루살렘 성전을 에워싸고 있는 성벽이 허물어진 채 적에게 무방비로 노출되어 있다는 것입니다. 적군들이 주민들을 괴롭혀도 어쩔 수 없는 상태로, 성전 제사만 이어져 가고 있다는 소식이 들려왔습니다.

　이 소식을 들은 느헤미야는 그때부터 조국 재건에 대한 꿈을 꾸고, 민족 재건에 대한 웅대한 사명감을 가지기 시작했습니다. 그래서 자기가 누리고 있는 최고의 권력과 부와 영화를 뿌리치고 조국으로 돌아가서, 140여 년 동안 허물어져 있던 성을 헌신과 결단으로 52일 만에 다시 쌓았습니다.

함께 일하는 지도자 느헤미야

느헤미야서는 성경에 나타나는 대표적인 리더십의 표상을 보여주는 책입니다. 성서적인 측면에서 기독교 지도력을 쓴 많은 저술가들이 느헤미야서를 그 표준으로, 가장 중요한 참고서로 삼고 있습니다. 《함께 일하는 지도자》(Hand Me Another Brick)라는 책을 쓴, 미국의 유명한 기독교 저술가인 찰스 스윈돌(Charles Swindoll) 목사님은 느헤미야의 리더십을 "함께 일하는 지도자"라고 표현했습니다.

느헤미야 리더십의 특징은 모든 유대 민족 지도자들과 이스라엘의 전 열두 지파와 함께, 52일 만에 민족 재건의 역사를 이루었다는 사실입니다.

한국인은 일대일 개인으로는 유대인을 앞지르고도 남는 지능과 열정이 있지만, 그들과의 경쟁에서 지고 마는 것은 훈련과 노력이 부족하기 때문입니다. 유대인들은 가는 곳곳마다 회당(Synagogue)을 세워 그들의 후손들과 함께 고유의 민족 언어인 히브리어로 예배를 드리고 교육하면서 민족문화를 가르치고 신앙을 계승하고 있습니다. 랍비를 통하여 영적 훈련과 지도를 받음으로, 세계 곳곳에 흩어진 디아스포라로서 손꼽히는 민족으로 인정받고 있습니다.

모범적인 지도자상 느헤미야

느헤미야는 어려운 역사적 배경 속에서 위대한 지도력을 감당한 사람입니다. 느헤미야는 스룹바벨의 1차 귀환이 있었던 140여 년 전에 이어서 14년 전의 에스라의 2차 귀환 후의 지도자로서 고향 땅에 52일 만에 성벽을 완성한 사람입니다. 성문을 달아서 성전을 보호하고 백성들을 그곳에 거주하게 함으로써 민족을 재건하고 나라를 굳건하게 중건했던 지도자입니다.

그러한 느헤미야는 그의 삶과 헌신을 통해서 "함께하는 지도력"을 발휘한 가장 모범적인 지도자상입니다. 오늘날 우리가 배워야 할 성서적 지도자 모형이고, 우리가 본받아야 할 신앙적 지도자의 표상입니다.

오늘날 우리 한인 디아스포라들, 특히 크리스천들은 느헤미야를 통해서 지혜를 얻어 신앙 공동체를 함께 세워가야 합니다. 함께 살아가고, 함께 예배드리고, 함께 이루어가고, 함께 사명을 감당하는 신적 기관이 교회이기 때문입니다. 예수 잘 믿고 신앙생활 잘하는 것은 교회 안에서 더불어 함께 그리스도의 몸이 되는 것입니다. 하나님 나라의 사역을 이 땅에 실현하는 것은 혼자 하는 것이 아닙니다. 함께하는 것입니다. 한 몸이 되어서 함께 같이 하는 것입니다. 이것은 성경이 우리에게 가르쳐 준 원리이자 하나님이 만드신 섭리입니다.

하나님이 신적 기관(Divine Institution)인 가정과 교회를 만드셨습니다. 이것은 공동체의 모형이자, 삶의 원리입니다. 신앙생활도, 교회 봉사도, 우리의 삶도 절대 혼자가 아닙니다. 성령님과 함께, 하나님과 함께, 예수님과 동행하면서, 그리스도의 형제들끼리 함께 사는 것이 우리입니다. '함께'는 성경이 가르치는 공동체적 삶의 원리입니다. 그러나 이것은 그냥 되는 게 아닙니다. 끊임없는 부단한 노력과 훈련으로 됩니다.

꿈을 가진 지도자

느헤미야는 역사적 사명을 가지고 꿈을 꾼 사람이었습니다. 꿈이 없는 백성은 망한다고 했습니다. 국가는 국가대로, 교회는 교회대로, 가정은 가정대로, 개인은 개인대로 비전이 있어야 합니다. 야망이 아니라 하나님이 주신 인생의 사명을 이룰 수 있는 비전이 있어야 합니다.

느헤미야는 혼자서 아무 걱정 없이 잘사는, 임금의 술 따르는 관원입니다. 술 따르는 관원이라고 해서 주방장 정도로 취급해서는 안 됩니다. 임금의 술 따르는 관원은 임금이 제일 믿는 사람이었습니다. 아내나 아들보다 더 믿었습니다. 국무총리보다 더 믿는 사람이었습니다. 왜 그렇습니까? 임금이 마시는 술을 임금 앞에서 자기가 마셔 보고 임금이 그걸 마시기 때문입니다. 예나 지금이나 지도자를 암살하고 독살하려는 사람으로부터 임금의 목숨을 지키고 보호하는 직책은 충신 중의 충신에게 맡겨집니다.

충신은 하나님 앞에 생명 걸어 놓고 신앙을 지키고 헌신하는, 일관된 삶을 사는 사람입니다. 이런 충신은 야망이 아닌 하나님이 주신 사명을 충성스럽게 꿈꾸는 것입니다.

기도로 시작하는 지도자

"내가 이 말을 듣고 앉아서 울고 수일 동안 슬퍼하며 하늘의 하나님 앞에 금식하며 기도하여"(느 1:4).

느헤미야는 일하다가 어려우니까 기도한 것이 아닙니다. 하다가 힘드니까 기도할 것이 아닙니다. 하다가 안 되니까 기도한 것이 아닙니다. 계획하기 전에, 일하기 전에, 판단하기 전에 기도부터 먼저 했습니다. 자기의 꿈을 이루기 전에, 자기에게 불타고 있는 사명감을 이루기 전에 먼저 기도부터 했습니다.

"하나님 이 일을 어떻게 하면 좋을까요? 하나님 어떻게 하면 되겠습니까? 하나님 너무나 답답합니다."

자기 마음을 먼저 하나님께 내놓았습니다. 계획하고 연구하고 실제적으로 시행하는 것은 그 다음의 일입니다. 계획하기 전에, 연구하기 전에, 사람들과 의논하기 전에, 먼저 마음이 하나님 앞에 불탔습니다. 이것이 무엇입니까? 성경적으로 표현하면 이것은 기도입니다. 더 깊은 차원으로 가면 금식 기도입니다. 하나님과 동행해서 승리하려고 하는데 기도 없이 어떻게 되겠습니까? 자기가 성공했고, 자기가 노력했고, 자기가 이루었으면 나중엔 하나님의 영광이 아닌 자기 높임, 곧 교만만 남습니다.

교만한 사람은 하나님의 영광을 드러내지 않고, 자기 명예와 자기 성취와 자기 잘된 것만 드러냅니다. 이런 교만만 남은 사람은 하나님께서 사용하지 않습니다.

"교만은 패망의 선봉이요 거만한 마음은 넘어짐의 앞잡이니라" (잠 16:18).

"무례하고 교만한 자를 이름하여 망령된 자라 하나니 이는 넘치는 교만으로 행함이니라" (잠 21:24).

젊거나 나이든 것이 중요하지 않고 하나님과 사람 앞에 무례하고 교만하면 망령된 자라고 말씀했습니다. 기도로 시작하는 자는 결코 그런 교만과 무례의 늪에 빠지지 않습니다.

사명을 완수하는 지도자

느헤미야는 일을 하면서 많은 모함과 박해가 안팎으로 있었지만, 끝까지 그 일을 완성해서 사명을 완수한 사람입니다. 그는 신념의 사람입니다.

처음이 중요하지만 끝이 더 중요합니다. 신념이 강해야 하겠지만 끝까지 자기의 사명을 완수하고 믿음을 끝까지 지켜야 합니다. 기분에 따라서, 관계에 따라서, 입장에 따라서, 형편에 따라서, 완수하지 않고 끝내지 않으면 열매가 없습니다. 심지어는 참는 것도 끝까지 참아야 됩니다. 다 참았는데 이것만은 못 참겠다 하면 지금까지 참은 것이 수포로 돌아가고 맙니다.

그래서 믿음의 인내를 온전히 이루라고 했습니다. 인내는 믿음의 온전성을 키우는 중요한 방법입니다. 기분이 나빠도 참고, 자존심이 상해도 참고, 건강이 허락하지 않아도 참고, 돈이 없어도 참고, 기도 응답이 없어도 참아야 합니다. 너무 기진맥진해도 참고, 참고 참으면서 그냥 그 신념대로 가는 길을 끝까지 가야 합니다. 그러면 세월이 가면서 늦은 비, 이른 비를 주시는 하나님의 섭리가 열매를 거두게 합니다. 죽은 씨를 뿌린 것이 아니라 산 소망이신 산 씨를 심었으니까, 내 믿음이 그리스도 안에서 산 부활의 믿음을 심었으니까, 때가 되면 하나님께서 그 열매를 거두어 주시는 것입니다.

그러나 심을 때 죽은 씨앗인 인간의 마음, 인간의 탐욕, 인간의 인기, 인간의 야망을 심었다면 아무리 비가 오고 이슬이 내리고 햇빛이 나도 무슨 열매가 나겠습니까? 세월이 지나면 결과가 드러나는 것이 신앙의 판결입니다. 왜냐하면 때의 주인은 하나님이시기 때문입니다.

신념을 지키는 지도자

독일에 이런 속담이 있습니다.
"자기 신념에 반하는 목사는 경멸해도, 자기 신념에 반하는 판사는 존경한다."

판사는 법대로 해야지 법대로 하지 않으면 존경을 못 받습니다. 그런데 법과 신념이 상치될 때가 있습니다. 그럴 때 법조문은 그의 신념을 무너뜨립니다. 그러나 목사는 그렇지 않습니다. 신앙은 신념으로 나타나기 때문입니다. 그래서 자기 신념에 반하는 목사는 경멸해도 되지만, 자기 신념에 반하는 판사는 오히려 존경하라는 것입니다. 판사는 법을 근거로 판결로써 말할 뿐입니다.

독일에서는 교수와 더불어 가장 존경받는 직업이 목사입니다. 법적으로 사회적으로 국가적으로 보장된 직업입니다. 최고의 가문에서 나오는 직업으로 여깁니다. 지금도 그 전통은 이어집니다. 그런 독일에서 '자기 신념에 반하는 목사는 경멸해라' 라는 말에 무슨 뜻이 있겠습니까?

여러분! 신앙을 지키지 못하고 믿음을 지키지 못하고 야합하고 타협해서 악에게 넘어지는, 자기 믿음에 반하는 그리스도인은 경멸

해도 좋다는 말을 생각해 보십시오. 내가 내 믿음을 못 지켜, 내가 내 직분을 못 지켜, 내가 그리스도인으로서 내 인격을 못 지켜, 경멸 당해도 괜찮습니까? 오해를 받고 핍박을 받고 멸시를 받아도 그 신앙의 신념을 지키는 자는 마침내 존경받습니다.

느헤미야는 신념의 사람이었기 때문에 그의 탁월한 지도력과 조직력을 동원해서 140년 동안 쌓지 못하던 성을 52일 만에 쌓았습니다. 얼마나 많은 안팎의 시련과 방해가 있었는지 모릅니다. 그 가운데서도 그는 이겨냈습니다. 혼자가 아니었습니다.

이스라엘 열두 지파 지도자들과 백성들이 한 손에는 횃불 들고 한 손에는 벽돌 들고 밤낮으로 파수하면서 방해자를 물리치고 기득권자를 극복시키면서, 하나님의 전을 지키는 성벽을 쌓았습니다. 온갖 위협과 방해 공작을 통해 두려움에 떨게 하고 모함을 해도 그는 신념을 가지고 민족 재건의 일을 끝까지 완수했습니다.

느헤미야가 보여준 헌신이나 사명감, 그의 끊이지 않는 추진력은 오늘날 우리가 이민자의 삶 속에서 도전받아야 할 마땅한 좋은 모형입니다.

신앙은 신념으로 표출됩니다. 신앙은 우리의 삶의 방식에서 신념화됩니다. 가치관이고 내 인생의 길이기 때문입니다. 세상은 갈수록 교묘해지고 복잡해져서 죽은 신앙은 아무런 역할을 할 수 없습니다. 나약해진 신앙은 아무런 능력이 없습니다. 그리고 타락하고 오염되고 또 퇴폐된 신앙은 아무런 영광의 도구가 될 수 없습니다.

하나님은 앞으로의 시대에 그런 신앙, 그런 믿음의 공동체를 원하지 않습니다. 오히려 힘들고 어려운 역경과 도전을 통해서 하나님과 동행하는 순수한 신앙 공동체를 원하십니다. 종내는 그 공동체의 노력들과 수고가 헛되지 않아서 하나님 앞에서 승리의 찬양을 부르며 하나님의 영광이 드러나고, 살아 계신 하나님께 기쁨을 드릴 수 있을 것입니다.

승리하는 지도자

느헤미야서를 통해서 우리가 영적으로 다시 깨어나기를 바랍니다. 다시 용기를 얻고 담대해지기를 바랍니다. 우리가 살고 죽는 것은 영의 문제입니다. 영이 우리의 육을 살리고, 혼이 우리의 삶을 인도하기 때문입니다. 우리의 혼을 인도하는 하나님의 영이 살아 있지 않으면, 그리고 그 영이 능력으로 우리를 역사하지 않으면 결국 세상 사람들에게 조롱받는 사람들이 됩니다.

그리스도의 능력을 잃어버린 사람은 마귀가 조롱거리로 만듭니다. "그것도 믿음이냐? 너희 믿음이 어디 있느냐? 그게 바로 신앙이냐?"

자존심에, 체면에 나약한 우리를 마귀가 조롱합니다.

인생에 문제 없는 사람이 없고 고난의 도전에 헤쳐 나가야 될 과제가 없는 사람 없습니다. 인생에 묘한 유혹과 마귀에 꾀임 앞에 서 보지 않은 사람은 없습니다. 그러나 우리가 말씀으로 살아있고 말씀으로 깨어 있고 말씀으로 무장해 있다면, 우리는 결코 마귀와의 싸움에서 지지 않습니다. 승리할 수 있습니다. 이것은 그리스도를 통해서 하나님이 보장해 놓으셨습니다. 예수님께서 마귀를 이기셨으니까요! 예수님께서 부활하셨으니까요! 예수님께서 주님 오실 때까지 음부의 권세가 너희를 넘나지 못하도록 지켜주신다고 약속하셨으니까요!

　우리의 인생은 약속 믿고 나가는 삶입니다. 믿음은 바라는 것들의 실상이요 보지 못하는 것들의 증거이기 때문입니다. 주님 오실 때까지 우리의 믿음을 잃지 않아야 합니다. 하나님의 계획 속에 있는데 그때그때 당하는 어려움이나 문제의 혼란 속에서 방황하고 도피해서 되겠습니까?

　이제 우리는 느헤미야서와 더불어 하나님과 동행하는 길에 들어섰습니다. 동행자와 함께 가면 동행자를 따라 목표에 맞춘 길이기 때문에 잘못된 길로 가지 않습니다. 또한 목표가 아무리 같아도 동행자와 나란히 가지 않으면 동행의 기쁨은 없습니다. 이제부터 하나님과 동행하는 승리의 삶을 갈망하며 느헤미야와 함께 삽시다.

하나님 아버지, 감사합니다.
세상은 참으로 교묘하고 우리 인간의 야망과 욕망은 참으로 간사합니다.
어떻게 우리가 이길 수 있고, 어떻게 승리할 수 있고,
어떻게 하나님과 더불어 승리하는 삶을 살 수 있을 것인지,
이제부터 느헤미야를 통해 하나님의 전에서 선포되는 말씀을 통하여,
다락방에서 나누는 그 말씀을 통하여,
이 힘들고 어렵고 힘든 현대 생활
무엇보다도 이민의 개척자와 같은 1세대 삶 속에서,
또한 주예수교회 공동체 비전 2020을 앞둔 역사적인 시점에서,
아버지 하나님의 말씀대로 고백하고
말씀대로 열매 맺고 말씀대로 증거하는
저희들이 되게 도와주시옵소서.
예수님 이름 의지하여 감사하옵고 기도드리옵나이다. 아멘.

2. 먼저 기도로 준비하라

느헤미야 1:4-11

⁴내가 이 말을 듣고 앉아서 울고 수일 동안 슬퍼하며 하늘의 하나님 앞에 금식하며 기도하여 ⁵이르되 하늘의 하나님 여호와 크고 두려우신 하나님이여 주를 사랑하고 주의 계명을 지키는 자에게 언약을 지키시며 긍휼을 베푸시는 주여 간구하나이다 ⁶이제 종이 주의 종들인 이스라엘 자손을 위하여 주야로 기도하오며 우리 이스라엘 자손이 주께 범죄한 죄들을 자복하오니 주는 귀를 기울이시며 눈을 여시사 종의 기도를 들으시옵소서 나와 내 아버지의 집이 범죄하여 ⁷주를 향하여 크게 악을 행하여 주께서 주의 종 모세에게 명령하신 계명과 율례와 규례를 지키지 아니하였나이다 ⁸옛적에 주께서 주의 종 모세에게 명령하여 이르시되 만일 너희가 범죄하면 내가 너희를 여러 나라 가운데에 흩을 것이요 ⁹만일 내게로 돌아와 내 계명을 지켜 행하면 너희 쫓긴 자가 하늘 끝에 있을지라도 내가 거기서부터 그들을 모아 내 이름을 두려고 택한 곳에 돌아오게 하리라 하신 말씀을 이제 청하건대 기억하옵소서 ¹⁰이들은 주께서 일찍이 큰 권능과 강한 손으로 구속하신 주의 종들이요 주의 백성이니이다 ¹¹주여 구하오니 귀를 기울이사 종의 기도와 주의 이름을 경외하기를 기뻐하는 종들의 기도를 들으시고 오늘 종이 형통하여 이 사람들 앞에서 은혜를 입게 하옵소서 하였나니 그때에 내가 왕의 술관원이 되었느니라

'J.C. Pill'을 매일 먹을 때

　오늘은 세계 성찬 주일로, 이 땅의 모든 교회가 그리스도의 몸과 피를 기념하는 성찬식을 거행합니다. 이 성찬식을 통해서 교회 공동체가 그리스도를 통하여 하나가 되고, 그리스도를 위하여 살며, 그리스도 안에서 교제를 나눕니다.

　우리는 십자가에서 흘리신 그리스도의 구속의 피로 정결하게 사함을 얻고, 의롭다 칭함을 받아 거룩하신 하나님 앞에 나와서 예배를 드립니다. 우리는 성찬식을 통해서 주님을 기념하고, 주님 오실 때까지 "나를 기념하여 이것을 행하라"(This do in remembrance of me)는 말씀대로 지킵니다. 그러나 사실은 예식으로뿐만 아니라 우리의 삶에서 예수 믿는 자로서의 능력과 소망을 위하여, 영적인 훈련을 하고 영적인 양식을 먹는 것입니다.

　지난 목요일 저는 예수 믿는 사람의 삶으로 장수하면서 기쁨의 삶을 누린 고백자의 모습을, <리치먼드 타임스 디스패치>(Richmond Times-Dispatch)에서 미국의 대통령과 함께 찍은 사진을 통해 보았습니다. 지난 수요일 오바마 대통령이 리치먼드에 와서 타운 홀 미팅을 하며 정치적인 대화를 하고 떠났습니다.

　그런데 그 미팅에서 리치먼드 인근 애슐랜드(Ashland)에 사는 버지니아 셸턴(Virginia Shelton)이라고 하는 한 할머니를 만나서 포옹을 하는 장면을 신문기자가 클로즈업해서 찍었습니다. 이분의 연세가 105세인데, 아름답게 옷을 입고 기쁜 모습으로 오바마 대통령에게 귀를 기울이는 모습을 보고, 대통령이 기분이 좋아서 올 때 안아 주고 갈 때 안아 주었다고 합니다.

그런데 대통령이 이분에게 질문을 했습니다.

"What is your secret?"(무슨 비결로 이렇게 건강하고 밝게 오래 사십니까?)

그분이 대답했습니다.

"I tell everybody to take their J.C. Pill, J.C. is Jesus Christ."(나는 사람들에게 J.C. Pill을 취하라고 말합니다. J.C. Pill은 "Jesus Christ"라는 약입니다.)

저는 미국에 처음 올 때 'JC Penny'를 좋아했습니다. 그 당시에는 JC Penny가 미국에서 가장 인기 있는 백화점이었습니다. 그런데 J.C. Pill이란 말은 목회를 30여 년을 해도 처음 들어 보았습니다.

사실은 저와 여러분이 늘 먹고 사용하는 약인데, 이 할머니처럼 이렇게 그 약의 효과를 본다고 자랑스럽게 고백하지 못했습니다. J.C. Pill을 먹고 앞으로 우리도 이 할머니처럼 기쁘게 삽시다. 우리가 보기에는 가난하게 사는 것 같고, 무식한 것 같고, 사회적으로 별 힘이 없는 것 같아도, 대통령 앞에서 당당하게 J.C. Pill을 먹고 있다고 말했습니다. 얼마나 단순하고 순수하고 용감한 고백입니까?

할머니가 오바마 대통령과 여러 가지 정치적인 얘기를 나누는 가운데 지금 대통령이 처한 어려움을 이해하는지, 대통령과 헤어지면서 마지막으로 이런 말을 했다고 합니다.

"지금 어렵지만, 하지만 당신이 진실을 그대로 말하는 한, 기독교 신앙의 모습으로 살려고 노력하고 그렇게 자신을 부추겨 가는 한 당신은 괜찮을 거니까 걱정하지 마세요."(As long as he tells the truth, keep looking a Christian image life he will be fine.)

대통령이 얼마나 큰 엔도르핀을 얻어 갔겠습니까?

오늘 아름다운 성찬식을 통해서 우리는 예수 그리스도가 우리의 주인 되시고, 우리 예수 그리스도가 우리 공동체의 모퉁잇돌이 되시고, 예수 그리스도를 통하여 우리가 형제자매가 되고, 예수 그리스도를 위하여 사는 것이 우리 인생의 목표라는 것을 우리는 다시 한번 확인해야 합니다.

기도로 준비하는 느헤미야

느헤미야는 예루살렘 성이 황폐해졌다는 소식을 들었습니다. 성문과 성벽이 세워지지 않은 채 성전만 있고, 그것을 둘러싸는 성벽은 허물어졌습니다. 그로 인해 이스라엘 민족의 마음은 뿔뿔이 흩어지고, 신앙 공동체로서 굳건하게 서 있지 않았습니다.

"내가 이 말을 듣고 앉아서 울고 수일 동안 슬퍼하며 하늘의 하나님 앞에 금식하며 기도하여"(느 1:4).

느헤미야는 1장 4절부터 11절까지 기도한다는 말을 반복해서 사용합니다. '종이 기도합니다. 하나님의 백성이 기도합니다. 주야로 기도합니다. 종의 기도를 들으시고 종들의 기도를 들으시옵소서.' 그래서 본문 말씀의 설교 제목을 "먼저 기도로 준비하라"고 정했습니다.

신앙의 승리를 위한 준비 기도

우리는 어떤 일을 하다가 어려움에 봉착하고 한계에 부딪치면 기도합니다. 그럴 때 우리는 새벽마다 교회에 와서 울부짖기도 하고, 앉으나 서나 그 문제가 해결되기를 위해 기도합니다. 그런데 그러한 기도는 사후약방문(死後藥方文)일 뿐입니다.

느헤미야와 같이 신앙으로 승리하는 삶을 살고 역사에 공헌을 하는 지도자는 모든 일을 시작하기 전에 기도합니다. 그 일이 위대하고 중요한 사명일수록, 마땅히 해야 할 당연지사나 어려운 과제일수록, 기도로 준비해서 시작하였습니다. 기도로 잘 준비하는 사람은 시험을 통과하고, 경쟁에서 이기며, 어떤 유혹이 와도 판단을 정확하게 합니다. 그리고 어떤 도전이 와도 이미 각오가 되어 있기 때문에 넘어지지 않습니다.

영적인 전쟁을 하는 그리스도인은 신앙의 승리를 위해서 기도로 준비되어 있어야 합니다. 문제와 위기에 봉착했을 때, 황급한 상황이 벌어졌을 때 기도하는 것은 겨우 그것들을 수습하는 정도밖에 되지 않습니다. 위대한 일을 이루고 영향력 있는 행사를 하고 그 승리의 삶을 통해서 내 믿음이 한층 자라기 위해서는 먼저 기도하고 준비해야 합니다. 다른 사람에게 신앙의 간증이 되고 선한 일을 이루는 하나님의 왕국에 공로자가 되는, 사명의 길을 가기 위해서도 마찬가지입니다. 하나님께서는 이런 사람들을 사용하셔서 역사를 이어가십니다.

느헤미야의 역사적 사명의 출발

여러분! 그렇다면 왜 느헤미야가 기도로 준비하겠습니까? 본문에서 보면 이스라엘의 범죄, 즉 선조들의 잘못으로 예언자가 다음과 같이 예언했습니다.

"너희가 범죄하면 너희를 여러 나라 가운데에 흩을 것이요"(느 1:8).

'흩다' 라는 것은 디아스포라입니다. 나라를 잃고 각자 고향을 떠나 살게 될 것이라고 했습니다. 그러나 하나님께서는 다음과 같이 약속하셨습니다.

"만일 내게로 돌아와 내 계명을 지켜 행하면 너희 쫓긴 자가 하늘 끝에 있을지라도 내가 거기서부터 그들을 모아 내 이름을 두려고 택한 곳(예루살렘 성전)에 돌아오게 하리라 하신 말씀을 이제 청하건대 기억하옵소서"(느 1:9).

"청하건대 기억하옵소서"라고 했습니다. 느헤미야는 하나님이 언약을 기억하셔서 백성의 잘못을 용서해 주심으로 그들이 다시 돌아올 수 있도록 청하고 있습니다. 민족 재건과 예루살렘 성벽을 다시 쌓을 수 있도록 간절히 청하고 있습니다. 느헤미야의 역사적 사명의 출발은 여기서부터 시작되었습니다.

책임 의식을 가진 느헤미야

그렇다면 느헤미야가 왜 이런 과제를 가지고 하나님 앞에 금식기도 하겠습니까? 그는 바벨론에서 이민의 3,4세대 후손으로, 임금의 술 따르는 관원이 되었습니다. 임금이 누구보다도 가장 신뢰하는 신하였습니다. 그런 느헤미야는 비록 조상들의 잘못으로 이스라엘 민족이 그러한 어려움을 당했지만 금식하면서 마음 아파했습니다.

우리도 대한민국에 평화가 없고 가난으로 혼란이 찾아오고 자연재해가 일어나면 가만히 지켜보고만 있지 않을 것입니다. 어떻게든 연락해서 가족이나 친척의 안부를 물으며 도움의 손길을 보낼 것입니다. 느헤미야도 이러한 마음으로 고국을 생각하며 가슴을 치고 금식을 하며 민족 재건을 위한 사명감을 가진 것입니다. 바로 민족에 대한 책임 의식을 가진 것입니다.

어린아이는 감정에 살고 젊은이는 꿈꾸는 열정에 살지만 성인은 책임의식에 삽니다. 에리히 프롬(Erich Fromm)은 《사랑의 기술》(*The Art of Loving*)이라는 책에서, "사랑의 요소 가운데 중요한 요소는 책임(responsibility)이다"라고 말했습니다. 사랑하는 사람은 책임을 지고 사랑하는 자의 위급한 소리에 응답을 합니다. 그리고 행위에 대해서 책임을 져야 합니다.

고린도전서 13장에서 말한 것처럼 '사랑은 불의를 보고 기뻐하지 아니하며, 무례히 행치 아니하며, 사랑은 모든 것을 바라고 모든 것을 견디고 모든 것을 참는 것' 입니다.

사랑은 의지입니다. 부드럽고 아름다운 것만을 추구하는 것은 사랑이 아닙니다. 피 끓는 의에 대한 노력과 아름다운 예의, 그리고 선을 위해서 참을 때 그곳에서 사랑이 핍니다. 자기중심주의로 남에게 불의를 행하면서 자기에게는 의를 요구하는 것은 사랑이 아닙니다. 느헤미야는 민족을 사랑하는 마음으로 책임의식을 가지고 위대한 역사적 사명 앞에서 기도합니다. 이러한 기도가 바로 중보기도입니다.

신앙인으로서의 철칙

우리는 중보기도 하는 훈련을 하기 위해 중보기도 팀을 운영합니다. 그리고 그러한 중보기도를 통하여서 하나님의 역사를 이루는 사명을 감당하고 있습니다. 중보기도는 내 자신과 내 가족만을 위한 기도가 아니라, 이웃과 교회를 위해서 기도하고 하나님의 나라를 위해서 기도하는 것입니다.

느헤미야는 민족의 안타까운 소식을 들었을 때 자신의 안위를 걱정하지 않았습니다. 또한 임금에게 탄원서를 내지도 않았고, 이스라엘에서 온 많은 지도자들에게 협조를 요구하지도 않았습니다. 느헤미야는 모든 것에 앞서 신앙인으로서 제일 먼저 해야 할 철칙을 실천했습니다. 그것은 바로 민족을 위한 중보기도였습니다.

기도로 하나님의 은혜를 구한 느헤미야

여러분! 아무리 우리가 모든 것에 있어서 준비되었다 하더라도 그것만으로 살 수 없습니다. 경제적인 안정을 누리며 삶이 성공했다고 할지라도, 어떤 위기나 어떤 중요한 도전 앞에 놓였을 때 우리는 나약하고 우리의 능력이 보잘것없다는 것을 고백하게 됩니다. 그러므로 우리의 인생을 창조하시고 섭리하시며 우리 인생에게 목적을 주신 하나님을 찾을 수밖에 없습니다. 왜냐하면 하나님은 원수라도 화목하게 하시고, 환경을 바꾸시고, 사자굴에서 사자 입을 막으시는 분이기 때문입니다. 그래서 느헤미야는 이렇게 기도합니다.

"오늘 종이 형통하여 이 사람들 앞에서 은혜를 입게 하옵소서"(느 1:11).

느헤미야가 사명을 행하기 위해서는 모든 출장권과 공무를 수행할 수 있도록 허락해 주는 임금의 마음에 감동이 있어야 합니다. 그리고 임금을 따르고 있는 다른 신하들도 도와주는 은혜를 입어야 합니다. 하나님의 은혜와 은총이 필요합니다. 사람이 아무리 권력과 지식을 가지고 있더라도 하나님의 일을 하기 위해서는 하나님의 은혜 없이는 단 한 사람의 마음도 움직일 수 없는 것입니다.

느헤미야는 권력이 크고 큰 영향력을 가진 사람입니다. 그러나 그는 임금에게 바로 고하거나 상의하지 않고 먼저 하나님께 기도했습니다. 이것이 예수 믿는 자가 바른 일을 할 수 있는 지혜로운 판단력입니다. 하나님 앞에 실수하지 않기 위해서, 또는 마귀에게 넘어가지 않기 위해서는 먼저 기도해야 합니다. 그것이 선한 일이고 주의 일이라는 확신이 있더라도, 먼저 기도하며 하나님의 은혜를 구해야 합니다. 왜냐하면 하나님의 은혜 없이는 일이 잘 될 리 없고, 행여 잘되었다 하더라도 교만해지기 쉽기 때문입니다.

"교만은 패망의 선봉이요 거만한 마음은 넘어짐의 앞잡이니라"
(잠 16:18).

　일이 성공하더라도, 그 길이 영의 길이 아닌 육의 길이어서 마지막에 패망의 길로 간다면 아무 소용이 없습니다. 우리가 기도 할 때 역사적 사명 속에서 지혜롭게 판단해서 행할 수 있도록 하나님께서 지혜를 주실 것입니다. 그리고 기도할 때 그 모든 것의 본질적인 기회를 가지고 계신 하나님의 은혜를 입을 수 있습니다.
　에스더는 위기에 처한 이스라엘 민족을 구원하기 위해 '죽으면 죽으리라' 라는 결단을 가지고 금식기도를 했습니다. 그리하여 민족을 살리는 역사를 일으켰습니다. 디아스포라로서 성공했던 다니엘도 그가 섬기는 하나님께 항상 기도하였습니다.
　그리하여 하나님께서는 기도하는 다니엘의 믿음의 성실성(integrity)을 보시고 그를 사자굴에서 살리시고 원수를 패망으로 인도하셨습니다. 기도하는 다니엘은 살아 계신 하나님의 능력을 증거하는 '은총을 크게 받은 다니엘' 이라는 별명을 얻었습니다.

기도를 통한 하나님의 뜻

　저는 11년 전 주예수교회를 창립할 때 인근 기도원에 가서 3일 금식기도를 한 적이 있습니다. 18년 동안의 이민 목회를 승승장구해 오다가, 후반기에 접어 들면서 큰 위기가 오고 새로운 목회 인생을 설계해야 할 때 금식기도를 해야만 했습니다. 지난 세월 동안 저와 제 아내는 수시로 아침 금식기도를 했지만, 그때는 생명을 건 결단을 할 수밖에 없는 상황이었습니다.

　이제까지 하나님의 은혜 가운데 모든 일들을 잘 감당해 왔지만 다른 길을 가길 원했습니다. 어려움 속에 있는 공동체의 혼돈을 극복하고 평화롭게 잘 마무리하여 유종의 미를 거둘 수 있기를 기도했습니다. 그 기도원 원장님은 저와 아무 관계가 없었지만, 함께 예배를 드리면서 신앙의 격려를 해주셨습니다. 그리고 예언 기도를 해주셨습니다. 하나님이 주신 예언의 말씀을 저에게 내어놓는데, 제가 기도하려는 제목이나 방향과는 전혀 다른 답이었습니다. 가장 하기 싫고 가장 피하고 싶은 길이었습니다.

　그러나 그 말씀대로 행하여 이루어지기 시작한 일이 바로 여러분과 함께 시작하게 된 주예수교회 공동체입니다. 내 뜻과 계획이 하나님의 뜻과 다를지라도, 오로지 하나님의 뜻대로 따를 때 하나님께서 답하시는 길은, 세상 사람 누구도 따라갈 수 없는, 하나님의 위대한 섭리와 사명 가운데 이루어지는 길임을 믿습니다.

기도를 통해 하나님이 주시는 선물

　우리는 알 수 없으나 기도는 모든 일을 준비하는 데 있어서 하나님의 예비의 창고이고 섭리이고 역사입니다. 그래서 우리는 먼저 기도로 준비해야 합니다. 왜냐하면 나의 가는 길에 하나님의 인도하심이 있어야 하고, 내 생각이 하나님의 계획과 맞아야 하기 때문입니다. 그리고 나의 목회가 하나님의 바라시는 뜻이 되어야 하고, 나의 삶이 하나님이 기뻐하시는 삶이어야 하기 때문입니다.

　기도로 준비함으로써 내 노력이 헛되지 않고 내 수고가 바람에 나는 겨와 같지 않을 것입니다. 그리고 때에 맞춰 열매 맺는 신앙과 삶과 사역이 될 것입니다. 이것은 역사적 주인이신 하나님이 기도를 통해서 우리에게 주시는 선물입니다.

모든 일을 먼저 기도로 준비하라

1년 행사 계획표에 없던 'Korean Food Festival'을 진행할 때였습니다. 몇 년 전에 하고는 너무 힘이 들고 복잡해서 행사를 하지 않으려고 했습니다. 그러다가 이웃들과 선교 팀의 건의로 행사를 하기로 결정해서 짧은 시일 동안 준비하고 있었습니다. 그러나 복잡한 일이 계속적으로 발생하였습니다. 사람마다 의견이 분분했습니다. 받은 은혜가 시험 들 수도 있었습니다.

그런 가운데 목사인 저는 본문 말씀을 생각하며 결심하고 새벽 기도회를 통해서 함께 모여 통성기도 할 것을 권유하였습니다. 겸손한 마음으로 남을 나보다 낫게 여기고 서로를 생각하는, 그런 공동체의 질서와 화목을 생각하며, 기도로 시작하여 모든 행사를 기도로 마치게 되었습니다. 기도 없이는 그렇게 은혜롭게 마치지 못했을 것입니다.

하나님의 일을 잘하면 바른 지혜와 체험을 주시지만, 만약 그 일을 잘못하면 남는 것은 인간의 계교와 능력과 기술밖에 없습니다. 그러한 일들은 앞으로도 일어나지 말아야 할 것입니다. 누구도 하나님의 일을 하면서 시험 드는 일이 없어야 할 것입니다. 그렇게 하려면 어떻게 해야 합니까? 먼저 기도로 준비하며 사명을 감당하고, 먼저 기도로 준비하는 삶을 살아가시기 바랍니다.

살아 계신 하나님! 우리는 부족합니다.
사시는 하나님! 우리는 나약합니다.
그러나 우리를 사랑하신 그 사랑의 사명과
그 위대한 특권과 하나님의 아름다우신 그 손길을
저희들이 잊어버리지 말고 먼저 기도로 준비하게 도와주시옵소서.
사명이 귀하면 귀할수록, 책임이 중하면 중대할수록,
위대한 일이면 위대한 일일수록, 간절하면 간절할수록
먼저 기도하게 하여 주시옵소서.
그리하여 승리하는 삶을 살기를 원하는
사랑하는 당신의 귀한 자녀들과, 그들의 후손과 가정과,
주님께서 피로 값 주고 사명을 주신 주예수교회 미래와 사명 위에
놀라운 주의 영광이 함께하시길 바라옵고,
예수 이름 의지하여 감사하며 기도드리옵나이다. 아멘.

3. 하나님의 때에 위기를 기회로

느헤미야 2:1-8

¹아닥사스다 왕 제이십년 니산 월에 왕 앞에 포도주가 있기로 내가 그 포도주를 왕에게 드렸는데 이전에는 내가 왕 앞에서 수심이 없었더니 ²왕이 내게 이르시되 네가 병이 없거늘 어찌하여 얼굴에 수심이 있느냐 이는 필연 네 마음에 근심이 있음이로다 하더라 그때에 내가 크게 두려워하여 ³왕께 대답하되 왕은 만세수를 하옵소서 내 조상들의 묘실이 있는 성읍이 이제까지 황폐하고 성문이 불탔사오니 내가 어찌 얼굴에 수심이 없사오리이까 하니 ⁴왕이 내게 이르시되 그러면 네가 무엇을 원하느냐 하시기로 내가 곧 하늘의 하나님께 묵도하고 ⁵왕에게 아뢰되 왕이 만일 좋게 여기시고 종이 왕의 목전에서 은혜를 얻었사오면 나를 유다 땅 나의 조상들의 묘실이 있는 성읍에 보내어 그 성을 건축하게 하옵소서 하였는데 ⁶그때에 왕후도 왕 곁에 앉아 있었더라 왕이 내게 이르시되 네가 몇 날에 다녀올 길이며 어느 때에 돌아오겠느냐 하고 왕이 나를 보내기를 좋게 여기시기로 내가 기한을 정하고 ⁷내가 또 왕에게 아뢰되 왕이 만일 좋게 여기시거든 강 서쪽 총독들에게 내리시는 조서를 내게 주사 그들이 나를 용납하여 유다에 들어가기까지 통과하게 하시고 ⁸또 왕의 삼림 감독 아삽에게 조서를 내리사 그가 성전에 속한 영문의 문과 성곽과 내가 들어갈 집을 위하여 들보로 쓸 재목을 내게 주게 하옵소서 하매 내 하나님의 선한 손이 나를 도우시므로 왕이 허락하고

하나님의 때

먼저 기도로 준비하고 기다려도 하나님의 때에 맞춰서 그 응답이 이루어져야 합니다. 그래야 우리는 기도하는 보람과 기쁨과 증거를 가질 수 있습니다. 우리는 간절하게 하나님의 도우심과 협력을 바라는 마음으로 기도하면서 준비해야 합니다. 그러나 막상 하나님의 때가 왔을 때 지혜롭게 대처하지 못하는 것도 안타까운 일입니다.

느헤미야가 고국의 참담한 소식을 듣고 먼저 기도로 준비하는 가운데 4개월의 시간이 흘렀습니다. 임금은 먼 곳으로 출타 중이었습니다. 그래서 느헤미야가 임금을 상면(相面)해서 자신의 상황과 심정을 아뢸 수 있는 기회가 없었습니다. 오늘날처럼 문명의 이기가 통하여 건의를 하고 의논을 할 수 있는 상황도 아니었습니다. 어쩌면 그렇게 해서는 될 일이 아니기도 합니다. 이것은 하나님께서 모든 권한을 쥐고 있는 임금의 마음을 움직여야 되는 일입니다. 하나님께서 충성된 느헤미야의 아픈 마음을 연민으로 돌보고자 하는 임금과 교감이 있도록 해주셔야 합니다.

그래서 하나님은 느헤미야의 금식기도가 있었어도 4개월의 추운 겨울을 기다리게 하신지 모릅니다. 우리는 어떤 일이 이루어지면 그것을 내 뜻과 시기(時機)로 해석할 수 있습니다. 그러나 신앙의 고백과 믿음의 눈으로 보면서 그것은 하나님의 때에 이루졌다는 것을 깨달아야 합니다. 그리고 고백해야 합니다. 그래야만 그 열매가 하나님의 영광이 되고 우리의 믿음도 성숙하게 됩니다.

시간은 하나님만이 가진 고유의 특권입니다. 부자라고 더 많이 주고 가난하다고 조금 주는 것이 아닙니다. 권력이 있다고 많이 주고 권력이 없다고 적게 주는 것도 아닙니다. 시간은 전적으로 하나님이 관리하십니다. 우리는 느헤미야서를 통하여 하나님의 때에 기도로 준비한 것이 응답된 것을 깨닫습니다. 위기가 기회가 됨으로 느헤미야의 기도가 하나님의 뜻과 방법 속에서 형통하는 것을 볼 수 있습니다.

하나님의 때에 위기를 기회로

오늘 말씀을 보면 하나님의 선한 손이 하나님의 때에 오는데, 먼저 위기로 다가옵니다. 기도로 준비하며 4개월 동안 기다렸습니다. 이제 그 일을 해결할 때가 왔습니다. 그러나 수월하게 일이 잘 풀리도록 온 것이 아닙니다. 자칫하면 목숨을 잃게 되거나 파직이 될 위기로 다가왔습니다.

위기가 기회라는 것은 성서의 사건을 통해서나 우리 자신들의 인생을 통해서도 많이 경험합니다. 인류에게 큰 영향을 미치고 위대한 삶을 살았던 사람, 신앙인, 지도자들은 이 위기를 기회로 잘 활용하였습니다. 그래서 반전을 가져오는 역전승을 거두었습니다. 그 대표적인 인물이 다니엘입니다. 아브라함도 모리아 산상에서 아들을 바칠 때 그랬습니다. 신앙의 용장들이 대부분 그렇게 승리했습니다. 우리도 마찬가지입니다. 돌이켜보면 그때가 위기였고 그때가 기회였음을 알 수 있습니다.

그러면 어떻게 위기가 기회로 될 수 있었을까요? 그것이 중요한 관건이고 문제입니다. 위기가 기회로 되는 데 있어서는 성서적인 전제가 붙습니다. 바로 하나님의 때에 따라 위기가 기회로 될 수 있다는 것이 느헤미야의 사건인 것입니다. 오늘 이 본문을 통해서 하나님의 때에 위기가 기회로 변화되면서 우리가 얻는 것은 무엇인지 세 가지로 살펴봅니다.

인내하는 지혜

첫째는, 하나님의 때에 따라 위기가 기회로 될 수 있을 때, 인내하는 지혜를 얻을 수 있습니다.

갑자기 이루어진 일은 갑자기 날아가기 쉽습니다. 예레미야가 이스라엘 백성들에게 70여 년의 기한이 차야 고국으로 돌아온다고 예언했습니다. 그래서 70년 만에 돌아온 백성들이 예루살렘 성전을 회복하고 성전을 봉헌했습니다.

성경에 보면 400여 년의 기한이 차야 한다거나, 40일 동안 주님이 금식하셨다고 말합니다. 사흘 만에 부활한다고 합니다. 하나님은 시간 개념을 정확히 하시며 그 시간 동안에 우리가 해야 할 것을 요구하십니다. 시간을 통해서, 흘러가는 시간의 세월을 통해서 도전을 주십니다. 그것은 바로 '인내를 온전히 이루라' 는 것입니다. 인내를 통하여 부족함이 없게 하시는 하나님의 섭리입니다.

결실의 계절인 가을은 우리가 봄부터 가꾸어 온 나무들의 열매를 따먹는 절기입니다. 때 맞추어 먹는 과일의 맛은 좋습니다. 그러나 익지 않은 풋과일을 먹으면 배탈이 납니다. 신앙생활도 마찬가지입니다. 아직 준비되지 않은 사람, 아직 신앙적인 고백도 없는 사람을 인간관계나 체면으로 충동해서 사용하면 오히려 악영향을 미칠 수 있습니다. 준비되지 않은 사람에게는 한마디의 말이 그 사람의 가슴

속에서 망상을 하게 만들고 욕망의 꿈을 던져 줍니다. 우리가 맛있는 과일을 먹기 위해서 기다려야 하는 것처럼, 기다려야 할 때는 기도로 기다리게 해야 합니다. 영적으로 성숙하게 하고 자세가 잘못되었을 때는 고칠 때까지 기다리게 해야 합니다.

여호수아는 모세의 지도 아래 40년을 기다렸습니다. 그러면서 그는 이스라엘 백성들이 어떤 사람들인 줄 알았습니다. 가나안 땅을 정복할 때 그들의 후손을 어떻게 인도하고 다스려야 할지를 몸소 체험했습니다.

20세기의 위대한 신학자였으며, 히틀러 암살에 앞장섰던 본회퍼(Dietrich Bonhoeffer, 1906~1945)라는 신학자는 "현대 기독교인들은 십자가의 신앙을 값싼 은혜로 만들어버렸다"고 했습니다. 하나님은 그리스도 십자가의 구속의 피로, 죄인이며 부족한 우리들을 놀라운 사랑의 물결로 덮어 주셨습니다. 그러나 현대 기독교인들은 그 은혜만 너무 강조하고 그것에 반하고 따라야 할 행위의 값, 행위의 대가를 치르지 않습니다. 현대 기독교인들이 그 은혜를 값싸게 만들어서 오늘날 역사의 힘이 되지 못하고 있습니다.

이는 이민 교회에서 신앙생활 하는 사람에게는 더 구구절절 적용됩니다. 사람이 귀하고 조건이 열악하다 보니까 값싼 신앙, 싸구려 은혜를 마치 사랑인 것처럼 얼마나 착각하게 만들고 있습니까? 우리 모두의 책임입니다. 하나님의 때를 기다리다 보면 그 때는 우리가 마음대로 움직일 수 없다는 것을 깨닫게 됩니다. 그동안에 우리는 자기의 욕망과 아집과 자기중심주의를 비워 가게 됩니다. 기다리면 기다릴수록 내 마음이 정결해지고 내 자아로 가득 찬 그릇은 비워지면서 성숙해집니다.

정직하고 용기있는 행동의 지혜

둘째로, 하나님의 때에 따라 어떤 결정적인 때가 왔을 때 하나님은 우리에게 용기를 북돋아 주며 담대하게 행동하게 하십니다.

우유부단한 자는 위기를 기회로 삼지 못합니다. 느헤미야가 금식 기도를 하면서 4개월을 간절히 기다렸다면 하나님의 주신 때가 자연스럽고 편안하게 아주 무난한 방법으로 와야 하는데, 뜻밖에 위기로 다가왔습니다. 수심이 가득한 느헤미야의 얼굴을 본 임금은 그 이유를 묻습니다. 임금의 측근에 있는 신하로서 얼굴에 근심 걱정이 어렸다는 것은 불충입니다. 직무유기입니다. 임금이 편안하고 즐거움을 찾을 수 있도록 해야 하는 신하가 얼굴에 인상을 잔뜩 찌푸리고 포도주를 따르면 임금의 마음이 어떻겠습니까? 임금은 많은 생각을 하며 오해할 수도 있을 것입니다. 위기입니다. 하루아침에 생명을 잃을 수 있고 그 업무를 계속할 수 없을지도 모릅니다.

하나님은 우리가 어떤 일을 할 때 기도로 준비하고 모든 것이 완벽하더라도 악조건으로 주실 때도 있습니다. 하지만 이럴 때 우리는 판단을 흐리지 말고 정직해야 합니다. 느헤미야의 얼굴에 수심이 있었다는 것은 느헤미야가 정직하다는 것입니다. 고민하고 기도해도 염려되고 마음이 평안하지 않아 자기도 모르게 얼굴에 나타난 것입니다.

우리는 그가 하나님을 신뢰하지 못해서 편안하고 즐거운 마음으로 기다리지 않는다고 생각할 수 있습니다. 신앙이 부족하고 기도하는 바른 자세가 되어 있지 않다고 말할 수 있습니다. 그러나 성경의 관점으로 볼 때 느헤미야는 충신입니다. 정직하고 마음을 속이지 않는 사람입니다. 이중적인 말로 꾸밀 수 있습니다. 그러나 그렇게 하지 않았습니다. 이런 지도자야말로 나라를 일으킬 수 있습니다. 정직하지 않은 자는 용기가 없습니다. 느헤미야는 거짓말로 그 위기를 모면하지 않았습니다. 잠시 묵상 기도 합니다. 그 찰나의 기도 가운데, 하나님이 그의 마음속에 영적인 담력을 불어넣어 주셨습니다. 그래서 임금에게 사실을 고합니다.

위기가 왔을 때 정직하지 못하고 내 마음대로 임기응변으로 대처하면 안 됩니다. 그렇게 신앙생활 하면 하나님이 주신 때를 놓치고 믿음의 용장이 될 수 없습니다. 그런 신앙생활을 하는 사람은 하나님이 축복의 그릇으로 삼아 주시지 않습니다.

느헤미야는 자기의 영달을 위해서나 자기 자신의 정치적 목적을 위해서 가슴이 불타고 금식하며 기도한 것이 아닙니다. 14년 동안이나 성벽이 허물어진 채로 있었고, 민족은 온전히 재건되어 있지 않았습니다. 그래서 민족을 다시 세우려면 성벽을 쌓아야 한다는 간절한 심정이 있었던 것입니다. 비록 그는 이민의 3,4세대가 되어서 번영을 누리고 있지만, 자신의 백성들은 하나님 없이는 살 수 없다고 생각했기 때문입니다. 그리고 하나님의 때에 맞는 기다림 가운데 위기가 왔어도 도피하거나 회피하거나 책략을 쓰지 않았습니다. 언제나 정직했습니다. 그리고 정직할 때 용기 있게 말할 수 있었습니다.

지난 12년간 주예수교회 목회를 하면서 이것이 얼마나 하나님의 사역에 중요한가를 깨달았습니다. 또한 우리가 살아가야 할 신앙인의 참 모습임을 체험하고 깨달은 바가 있습니다. 하나님 앞에 중심이 바르다면 담대하시기 바랍니다. 그럴 때 위기가 기회로 될 수 있습니다.

하나님께서 담대한 느헤미야를 통해서 왕까지도 감동하게 하고 무엇이든지 돕고자 하는 마음을 갖도록 했습니다. 그 넓은 땅을 지날 때 쉽게 통과할 수 있도록 허가증을 내어주게 했습니다. 성벽을 쌓고 성문을 달기 위해 거처할 총독 관저를 지을 수 있도록 해주었습니다. 하나님이 다 주신 것입니다.

겸손의 지혜

셋째로, 하나님의 때에 위기가 기회로 되게 하실 때, 하나님은 우리를 겸손하게 하십니다.

느헤미야는 모든 성과를 하나님 앞에 영광을 돌리는 겸손한 사람이었습니다. 하나님의 때에 따라서 우리가 일을 하다 보면 겸손해질 수밖에 없습니다. 교만하거나 자기 자신의 인기와 욕망이 나타난다면 하나님의 때에 훈련이 덜 됐다는 증거입니다. 처세술에 능하고 신앙이 약해져 있는 사람은 전략은 놓치지 않으려고 합니다. 그러면서 목표는 점점 희미해진다면 잘못된 인생입니다. 그런 사람이 지도자가 되고 그런 사람이 목회를 하면 하나님 앞에 참 위태위태합니다.

그러므로 우리는 하나님의 말씀에서 실제적인 지혜를 얻어서 적용하는 그런 겸손함이 필요합니다. 모든 것을 하나님이 형통하게 하심을 깨닫게 되면 일이 성취되고 기도가 응답되어도 겸손해집니다. 베드로전서 5장 6절은 이렇게 말합니다.

"그러므로 하나님의 능하신 손 아래서 겸손하라 때가 되면 너희를 높이시리라"(벧전 5:6).

하나님의 때를 알고 때에 따라 사는 사람은 겸손하게 된다는 말씀입니다.

하나님과 동행하는 승리의 삶

하나님의 때는 이렇게 우리로 하여금 인내하며 성숙하게 합니다. 마음의 동기를 정결하게 갈고닦아 순수하게 합니다. 그리고 정직한 가운데 용기를 갖도록 해서 담대하게 합니다. 뿐만 아니라 하나님께 받은 형통의 축복을 가지고 교만하지 않고 겸손하게 합니다. 익지 않은 열매를 먹고 배탈이 나서 그 열매의 가치가 없어지면 하나님은 기뻐하지 않으십니다.

어떤 유혹이나 충동에도 흔들리지 말고 자기 자신을 바로 알면서 하나님의 때에 맞춰서 성숙해 가야 합니다. 그리고 때를 내 마음대로 조정하지 않고 하나님이 주시는 때에 따라 준비하는 그릇이 되어야 합니다. 정결한 동기와 마음 가운데, 남들이 보기에는 위기 같지만 기회임을 깨달아야 합니다. 그리고 하나님 앞에 영적인 담대함을 가져야 합니다. 그것이 하나님과 동행하는 승리의 삶입니다.

사탄의 무기는 두려움입니다. 지도자에게는 두려움이라는 것이 첫 번째 시험입니다. 여호수아도 마찬가지였습니다. 그러나 하나님께서는 마음을 강하고 담대하게 하라는 말씀을 그에게 주셨습니다. 그렇다고 그 마음을 받아 자기의 열정과 책임, 사명 앞에 불타기만 해서도 안 됩니다. 그 일이 이루어지고 잘되어도 오만하지 않고 교만하지 않고 하나님께 감사해야 합니다. 하나님의 뜻과 역사임을 고백해야 합니다.

이러한 겸손을 잃어버리지 않을 때 하나님은 그런 사람을 통해서 역사의 새 장을 이루어 가십니다. 민족을 중건하게 하시고 가문을 축복의 그릇으로 만드십니다. 하나님께서 그런 여러분을 하나님의 영광을 나타내는 자로 쓰실 것입니다.

우리의 오만함과 의심, 혼동하는 그런 생각들을
말씀으로 겸손하며 지혜롭게 하셔서
말씀 안에서 참 빛과 길을 찾고,
말씀 안에서 등대를 의지하여 말씀을 통하여 기도하고,
말씀의 능력으로 우리가 승리하며 하나님과 동행하게 도와주시옵소서.
인생의 위기 속에서도 언제나 준비해 놓은 그 기도가 기회로
나타날 수 있도록
담대한 믿음의 용기를 주시고,
하나님이 우리를 사랑하시고 축복하시고 형통케 하시는 것에 대해서
언제나 하나님 앞에 더 감사하고 겸손하고
하나님의 영광에 헌신하고 충성하게 도와주시옵소서.
그리하여 아름다운 가문을 이루어 가는
축복의 그릇이 되는 가정들이 되게 하시고
하나님이 주신 이 땅의 사명을 잘 감당하고
전도의 문도 활짝 여는 주예수교회 공동체가 되도록 도와주시옵소서.
예수님 이름 의지하여 감사하옵고 기도드리옵니다. 아멘.

4. 대적을 물리쳐라

느헤미야 2:9-10, 19-20

⁹군대 장관과 마병을 보내어 나와 함께하게 하시기로 내가 강 서쪽에 있는 총독들에게 이르러 왕의 조서를 전하였더니 ¹⁰호론 사람 산발랏과 종이었던 암몬 사람 도비야가 이스라엘 자손을 흥왕하게 하려는 사람이 왔다 함을 듣고 심히 근심하더라

¹⁹호론 사람 산발랏과 종이었던 암몬 사람 도비야와 아라비아 사람 게셈이 이 말을 듣고 우리를 업신여기고 우리를 비웃어 이르되 너희가 하는 일이 무엇이냐 너희가 왕을 배반하고자 하느냐 하기로 ²⁰내가 그들에게 대답하여 이르되 하늘의 하나님이 우리를 형통하게 하시리니 그의 종들인 우리가 일어나 건축하려니와 오직 너희에게는 예루살렘에서 아무 기업도 없고 권리도 없고 기억되는 바도 없다 하였느니라

하나님의 때를 기다리는 느헤미야

기도로 준비한 자, 느헤미야에게 뜻밖의 위기가 찾아왔습니다. 4개월 동안 금식하며 꾸준히 기도하였는데, 임금 앞에 섰을 때 수심

이 가득했기 때문에 자칫하면 해고를 당해서 직장을 잃을 뻔한 위기가 왔습니다. 그러나 하나님의 때에 따라 위기가 기회가 될 수 있다는 것을 지난 말씀을 통해서 우리는 깨달았습니다.

하나님의 때를 기다리는 동안, 우리는 성숙한 인내의 훈련을 받고 우물쭈물하지 않고 용기 있게 그때를 타고 나가는 담대한 지혜를 배웠습니다. 또한 하나님의 때에 위기가 기회가 되어서 뜻밖에 일이 잘 이루어져도 교만하지 않고 겸손하게 하나님의 일을 이루는 느헤미야의 모습을 보았습니다.

대적을 물리쳐라

느헤미야는 선한 일을 하기 위해 자기의 모든 좋은 조건과 번영을 버리고 민족의 부흥과 민족의 재건을 위하여 성벽 건축을 시작하려고 했습니다. 하지만 그곳에 이미 자리를 잡고 지도자의 위치에 있던 도비야, 산발랏, 게셈이라고 하는 사람들이 느헤미야의 이런 계획에 처음부터 도전해 나옵니다.

이 세 사람의 이름은 오늘 이 본문을 통해서뿐만 아니라, 느헤미야서 전체를 통해서 나타나기도 합니다. 특히 산발랏, 도비야는 끝까지 느헤미야를 괴롭히며 다 이루어 놓은 일에 자기들이 그곳에서 안일을 누리려고 하기도 했습니다. 그리하여 결국 느헤미야는 그들을 예루살렘 성전에서 쫓아냅니다. 그리고 성벽을 세우고 성전을 정결케 함으로 예루살렘의 재건을 완수하는 뛰어난 지도력을 보여줍니다. 저는 느헤미야에게 도전하는 도비야, 산발랏, 게셈을 보면서 본문의 제목을 "대적을 물리쳐라"라고 정해 보았습니다.

하나님께서는 꿈을 꾸는 사람에게 그 꿈이 이루어지도록 때를 주셔서 위기가 기회로 되게 하기도 하시지만, 시작하는 찰나에는 그 꿈의 대적자가 등장합니다. 아무리 위대하고 선한 일을 시작했더라도 그 뜻에 반대되는 사람이 나타나서 기를 꺾고 대적합니다.

여러분! 대적자는 어떻게 해야 할까요? 타협하거나 대화하거나 회유해서 될 일이 아닙니다. 대적자는 물리쳐야 합니다. 성경과 찬송이 우리에게 분명히 가르쳐 주기를 물리쳐야 한다고 했습니다. 이것은 우리가 인생을 살아가는 데 있어서 하나님의 뜻을 이루어 가는 자의 지혜이고, 하나님의 사역을 하는 사람들의 하나님의 방법입니다.

사탄의 전략적 무기

대적자들이 처음 취한 방법은 업신여기는 것입니다.

"우리를 업신여기고 비웃어 이르되" (느 2:19).

그들은 냉소하고 협박합니다. 느헤미야의 지도력과 느헤미야의 영향력을 깔보았습니다. 산발랏과 도비야는 현지인들을 지도하며 관계를 맺고 현지에 뿌리를 둔 사람이었습니다. 느헤미야는 임금의 권한을 등에 업고 총독으로 왔지만, 현지에는 뿌리가 없기에 그를 도울 만한 인맥이 구성되어 있지 않았습니다. 그리하여 대적자들은 느헤미야를 업신여기며 두려움을 줍니다.

사탄의 전략적인 무기가 둘 있습니다. 먼저, 사탄은 성도들과 하나님의 일을 하는 사람들에게 거짓이라는 무기를 씁니다. 거짓이라는 무기로 사람을 미혹하여 의심과 불신을 주고 서로를 이간시킵니다.

그리고 두 번째로 두려움을 줍니다. 이것은 이미 예수님께서 40일 금식 후에 경험하셨습니다. 인류 역사를 통해서 하나님의 사역을 방해하고 하나님의 백성들을 위협하는 사탄의 방법인 것입니다. 그러나 사탄은 우리에게 약속해 놓으신 주님의 약속을 깨뜨릴 수는 없습니다. 그저 한동안 우리에게 시험을 주고 위협할 뿐입니다.

주예수교회가 11년 전 처음 조그마한 예배당으로 시작할 때, 들려오는 소리는 냉소였습니다. 부교역자들은 함께 사역하기를 꺼려했습니다. 하지만 우리는 하나님이 계획하셨으면 하나님의 때가 있을 것이라고 생각했습니다. 그리고 묵묵히 주님의 일을 감당하면서, 오늘날 하나님의 영광의 역사를 체험하고 있습니다.

대적자들을 구별하는 바른 판단력

그렇다면 이러한 냉소와 조소가 있을 때 어떻게 판단해야 하겠습니까? 《함께 일하는 지도자》(*Hand Me Another Brick*)라는 책을 쓴 미국의 유명한 기독교 저술가인 찰스 스윈돌(Charles Swindoll) 목사님은 이렇게 말했습니다.

"만일 당신의 반대자들이 하나님의 소리를 듣고 있다면 그들의 반대에 귀를 기울이는 것이 좋다. 그렇지 않다면 느헤미야의 방식대로 하라."

하나님의 뜻과 신앙의 마음이 아닌 면에서 반대하고 비평하고 평가하는 것에는 귀를 기울이지 말고, 내 길을 가는 것이 현명하고 바른 판단이라는 것입니다.

미국 장로교 헌법에는 장로 · 집사를 선정하고 투표하고 세울 때 기준이 있는데, '제직자들은 굳건한 믿음과 건전한 판단력 그리고 희생적인 헌신이 있어야 한다'고 강조합니다. 그중 특히 판단력을 중요시합니다. 판단력이 정확하고 분명하지 않은 사람은 올바로 일을 못한다는 것이 미국 장로교 헌법의 가이드라인입니다.

본문 10절에서는 이렇게 말합니다.

"호론 사람 산발랏과 종이었던 암몬 사람 도비야가 이스라엘 자손을 흥왕하게 하려는 사람이 왔다 함을 듣고 심히 근심하더라"(느 2:10).

산발랏과 도비야는 '하나님의 구원의 역사를 일으키는 사람이 왔다'하고 근심했습니다. 하나님의 나라를 흥왕케 하는 사람을 보고, 시기 질투하며 근심하는 자는 대적자입니다. 우리는 이러한 담대한 판단력을 가지고 말씀에 의거해서 대적자를 바로 구별하는, 하나님의 용사가 되어야 합니다.

담대한 판단력을 가진 하나님의 용사

제가 수년 전에 이런 경험을 했습니다. 우리 교회의 중직자 부부 중 어느 한 분의 일입니다. 그분은 늘 교회에 대해서 부정적이고 비판적이었습니다. 오랜 세월 동안 신앙생활 하시는 분이 그런 생각들을 가지고 있었습니다. 그래서 용기 있고 자신 있게 하나님의 말씀을 증거하고 하나님의 교회에 대해서 간증할 수 있는 자신이 없어 보였습니다.

저는 그분을 새 교우 환영회 때 불렀습니다. 그분이 올 자리가 아니었지만, 그 자리를 통해서 시각이 바뀌기 시작하고 자세가 바뀌며 확신이 생기길 원했습니다. 새 교우들의 순수하고 깨끗한 눈으로, 하나님의 은혜와 교회 공동체의 아름다움을 느끼는 것을 보며 깨닫길 원했습니다. 하나님이 주신 좋은 것을 말하고 사탄의 유혹을 물리치기를 원했습니다. 물론 그 모든 일은 잘 해결되었습니다.

여러분! 전도의 문은 활짝 열려 있는데, 내 마음과 신앙이 하나님의 역사와 하나님의 능력을 간증하지 못하면, 주예수교회의 역사적 사명은 여러분을 통해서 일어나지 못합니다. 느헤미야와 같은 역사적인 사명에 동참할 수 없습니다. 담대한 판단력을 가지고 말씀에 의거해서 하나님의 용사가 되시기를 바랍니다.

주예수교회의 사명

제가 이번에 뉴욕과 뉴저지의 선교대회에 참가하면서 교역자 세미나를 인도하였습니다. 그리고 새로 개설되는 '생명의 전화' 상담원들을 훈련하는 시간을 가졌습니다. 그러면서 많은 도전과 배움을 얻었습니다. 비전의 용기를 얻고 돌아왔습니다.

PGM 선교대회에서 저의 강의 시간에 들어오신 선교사님들, 목사님들 가운데 한 분은 여자 분이었습니다. 그분은 제가 강의를 끝내자마자 많지 않은 그 목사님들 가운데서 손뼉을 치면서 감격을 하셨습니다. 부끄럽게도 저의 목회를 굉장히 가치 있게 여기면서 "바로 저것이다. 저것이 이민 목회다. 저렇게 목회를 해야 잘한다!"라고 말씀하셨습니다. 그리고 격려하시며 많은 목사님들과 선교사님들에게 도전을 함께 나누었습니다.

그분은 안나산기도원의 원장님이셨는데, 저는 주예수교회를 창립하기 이전에 금식기도를 그곳에서 했습니다. 그때 그분은 우리 교회의 갈 길을 예언하고 축복하셨습니다. 그리고 그 예언 기도는 말씀대로 이루어졌습니다. 기도하는 기도원 원장님이신데도, 저의 목회의 내용과 교회의 사역을 소개할 때 누구보다도 감격하시고 기뻐하신 것입니다. 영적인 교감이 통하고 영적인 기쁨이 넘치는 제 나름대로의 순간이었습니다.

선교대회를 다 마치고 교우들을 떠나 보내고 나니 매우 피곤했지만, 제가 교역자 세미나를 인도하러 가서 받은 도전과 사명은 또 새로웠습니다. 몇 분의 목사님들과 교수님들이 하신 말씀을 통해서 큰 위로를 받고 힘을 얻었습니다. 그동안 저는 세월이 가면서 여러 교역자 세미나를 미국과 한국에서 인도해 왔습니다. 그러나 이번에는 그동안 저의 30년의 이민 목회, 지난 20여 년 동안의 리치먼드의 목회, 그 가운데 특별히 12년 동안 주예수교회 사역의 내용을 정리해서 소개했습니다. 타이틀은 "균형 잡힌 건강한 교회 목회"였습니다.

교회는 건강해야 합니다. 양과 더불어 질적으로 교인들의 성숙한 건강성이 중요합니다. 건강은 균형 잡힐 때 오는 것입니다. 신앙과 목회가 한쪽으로 치우치지 않고, 모든 내용이 고루 갖추어야 합니다. 교회의 독특한 사명, 담임목사의 목회 철학과 교인들의 은사가 균형 잡힌 교회가 건강한 교회입니다. 그것은 지난 11년 동안에 하나님의 역사를 통해서 우리가 나눌 수 있었던 저와 우리 공동체의 사역입니다.

저는, 우리가 올해 더욱 확대해 나가는 여러 가지 사회 선교 사역의 내용들을 비디오로 담아서 소개했습니다. 척박한 환경에서 의미 있는 목회를 찾고 소·중형 교회에서 참 목회의 바른 철학과 가치를 세운 저희들의 모습을 나누었습니다. 그래서 디아스포라 한인 이민 사회의 교회로서 이민자들과 지역의 선교를 하고, 미국인들과 한국인들의 징검다리 역할을 하는 모습을 나눌 때, 우리의 사역에 대한 감동과 감격은 컸습니다.

규모가 중요한 것이 아닙니다. 물론 그 규모도 하나님이 사명에 맞게 더욱 키워주실 것입니다. 그러나 더 중요한 것은, 이러한 신앙의 양육과 목회의 철학, 여러분의 은사와 우리의 특수한 사명이 어우러져 나가는 모습이 바로 디아스포라 한인 교회 공동체의 선교적 방향과 목회적인 길입니다. 그래서 앞으로도 우리는 그 일을 감당하는 일에 더 적극적으로 노력해야 할 것입니다.

수많은 이민자들이 좌절하며 자살까지 하고 있습니다. 이런 상황에서 새로 세워가는 생명의 전화-자살 방지 대책에 개원하는 상담원들을 훈련하는 자리에서, 저는 이민 생활에서 오는 스트레스로부터 해방되는 것을 말씀드렸습니다. 제 자신이 살아오면서 목사로서, 한 신앙인으로서 스트레스 받지 않는 좋은 경험을 함께 나누었습니다. 그런 상황에서 제가 노력하는 사역의 방법들과 시간 관리, 삶의 모습들을 진솔하게 나누는 가운데 앞으로 제가 해야 할 사명과 비전 앞에 더 도전을 받고 왔습니다.

말씀에 근거한 느헤미야의 판단력

어디나 새로운 일과 하나님의 역사 창조에는 반대자가 있습니다. 반대 의견이 나오게 되어 있습니다. 하지만 우리는 그 반대가 참 하나님의 음성인가, 진실된 조언인가 혹은 그저 비난에 불과한가를 정확하게 구분할 줄 아는 판단력을 가져야 합니다. 그 판단력이 없으면 흔들리고 위축되고 좌절하게 됩니다.

그래서 우리는 그때마다 바른 판단을 위해서 기도하기도 합니다. 하지만 기도할 때 말씀과 더불어 기도해야 합니다. 느헤미야가 모함을 이겨내고 지혜롭게 판단할 수 있었던 것은, 그의 정치적인 노하우나 신앙의 경험 혹은 인간관계에서 오는 판단력 때문이 아니었습니다. 하나님의 말씀을 통해서 판단하였습니다.

"암몬 사람과 모압 사람은 여호와의 총회에 들어오지 못하리니 그들에게 속한 자는 십대뿐 아니라 영원히 여호와의 총회에 들어오지 못하리라 그들은 너희가 애굽에서 나올 때에 떡과 물로 너희를 길에서 영접하지 아니하고 메소보다미아의 브돌 사람 브올의 아들 발람에게 뇌물을 주어 너희를 저주하게 하려 하였으나 네 하나님 여호와께서 너를 사랑하시므로 네 하나님 여호와께서 발람의 말을 듣지 아니하시고 네 하나님 여호와께서 그 저주를 변하여 복이 되게 하셨나니 네 평생에 그들의 평안함과 형통함을 영원히 구하지 말지니라"(신 23:3-6).

이미 이스라엘 출애굽 역사를 통해서 산발랏과 도비야의 선조인

암몬과 모압 사람에 대해서 성경이 말씀해 놓았습니다. 느헤미야는 이 말씀에 근거해서 그들에게 '너희는 이 기업에 몫이 없다, 너희는 이 기업에 협박하고 동참하려고 하나, 하나님께 기억되는 바가 없다' 라고 말했습니다.

우리는 좁은 인간관계 속에서 살고 있습니다. 때때로 사람과 맺어 놓은 관계 때문에 하나님 앞에서 냉철하게 말씀대로 판단하지 못할 때가 있습니다. 그래서 물리쳐야 할 것은 물리치지 않고 받아들일 것은 물리치는, 비신앙적이고 비영적인 일들을 수없이 하고 있습니다.

우리는 말씀에 굳게 서서 판단하고 행동해서 말씀의 열매를 거두는 신앙인과 교회 공동체가 되어야 합니다. 그리고 우리 모두가 그 체험을 통해서 자손들에게 믿음의 유산을 계승해 주고, 이 지역 사회와 이민 교계에서 우리의 사명을 잘 감당해 가야 합니다.

바른 신앙의 정체성

그러면 무엇이 사탄입니까? 누구나 천사의 역할을 할 수 있고, 사탄의 역할을 할 수 있습니다. 우리가 언제나 말씀에 깨어 있지 않고 말씀에 기준하지 않으면, 제아무리 훌륭한 일을 했던 사람이나 훌륭한 일을 할 사람도 사탄의 역할을 할 수 있습니다. 자기밖에 모르고 자기 욕망과 명예, 아집을 이기지 못할 때 그 사람은 사탄이 될 수 있습니다.

사탄은 우리가 믿음의 분수를 지키지 못하고, 자신의 직분을 지키지 못하도록 합니다. 신앙의 정체성(identity)을 벗어나도록 유혹과 협박, 두려움을 통해서 역사합니다. 그럴 때마다 우리는 오늘날 이 시대의 하나님이 필요로 하는 머릿돌이 되어서, 자신의 정체성을 잃지 않고 지켜야 합니다. 그렇게 할 때 우리는 대적들을 물리칠 수 있습니다.

우리 모두 사탄의 유혹에 넘어가지 않도록 자신을 영육 간에 잘 지킴으로써, 어떤 위협이나 두려움 속에서도 하나님의 기업을 행하는 자는 하나님이 형통하게 하심을 믿어야 합니다. 우리는 하나님의 종들이며, 하나님의 영광의 도구로서 사명을 가진 자로 살아야 합니다. 이것은 우리 모두의 다짐이고 고백이 되어야 할 것입니다.

하나님 아버지, 감사합니다.

오늘 말씀을 가지고 하나님의 선한 사역에

대적이 되는 것을 물리칠 수 있는 지혜와 용기를 가지고 결단함으로

자신을 지키고, 교회를 위하고,

자기의 가정을 건강하게 하고, 자신의 신앙 인격도 흐트리지 않는

아름다운 일꾼들이 되게 해주시옵소서.

땅 끝까지 복음을 전하고 그의 귀한 증인들을 양육하고

이 지역과 교단과 이민 교계에 하나님이 귀하게 쓰시는 사역에

손길이 넘치게 도우시고

또 그 일을 위하여 세우신 종과 온 교우들이 협력하여

이 일에 하나님의 영광이 드러나는 귀한 등불이 되게 도와주시옵소서.

그리하여 하나님과 동행하는 승리의 삶을 통하여

우리의 후손들과 하나님을 모르는 방황하는 자들에게

등불이 되게 도와주시옵소서.

예수님 이름 의지하여 감사하옵고 기도드리옵니다. 아멘.

5. 선한 일을 도모하라

느헤미야 2:11-18

¹¹내가 예루살렘에 이르러 머무른 지 사흘 만에 ¹²내 하나님께서 예루살렘을 위해 무엇을 할 것인지 내 마음에 주신 것을 내가 아무에게도 말하지 아니하고 밤에 일어나 몇몇 사람과 함께 나갈새 내가 탄 짐승 외에는 다른 짐승이 없더라 ¹³그 밤에 골짜기 문으로 나가서 용정으로 분문에 이르는 동안에 보니 예루살렘 성벽이 다 무너졌고 성문은 불탔더라 ¹⁴앞으로 나아가 샘문과 왕의 못에 이르러서는 탄 짐승이 지나갈 곳이 없는지라 ¹⁵그 밤에 시내를 따라 올라가서 성벽을 살펴본 후에 돌아서 골짜기 문으로 들어와 돌아왔으나 ¹⁶방백들은 내가 어디 갔었으며 무엇을 하였는지 알지 못하였고 나도 그 일을 유다 사람들에게나 제사장들에게나 귀족들에게나 방백들에게나 그 외에 일하는 자들에게 알리지 아니하다가 ¹⁷후에 그들에게 이르기를 우리가 당한 곤경은 너희도 보고 있는 바라 예루살렘이 황폐하고 성문이 불탔으니 자, 예루살렘 성을 건축하여 다시 수치를 당하지 말자 하고 ¹⁸또 그들에게 하나님의 선한 손이 나를 도우신 일과 왕이 내게 이른 말씀을 전하였더니 그들의 말이 일어나 건축하자 하고 모두 힘을 내어 이 선한 일을 하려 하매

선악의 기준

어떤 사람이 선한 사람이고, 어떤 사람이 악한 사람입니까? 여러분의 선악의 기준은 무엇입니까? 세상 사람들은 선악의 분별을 도덕 교과서나 인간의 수양, 훈련을 통해서 배우고 있습니다.

그러나 성경에서 하나님이 말씀하시는 선악의 기준은 그것이 아닙니다. 악은 하나님께서 인간을 창조하신 후 하와와 아담이 선악과를 따 먹으면서 인간 속에 들어왔습니다. 그러므로 악은 하나님이 정하신 선을 넘어서서, 하나님 앞에 불순종하는 것입니다. 그 악이 우리 가운데 들어와서 하나님의 선하신 목적이 희석되는 것입니다. 그러므로 하나님께서 보시기에 선한 일을 하려는 것이 선한 것입니다.

선한 일을 도모하라

선한 일은 수월하게 되는 것은 아닙니다. 선한 일을 할 때 오히려 도전과 시기 질투가 있습니다. 모함이 있습니다. 선하게 살려고 하는데 더 괴로울 때도 있습니다. 선의 기준이 하나님이 기뻐하시는 선을 행하는 것이라고 한다면, 성도로 이 세상 살아가는 것은 더 힘들 수 있습니다. 교회와 목회자도 마찬가지입니다. 그렇다고 우리가 선한 일을 행하지 않고 살 수는 없습니다.

느헤미야 2장 11-18절에서 "선한 일을 도모하라"는 도전을 우리에게 줍니다. 선한 일은 그냥 되는 게 아니라 어려움 가운데 행해지고, 결국은 그 어려움도 극복된다는 것을 보여줍니다. 세상 사람들은 교회와 성도, 목회자를 판단할 때 세상의 선의 기준으로 비평하고 평가합니다. 우리도 신앙적인 바른 안목을 가지지 못하면 선의 기준이 혼미해지고, 세상의 기준이 다 맞는 것처럼 착각할 때도 있습니다.

물론 세상 사람들이 말하는 윤리 기준이 성경이 가르치는 선의 기준에 부합될 때도 있습니다. 그러나 대치되는 것들이 더 많습니다. 그래서 베드로는 초대 교회 교인들에게 선한 양심을 가지고 산다는 것은 고난을 겪는 것과 같다고 말하였습니다.

예수 믿는 사람에게 선의 기준은 하나님으로부터 시작되어야 합니다. 교회의 모든 사역은 하나님의 선을 이루는 것이어야 합니다. 그렇기 때문에 우리가 어떤 일보다도 심혈을 기울여서 헌신을 다해야 합니다. 주님 오실 때까지 선한 일의 최고의 사명과 책임을 맡긴 곳이 교회이고, 선한 일의 샘터가 교회임을 알아야 합니다.

하나님의 선과 세상의 선

성경은 선한 일과 악한 일을 기준할 때, 사탄과 하나님의 선을 비교했습니다. 세상은 사탄의 생각과 관점, 행동이 선하다고 말할 때가 많습니다. 그러나 성경은 분명히 말합니다. 하나님과 하나님 자녀의 관계에서, 하나님의 기준에 어긋나는 것은 절대로 선이 될 수 없습니다.

오늘날 포스트모더니즘이라고 하는 상대주의 감각적 시대에 살고 있는 우리가 바로 알아야 하는 부분입니다. 우리는 하나님이 볼 때 선한 일을 도모하는 사람이 되야 합니다. 선한 일을 도모하는 교회와 가정이 되어야 합니다. 그런 점에서 선한 일을 도모하라는 것은, 착하게 살고 사람들에게 선을 베풀라고 하는 일반적인 말과는 차원이 다릅니다. 하나님이 목적하시고 뜻하신 선을 충성을 다해 행하고, 그 선의 가치관을 확고히 지켜 살라는 뜻입니다.

느헤미야는 하나님의 선한 일을 도모할 때, 기도하고 조용히 조사하고 신중히 계획해서 일을 이루었던 사람입니다. 그의 모습을 통해 우리는 이 세상을 살아가는 데 필요한 그리스도인의 지혜를 배울 수 있습니다. 오늘 말씀 가운데 선한 일을 도모함에 있어서 중요한 원리 세 가지를 다음과 같이 알아봅니다.

선한 마음을 기뻐하시는 하나님

첫째로, 하나님은 선한 마음을 기뻐하십니다.
본문 12절에서는 이렇게 말씀을 했습니다.

"내 하나님께서 예루살렘을 위해 무엇을 할 것인지 내 마음에 주신 것을 내가 아무에게도 말하지 아니하고"(느 2:12).

하나님께서 예루살렘을 위해 느헤미야의 마음에 선한 일을 품게 하십니다. 그러나 느헤미야는 그것을 아무에게도 말하지 않습니다. 한국은 요즈음 "꿈은 이루어진다"라고 외치며 국가적으로, 개인적으로 노력하고 있습니다.

그러나 그리스도인들이 말하는 꿈은 하나님이 주신 계시이지, 자기 마음에서 생기는 야망이나 성취욕이 아닙니다. 하나님이 주시는 꿈은, 하나님이 우리에게 주시는 마음의 감동에서 오는 계시입니다. 말씀과 기도 없이, 하나님의 뜻과는 일치됨이 없이 생기는 꿈이 아닙니다.

때때로 우리는 하나님이 주신 마음이 아니라 나 스스로가 선한 마음과 동기를 가졌다고 생각할 때가 있습니다. 그것이 하나님의 생각이라는 확고한 결단이 설 때까지를 기다리지 않고 선행을 할 때가 있습니다. 하지만 그러한 선행은 도전을 받으면 물러서고 유혹을 받으면 타협하기 쉽습니다. 핍박을 받으면 좌절하기 쉽습니다. 하나님이 주신 마음이 아니기 때문에 그렇습니다.

산발랏과 도비야와 게셈은 예루살렘 북과 서와 남을 싸고 있는 사마리아와 암몬과 아랍 족속의 지도자들입니다. 느헤미야는 바벨론으로 끌려간 이민자의 3세쯤 되는 사람으로, 유다 민족과는 인간관계나 혈연 관계가 멀어져 있습니다. 대인관계도 별로 없이 외로운 사람입니다.

그러나 그는 아닥사스다 임금의 특별한 보호와 권한에 의해서 총독으로서 모든 조건을 가지고 부임했습니다. 그 권한에 힘입어 섣불리 이스라엘 백성 앞에 나와 명령을 하고 지도력을 나타낼 수 있습니다. 하지만 느헤미야는 그렇게 하지 않았습니다. 하나님이 주신 계시를 품고 조용히 드러내지 않고 계획을 세워가는 준비 기간이 있었습니다. 하나님이 주신 계획이 확정되고 그 계획을 신중하고 철저하게 준비해서 진행하는 지혜를 가졌습니다.

산발랏과 도비야와 게셈은 처음에는 느헤미야의 사명을 알지 못했습니다. 느헤미야가 오자마자 사람들을 동원하고 분담해서 허물어진 성벽 재건을 하려 했다면, 일도 시작하기 전에 그들의 음모와 박해에 시달렸을 것입니다. 물론 적들은 나중에 집요하게 느헤미야를 공격하고 방해하고 심리전을 폅니다. 하지만 그런 적들이 모든 일들을 먼저 알았다면, 느헤미야는 백성들에게 아무런 설득도 하지 못했을 것입니다. 사람을 동원하지 못하고 처음부터 난관에 부딪쳤을 것입니다.

느헤미야는 하나님이 주신 계시를 확실히 받고 영적 준비를 했습니다. 하나님의 지혜에 의해서 모든 것을 누구에게도 알리지 않고 차분하게 측근만 데리고 조사하고 시찰했습니다. 그래서 그는 선한 마음으로 그 일을 준비하는 것을 절대 빼앗기지 않았습니다. 베드로전서 3장 16절은 이렇게 말씀합니다.

"선한 양심을 가지라 이는 그리스도 안에 있는 너희의 선행을 욕하는 자들로 그 비방하는 일에 부끄러움을 당하게 하려 함이라"(벧전 3:16).

선한 일을 할 때 언제나 비방하고 모욕하는 사람이 있습니다. 왜곡하고 시기 질투하며 대적하는 사람이 있습니다. 그러나 하나님 안에서 선한 양심을 가질 때는 시간이 지나면서 비방하는 그가 부끄러움을 당하게 된다는 것입니다. 그러므로 어떤 선한 일을 하더라도 하나님이 주신 선한 마음의 동기가 없다면 하나님이 기뻐하시지 않습니다. 그래서 결국은 사탄의 올무에 넘어지고 오히려 비방자에게 부끄러움을 당할 수 있습니다. 이것이 우리가 하나님의 선을 도모할 때 가져야 할 첫 번째 자세이고, 성공하는 사람의 첫 번째 믿음의 도리입니다.

선한 손길로 도우시는 하나님

둘째로, 하나님은 선한 손길로 도와주십니다.

우리는 일을 하다가 힘들고 문제가 풀리지 않으면 아무에게나 도움을 요청할 때가 있습니다. 비신앙적인 방법으로 도와주는 사람의 물질과 책략도 받아들일 때가 있습니다. 하지만 시간이 지나면 그것들은 내 신앙을 오염시키고 부정적인 악영향을 미칩니다. 선한 일은 선한 손길로 도움 받아야 합니다. 기독교 윤리는 사랑이 궁극적인 가치이지만, 그 사랑은 정의를 통해서 실천해야 합니다. 사랑이라는 명목으로 불의를 행하며 그리스도인의 예의도 잃어버리면 안 됩니다.

한국 기독교가 이렇게 유례 없이 크고 부강한 기독교가 됐지만, 실상 사회 속에서 한국 교회는 불신을 당하고 자정력을 잃어버렸습니다. 옥한흠 목사님께서는 돌아가시기 전 "주님, 내가 죄인입니다"라는 제목을 가지고 말씀을 전하셨습니다. 왜 그런 말씀을 하신 줄 아십니까? 목사님은 한국 교회가 지금 이렇게 복음이 변질되어 오염되고, 건강하고 균형 잡힌 신앙을 떠난 모습이 된 이유가 목회자들의 잘못 때문이라고 말씀하셨습니다. 설교자로서 교인들의 신앙을 잘못 양육했기 때문에 그분은 "내가 죄인입니다"라고 고백했습니다.

시간이 가면서 한국 교회 교인들은 부드럽고 달콤한 설교만 좋아하고, 강단은 교인들의 구미에 맞는 물질적이고 현실적인 설교가 주를 이루게 되었다는 것입니다. 성도들을 말씀의 균형대로 깨우치고 꾸짖고 권고하면서 균형을 잡아 주지 못하고, 성도들의 눈치를 보며 설교할 때마다 주저하곤 했다는 것입니다.

저도 부족하지만, 지난 목회 생활 동안 균형 잡힌 복음을 전하려고 몸부림칠 때 부담과 짐을 가졌습니다. 그래도 성도들이 죄를 떠나길 권고하고 위로와 격려하는 삶을 추구했습니다. 시간이 가면서 하나님의 선하신 손이 부족한 우리를 돕는 것을 고백하고 전할 수 있습니다.

하나님의 선하신 손이 나를 도우셨다고 느헤미야가 간증했습니다. 느헤미야는 백성들과 지도자들을 모아 놓고 18절에 이렇게 말합니다.

"하나님의 선한 손이 나를 도우신 일과 왕이 내게 이른 말씀을 전하였더니"(느 2:18).

그가 금식 기도하고 고민하고 있을 때, 아닥사스다 왕은 그 중요한 직책을 내려놓도록 하고 12년 동안 예루살렘 성벽을 짓도록 모든 여건을 마련해 주었습니다. 이것은 하나님이 아닥사스다 왕의 마음을 움직이셔서 위기를 기회로 바꾸신 섭리입니다. 그렇게 간증하고 체험을 전함으로써 사람들은 하나님이 그 선한 일의 주인이심을 깨닫습니다. 나눌 때는 나누어야 합니다. 그전까지는 계시 속에서 선한 양심을 가지며 침묵해야 하나, 침묵이 끝나고 계획을 주도적으로 집행해 나갈 때는 담대하게 하나님의 은혜와 섭리하심을 나누어야 합니다. 우리가 하나님이 도우신 일을 간증하고 체험한 것을 나눌 때, 사람들에게 도전이 될 것입니다.

선한 일을 반드시 이루시는 하나님

셋째로, 하나님은 선한 일을 반드시 이루십니다.

신앙생활 하다 보면 답답할 때가 많습니다. 왜 하나님은 불의한 사람의 힘을 꺾지 않으시고, 공의로운 자들을 이렇게 버려두시는가? 왜 하나님은 악을 방치하시고 선을 저렇게 나약하게 버려두시는가? 왜 하나님은 의로운 믿음의 노력과 바른 성서적인 안목을 가지고 몸부림치는 목회를 그저 바라보고만 계신가? 그럴 때마다 우리는 좌절과 회의를 갖고, 사명감이 흔들립니다.

그러나 그럴 때가 중요합니다. 주님은 감추어진 것이 드러나지 않을 때가 없고, 빛이 타는 등잔은 등경 위에 켜 둔다고 말씀하셨습니다. 하나님께서 계획하시고 뜻하신 일은 진실하시고, 언약을 분명히 지키시는 하나님께서 때에 맞추어서 그 일을 이루실 것입니다. 그것은 여호수아와 갈렙같이, 약속을 하나님의 측면에서 보느냐 아니면 다른 열 지파의 지도자들처럼 세상의 눈과 현실적인 관점에서만 보느냐에서 판가름이 나는 것입니다.

우리 믿는 사람의 꿈과 비전은 하나님의 관점에서 봐야 합니다. 그것이 우리가 말씀을 배우고 훈련 받는 이유입니다. 그럴 때 주위 사람들이 무슨 말을 해도, 환경이 어떠할지라도, 우리는 그 꿈과 비전을 놓지 않아야 합니다. 그럴 때 하나님을 믿고 하나님께서 계획하신 선을 반드시 이룰 수 있습니다. 왜 이루십니까? 17절에 보면 이렇게 말합니다.

"다시 수치를 당하지 말자"(느 2:17).

예루살렘 성을 통하여 성전은 보호받아야 합니다. 하나님께서는 하나님의 성전이 훼파되고 적들의 공격으로부터 방치되는 것을 싫어하시기 때문입니다. 선한 일을 도모하는 성도들과 교회를 통하여, 하나님의 일이 보호받고 수치를 당하지 않도록 하나님이 그 선한 일을 이루신다는 믿음을 가질 때 그 일은 완성될 것입니다.

본문에 보면 "힘을 내어 선한 일을 하자"라고 말하는데, 표준새번역에서는 "선한 일을 위하여 자신들의 손을 스스로 강하게 했다"는 뜻으로 나옵니다. 선한 일을 하므로 하나님이 반드시 그것을 이루시니까 손을 놓고 기다리자는 뜻이 아닙니다. 선한 일을 위하여 스스로 손에 힘을 강하게 했다는 것입니다. 이것이 바로 느헤미야가 52일 만에 성을 쌓을 수 있었던 비결입니다.

최후에는 적을 방어하기 위해서 한 손에 횃불을 들고, 다른 한 손에 벽돌을 들고 쌓았습니다. 140여 년 동안 허물어져 있었으며, 정치적인 음모와 모함 때문에 중간에 중단된 공사입니다. 그런데 이 일을 어떻게 해야 하겠습니까? 수십 년, 수백 년 해야겠습니까? 아닙니다. 몇 개월조차도 아닙니다. 이런 때에는 52일 만에 이 일을 하도록 하나님이 만드셨습니다. 하나님의 시간표가 역사하셨습니다.

선한 일을 도모하는 교회와 성도

선행은 고난과 도전이 있기 마련입니다. 그러나 그것이 선한 일일 때는 서로 그 일을 위하여 싸우는 사람을 격려하고 협력해야 합니다. 느헤미야가 지도력이 있고 왕의 권한을 등에 업은 지혜롭고 결단력 있는 사람이라고 해도, 다른 사람들은 가만히 손을 놓아서는 안 됩니다. 선한 일에는 함께 협력해야 하는 것이 하나님의 방법입니다. 그것이 하나님께서 공동체인 교회를 부르시고 우리에게 선교 사역을 주신 이유입니다.

인생이 긴 것 같지만 짧습니다. 역사가 짧은 것 같지만 길기도 합니다. 그것은 내가 이 세상에서 무엇을 했고 어떤 열매를 남겼느냐에 따를 것입니다. 세상에 해도 해도 모자랄 일이 선한 일입니다. 왜 선하지 않은 일에 관심이 많고 그렇게 많은 에너지를 쏟습니까? 여러분, 이 땅에서는 가만히 있다가 천국에 가서 후회하는 사람이 되지 마시기 바랍니다.

선한 일을 도모하라! 우리가 인생을 사는 데 있어서 얼마나 아름다운 지혜이고 표준이며, 하나님이 주시는 얼마나 큰 선물입니까? 우리 모두 선한 일을 도모하는 하나님의 사람이 됩시다.

하나님 아버지, 감사합니다.
세상을 살다 보면 힘든 것도 많고 괴로운 것도 많고
안타까운 것도 많아서, 자기 욕심과 세속적인 가치관에
넘어질 때가 있습니다.
마귀의 유혹에 넘어질 때가 많고 방황할 때가 많습니다.
쓸데없는 자기 욕심과 욕망을 좇다가
진짜 악한 일에 얽매이나
자존심과 인간관계 때문에 빠져 나오지 못하고
쓸데없는 돈과 정성과 시간을 허비하는 일도 있습니다.
하나님 아버지, 선한 일을 사모하는 자들에게
선한 마음을 주시고 선한 손길을 베푸시며
그 하나님의 역사를 간증하고 체험하고 나누고 전함으로써
하나님의 선한 일을 이루는 믿음이 되고,
가정이 되고, 교회가 되어, 하나님의 선한 그릇이 되어서
선한 일을 도모하는 인생이 되도록,
하나님께서 우리를 인도하시는 말씀대로 이제 실천하고자 하오니
도우시고 도와주시옵소서.
예수님 이름 의지하여 감사하옵고 기도드리옵니다. 아멘.

II. 믿음으로 도전하라

6. 영예로운 38명

느헤미야 3:1-32

¹그때에 대제사장 엘리아십이 그의 형제 제사장들과 함께 일어나 양문을 건축하여 성별하고 문짝을 달고 또 성벽을 건축하여 함메아 망대에서부터 하나넬 망대까지 성별하였고 ²그다음은 여리고 사람들이 건축하였고 또 그 다음은 이므리의 아들 삭굴이 건축하였으며 ³어문은 하스나아의 자손들이 건축하여 그 들보를 얹고 문짝을 달고 자물쇠와 빗장을 갖추었고 ⁴그다음은 학고스의 손자 우리아의 아들 므레못이 중수하였고 그다음은 므세사벨의 손자 베레야의 아들 므술람이 중수하였고 그다음은 바아나의 아들 사독이 중수하였고 ⁵그다음은 드고아 사람들이 중수하였으나 그 귀족들은 그들의 주인들의 공사를 분담하지 아니하였으며 ⁶옛 문은 바세아의 아들 요야다와 브소드야의 아들 므술람이 중수하여 그 들보를 얹고 문짝을 달고 자물쇠와 빗장을 갖추었고 ⁷그다음은 기브온 사람 믈라댜와 메로놋 사람 야돈이 강 서쪽 총독의 관할에 속한 기브온 사람들 및 미스바 사람들과 더불어 중수하였고 ⁸그다음은 금장색 할해야의 아들 웃시엘 등이 중수하였고 그 다음은 향품 장사 하나냐 등이 중수하되 그들이 예루살렘의 넓은 성벽까지 하였고 ⁹그다음은 예루살렘 지방의 절반을 다스리는 후르의 아들 르바야가 중수하였고 ¹⁰그다음은 하루맙의 아들 여다야가 자기 집과 마주 대한 곳을 중수하였고 그다음은 하삽느야의 아들 핫두스가 중수하였고 ¹¹하림의 아들 말기야와 바핫모압의 아들 핫숩이 한 부분과 화덕 망대를 중수하였고 ¹²그다음은 예루살렘 지방 절반을 다스리는 할로헤스의 아들 살룸과

그의 딸들이 중수하였고 ¹³골짜기 문은 하눈과 사노아 주민이 중수하여 문을 세우며 문짝을 달고 자물쇠와 빗장을 갖추고 또 분문까지 성벽 천 규빗을 중수하였고 ¹⁴분문은 벧학게렘 지방을 다스리는 레갑의 아들 말기야가 중수하여 문을 세우며 문짝을 달고 자물쇠와 빗장을 갖추었고 ¹⁵샘문은 미스바 지방을 다스리는 골호세의 아들 살룬이 중수하여 문을 세우고 덮었으며 문짝을 달고 자물쇠와 빗장을 갖추고 또 왕의 동산 근처 셀라 못 가의 성벽을 중수하여 다윗 성에서 내려오는 층계까지 이르렀고 ¹⁶그 다음은 벧술 지방 절반을 다스리는 아스북의 아들 느헤미야가 중수하여 다윗의 묘실과 마주 대한 곳에 이르고 또 파서 만든 못을 지나 용사의 집까지 이르렀고 ¹⁷그다음은 레위 사람 바니의 아들 르훔이 중수하였고 그 다음은 그일라 지방 절반을 다스리는 하사뱌가 그 지방을 대표하여 중수하였고 ¹⁸그 다음은 그들의 형제들 가운데 그일라 지방 절반을 다스리는 헤나닷의 아들 바왜가 중수하였고 ¹⁹그다음은 미스바를 다스리는 예수아의 아들 에셀이 한 부분을 중수하여 성 굽이에 있는 군기고 맞은편까지 이르렀고 ²⁰그 다음은 삽배의 아들 바룩이 한 부분을 힘써 중수하여 성 굽이에서부터 대제사장 엘리아십의 집 문에 이르렀고 ²¹그다음은 학고스의 손자 우리야의 아들 므레못이 한 부분을 중수하여 엘리아십의 집 문에서부터 엘리아십의 집 모퉁이에 이르렀고 ²²그다음은 평지에 사는 제사장들이 중수하였고 ²³그 다음은 베냐민과 핫숩이 자기 집 맞은편 부분을 중수하였고 그다음은 아나냐의 손자 마아세야의 아들 아사랴가 자기 집에서 가까운 부분을 중수하였고 ²⁴그다음은 헤나닷의 아들 빈누이가 한 부분을 중수하되 아사랴의 집에서부터 성 굽이를 지나 성 모퉁이에 이르렀고 ²⁵우새의 아들 발랄은 성 굽이 맞은편과 왕의 윗 궁에서 내민 망대 맞은편 곧 시위청에서 가까운 부분을 중수하였고 그다음은 바로스의 아들 브다야가 중수하였고 ²⁶(그때에 느디님 사람은 오벨에 거주하여 동쪽 수문과 마주 대한 곳에서부터 내민 망대까지 이르렀느니라) ²⁷그다음은 드고아 사람들이 한 부분을 중수하여 내민 큰 망대와 마주 대한 곳에서부터 오벨 성벽까지 이르렀느니라 ²⁸마문 위로부터는 제사장들이 각각 자기 집과 마주 대한 부분을 중수하였고 ²⁹그다음은 임멜의 아들 사독이 자기 집과 마주 대한 부분을 중수하였고 그다음은 동문지기 스가냐의 아들 스마야가 중수하였고 ³⁰그다음은 셀레먀의 아들 하나냐와 살랍의 여섯째 아들 하눈이 한 부분을 중수하였고 그다음은 베레야의 아들 므술람이 자기의 방과 마주 대한 부분을 중수하였고 ³¹그다음은 금장색 말기야가 함밉갓 문과 마주 대한 부분을 중수하여 느디님 사람과 상인들의 집에서부터 성 모퉁이 성루에 이르렀고 ³²성 모퉁이 성루에서 양문까지는 금장색과 상인들이 중수하였느니라

느헤미야의 방명록

느헤미야 3장 1절부터 32절 전체를 읽어 보면 모두 38명의 이름이 등장합니다. 성경에서 사람의 이름만 주로 나열한 부분은 여러 곳이 있습니다. 마태복음 1장에는 이스라엘 백성들의 계보와 메시아가 예수인 것을 강조하면서 수많은 이름이 기록되어 있습니다. 사도행전도 성령의 책이라고 하지만 사람의 이름이 수없이 등장합니다.

그런데 느헤미야서 3장에서도 사람 이름으로 한 장을 다 채웠습니다. 느헤미야의 방명록입니다. 우리가 중요한 행사를 하고 중요한 일이 있을 때에는 꼭 방명록을 기록합니다. 역사적인 중요한 일에 누가 참석하고 어떤 사람이 함께했는가를 기록에 남겨서 기억하고, 역사적 유물로도 남기기 때문입니다.

지난 창립 11주년 행사는 온 교인이 함께하는 한마당 축제였습니다. 445명의 온 교우들이 모였습니다. 어른으로부터 어린아이까지 다 함께 모여서 이중 언어로 하나님께 예배드렸습니다. 그리고 뜻을 되새기고 감사하면서 새로운 비전 2020년의 역사적 사명을 다시 선포하였습니다. 처음엔 400명 참석을 목표로 하였으나, 성령님께서

성도들의 수고와 기도, 협력을 통하여 하나님께 영광스러운 모임이 되도록 하셨습니다.

행사를 할 때마다 가장 중요하게 생각되는 것이 하나 있습니다. 물론 하나님의 도우심과 성령의 인 치심이 중요합니다. 지도자들의 계획과 헌신과 지도력도 필요하고 중요합니다. 그러나 가장 중요한 요소는 참가하는 사람들입니다. 사람들이 참가하지 않으면, 사람들이 함께 예배드리고 잔치하지 않으면 하나님의 영광과 권능을 체험하지 못합니다. 참가한 사람들이 그 자리에서 함께 예배드리면서 느끼는 감격과 함께 사귀는 기쁨은 하나님께도 영광이 됩니다. 공동체에 성령의 역동성을(dynamic)을 주고 참가한 본인 자신도 신앙생활에 격려와 힘을 얻습니다.

느헤미야는 14년 동안 쌓지 못했던 성을 52일 만에 완공할 때 처음 동원했던, 그리고 끝까지 그 일을 완공하도록 함께했던 38명의 지도자들의 이름을 다 나열했습니다. 역사적인 자료이자 역사적인 협력자들의 이름입니다.

하나님의 사역과 공동체에 중요한 자료들

우리는 이민 1세대입니다. 우리가 양육하고 함께 예배드리는 자녀는 우리의 후손이 되는 이민 2세, 3세입니다. 우리는 주예수교회 12년 역사 현장에 서 있고 앞으로 30년, 50년이 가면서, 그리고 8년 후의 2020년 비전을 완성해 가며 미래를 바라보는 사람들입니다. 하나님의 영혼들을 구원하는 위대한 사역을 감당할 사람들입니다. 그리고 저는 앞으로 비전 2020년을 통하여 이 교회를 후세들에게 물려주어 그 세대들이 이루어 갈 또다른 차원의 사명을 준비하는 자입니다. 그렇기 때문에 모든 역사적인 자료들을 초창기부터 잘 모아서 정리해 가고 있습니다. 그리고 그 역사적인 정리를 통해서 다시 한 번 역사적 사명을 깨닫습니다. 역사의 미래를 조명하고 사명감을 다잡아야 하는 중요한 시기마다 그 자료를 공개합니다. 게시판에 붙은 사진들과 목회 서신에 나오는 글들, 주보에 나오는 여러분의 글 하나하나가 역사적인 자료입니다. 그러한 것들은 하나님의 말씀의 역사로 이루어져 영광스런 교회가 되게 하는 자료들이기 때문에, 제 자신에게만 중요한 것 아니라 하나님의 사역과 공동체에 중요한 요소들입니다.

교회와 신앙을 위한 적용

우리는 개척자의 삶을 사는 이민 1세입니다. 주예수교회 역사의 현장 속에서 살아가는 증인으로서 우리가 체험하고 경험했던 것을 나타내고 전해 줄 사명을 가진 사람들입니다.

이런 사명을 가진 사람들은 목표가 분명합니다. 가치관을 바로 정립합니다. 무엇보다도 어떤 환경과 조건 속에서도 끝까지 인내하면서 열매를 거둡니다. 힘들지만 어떤 면에서는 축복받은 인생입니다. 위대한 인생입니다. 때로는 부담이 되지만 고귀한 사명을 가진 이민자이고 교회 공동체의 중요한 역할을 맡은 우리들입니다.

느헤미야서 1장과 2장에서 보았듯이 느헤미야는 금식하며 조국을 위해 기도하던 자입니다. 위기의 순간에서 오히려 그것이 기회가 되어 하나님의 도우심을 받았고, 일을 시작할 때 방해하는 자들의 잘못된 책동(策動)도 뿌리쳤습니다. 그리고 단시간에 기초를 놓고 일을 시작할 수 있는 단계에 들어와서 사람의 이름을 하나하나 기록했습니다.

느헤미야 3장은 공동체적인 역사적 과제를 지도자와 백성들이 한마음이 되어서 어떻게 그 일을 이룰 수 있었는지를 보여줍니다. 3장을 통해서 교회의 현장과 여러분의 신앙을 위해 두 가지로 적용해 보려고 합니다.

동기가 옳아야 한다

첫째는, 어떠한 위대한 역사적 사명도 동기의 측면이 옳아야 한다는 것입니다.

동기(motivation)는 순수하고 분명해야 합니다. 느헤미야와 그를 돕는 38명의 지도자들은 선한 동기로 일을 시작했습니다. 어떤 위대한 사명과 대단한 역사라고 하더라도 동기가 잘못되어 있으면 시간이 가면서 허물어집니다. 하나님뿐만 아니라 인류 역사를 통해서 역사적인 평가를 받습니다. 어떻게 해서 선한 동기로 역사가 이루어졌을까요? 이것은 2장 18절을 보면 알 수 있습니다.

> "또 그들에게 하나님의 선한 손이 나를 도우신 일과 왕이 내게 이른 말씀을 전하였더니 그들의 말이 일어나 건축하자 하고 모두 힘을 내어 이 선한 일을 하려 하매"(2:18).

느헤미야는 선한 일을 하려고 하는데 선한 손이 나를 도왔다고 말하며 지도자들과 백성들에게 동기와 역동성을 불러일으켰습니다.

창립 기념 주일을 마치고 3일 동안 가정 부흥회를 했습니다. 상담을 전공한 분이 강의하는 세미나식 부흥회였습니다. 이민 생활 가운데 필요한 정신건강과 부부 생활, 자녀 교육을 위한 시간이었고, 우리에게 인생의 성공과 행복을 조명해 주는 좋은 시간이었습니다. 여섯 번에 걸쳐서 강의한 내용의 주제는 "무슨 생각을 하고 계십니까?"였습니다. 인간의 모든 행동은 생각과 마음의 자세가 결정을 한다는 것입니다. 부부 관계, 자녀 관계에 있어서 긍정적인 생각을 하라는 것이었습니다.

선으로 악을 이기기 위하여

창립 기념 주일 때 축사를 하신 이승만 목사님은 객관적이고 고무적인 평가의 축사를 해주셨습니다. 그분은 우리 교회가 창립되기 전부터 우리 교회의 역사를 아시고 또 유니온신학교에 계시면서 저와 관계를 해온 분입니다. 제가 15년 전에 유니온신학교에서 총장과 함께 후학 지도를 위해서 아시안 센터를 세운 다음에 모셨던 아시안 센터의 디렉터이고 또 교단의 총회장이십니다.

축사를 통해서 그분은 두 가지 평가를 하시며 격려와 조언을 해주셨습니다. 첫째, 우리 교회가 지역뿐만 아니라 세계를 섬기는 선교의 교회가 됨을 축하하셨습니다. 둘째, 지나온 역사 속에서 아픔과 어려움을 이기고 선으로 악을 이긴 교회임을 축하해 주셨습니다. 그리스도의 사랑으로 선으로 악을 이길 수 있었다고 말씀하셨습니다.

여러분! 선으로 악을 이기기 위해서는 진실되고 깨끗한 마음과 자세를 가지고 동기가 정직하고 옳아야 합니다. 그리고 때로는 아픔과 고난의 시간과 과정이 지나야 할 때가 있습니다. 거짓은 시간이 가장 무서운 적입니다. 그러나 진실과 정직은 시간이 가장 귀한 재산이고 보화입니다.

그런데 시간은 누구의 것입니까? 하나님의 것입니다. 전도서의 말씀대로 시간만은 이 세상 누구도 마음대로 할 수 없다고 했습니다. 우리는 하나님의 절대적인 진리와 역사성 앞에서 신앙생활을 하면서 용기도 얻고 겸손하며 담대한 믿음의 확신도 가지는 것입니다. 이것은 느헤미야가 보여준 것처럼 우리가 동기를 바로 세울 때 역사의 사명을 감당할 수 있다는 것입니다.

느헤미야는 백성들을 동원해서 공사를 시작할 때, 하나님의 선한 손이 나를 도움으로 함께 하나님의 선한 일을 하자고 했습니다. 개인의 야망과 정치적인 목적이 아니었습니다. 세상에는 사람을 속이는 정치, 목회, 봉사 그리고 사업이 많습니다. 심지어는 사랑도 있습니다. 성도 여러분! 정직하고 진실되지 않고는 하나님의 시간이 우리의 것이 아닙니다.

바울의 방명록

헨리 블랙커비(Henry Blackaby)는 최근에 쓴 《동반자 리더십》(*Anointed to be God's Servants*)이라는 책에서, 사도 바울과 그의 동료들을 통해서 리더십을 배우라고 말합니다. 사도 바울은 함께하는 리더십을 통해 많은 도움과 위로와 격려를 받으면서 끝까지 사명을 완수할 수 있었기 때문입니다. 그는 자기의 좋은 조건을 세상의 배설물처럼 버렸습니다. 그러나 말씀을 통해서 함께하는 사람들을 동반자라는 말을 쓰면서 성경에 그 많은 사람들의 이름을 기록했습니다.

바울은 실라와 함께 빌립보 감옥에서 찬양을 불렀기 때문에 실라라는 이름을 기록했습니다. 그가 고향에 가서 숨어 있으면서 세월을 보내고 있을 때, 바나바가 그를 불러서 안디옥에서 그의 재능과 은사를 마음껏 펼치도록 했습니다. 그래서 바울은 바나바를 안수 받은 선교사로, 하나님의 사명의 길에 손을 잡아 주고 키워준 자로 그의 이름을 기록했습니다. 비록 바울은 바나바와 싸우기도 하고 헤어지기도 했지만, 바나바는 분명히 사도 바울의 동역자이자 후원자였습니다.

뿐만 아닙니다. 바울은 자기가 가지고 있는 지병 때문에 평생을 고생했는데, 그런 그의 마음을 위로하고 치료해 준 누가라는 이름을 늘 썼습니다. 받은 말씀을 가지고 다른 곳에 가서 더 확신을 가지고 열정을 다해서 전하는 브리스길라와 아굴라라는 이름을 정확하게 기록해 주었습니다. 처음에는 철이 없어서 전도길에서 바울을 떠날 수밖에 없도록 강하게 징계했지만, 노년에 변화된 마가라는 이름도 끝까지 기록해 주었습니다. 바울이 유럽으로 건너갔을 때 복음을 듣고 개척 교회를 세우도록 도와주고, 바울이 어려울 때도 끝까지 변하지 않고 물심양면으로 도운 여결과 같은 자주 장사 루디아의 이름도 확실하게 기록했습니다. 그는 무엇보다도 믿음의 아들이자, 동역자이자, 자기의 후임자였던 디모데를 수도 없이 기록하고 기록했습니다.

사도 바울이 혼자 역사를 이룬 것이 아닙니다. 저도 혼자 역사를 이룰 수 없습니다. 여러분도 한 사람이 역사를 이룰 수 없습니다. 그래서 바울은 '서로, 함께'라는 단어를 수없이 그의 서신에서 썼습니다.

영예롭게 존재감을 가지고 사는 삶

저는 주예수교회 역사의 때마다 자료를 모으고 모든 자료를 정확하게 분기별로 맞춰서 기록하고 있습니다. 그래서 지금은 주예수교회의 균형 잡힌, 건강한 교회의 모습과 사회 선교의 특징 있는 모습을 여러 선교 단체나 목회자들, 선교사님들에게 전해 주고 나누고 있습니다. 우리 교회 사회 선교 사역을 소개하는 '주예수교회 디아스포라 공동체의 사회 선교'의 비디오를 통해서 많은 도전을 받고 새로운 비전을 가지게 되는 목회자들을 보면서 힘을 얻었습니다.

우리가 받은 사명감에 바른 역할을 할 때 우리는 조지 워싱턴(George Washington)도 될 수 있고, 토머스 제퍼슨(Thomas Jefferson)도 될 수 있습니다. "자유가 아니면 죽음을 달라"(Give me liberty or give me death)라고 외치면서 독립 운동의 불쏘시개 역할을 감당한 페트릭 헨리(Patrick Henry)와 같은 사람도 될 수 있습니다.

우리가 공동체의 비전과 꿈과 사명을 성령이 주시는 대로 따라 행할 때, 위대한 역사적인 기록자가 되는 영예를 얻을 수 있습니다. 그래서 느헤미야 3장에 나타나는 이름들은 영예로운 38명입니다. 이 본문 자체는 성벽을 재건하고 공동체를 세우는 것이고 민족을 중건한 것입니다. 한 사람 한 사람이 성실하게 자신의 인생을 사명감에 맞춰서 지도자와 함께한 것입니다.

성도 여러분! 존재감 없이 살고 싶습니까, 아니면 영예로운 사람으로 기록을 남기고 싶습니까? 하나님은 우리에게 위대한 기회를 주셨고 우리에게 고귀한 사명을 주셨습니다. 하나님이 이를 이루어 가십니다. 그런데 중요한 것은 내가 그 현장에 동참하느냐 못하느냐입니다. 하나님이 불러서 이루시는 것조차도 내가 외면하거나 무관심하면 가장 어리석은 일일 것입니다. 우리는 위대한 부름과 축복과 섭리 속에서 모였으므로 하나님을 찬양합니다.

효과적인 방법을 통해서 일을 성취해라

둘째는, 아무리 동기가 좋아도 능력이 있어야 합니다.

그것을 해낼 수 있는 자질이 있어야 합니다.

이것은 효과적인 방법을 통해서 일을 성취해야 한다는 것입니다. 찰스 스윈돌 목사가 쓴 《함께하는 일하는 지도자》라는 책에 의하면, 느헤미야의 리더십의 특징은 Team Ministry입니다. 함께하는 것입니다. 느헤미야의 지도에 따라서 모든 보조 지도자들과 백성들이 일사불란하게 움직여서, 14년 동안 쌓지 못한 성을 주위의 핍박과 방해 속에서도 52일 만에 해냈습니다.

'Team Ministry'는 앞으로 우리가 우리 자녀들에게 전해 줄 유산이 되어야 하는 것입니다. 아무리 동기가 좋으면 뭐합니까? 능력이 없고 지혜가 모자라서 조직을 못하고 사람을 동원하지 못하면 아무 소용이 없습니다. 이제는 우리가 열매를 나누고 그 열매를 따야 할 때입니다. 열매를 가지고 증거해야 할 단계에 왔습니다. 내가 주저하고 때로는 용기가 부족해도 이미 하나님께서 도전을 주셨습니다.

우리는 그 도전과 함께 선교 사역을 통해서 주시는 사명을 성실히 순종해야 합니다.

교회 봉사의 3대 원리

저는 효과적인 방법으로 주의 일을 하는 세 가지 봉사의 원리를 여러 번 강조한 적이 있습니다. 교회 봉사의 3대 원칙인데, 질서, 분수, 협력입니다.

선한 동기가 있어도 무질서하면 하나님의 일을 이루지 못합니다. 아무리 질서를 지켜도 자기가 맡은 분수의 분담을 책임감 있게 하지 않으면 안 됩니다. 아무리 내가 일을 잘해도 옆 사람과 협력하지 않으면 그 일은 효과적으로 이루어지지 않습니다. 질서, 분수, 협력은 사도 바울이 우리에게 말한 교회 봉사의 3대 원리이자, 하나님의 일을 하는 사람들에게 있어서 올바른 봉사의 자세입니다. 느헤미야를 통해서 실제로 나타나는 역사적인 지혜입니다.

질서를 지켜라

첫 번째는, 질서를 지키면서 봉사해야 합니다.

"그때에 대제사장 엘리아십이 그의 형제 제사장들과 함께 일어나 양문을 건축하여 성별하고 문짝을 달고 또 성벽을 건축하여 함메아 망대에서부터 하나넬 망대까지 성별하였고"(느 3:1).

대제사장이 먼저 모범을 보였습니다. 이와 같이 목사가 먼저 행하고 앞서가야 합니다. 장로님들이 그 목회자와 더불어 솔선수범해 나가야 합니다. 그 일을 실제 행하고 봉사할 집사님들이 먼저 손발이 되어야 합니다. 그럴 때 모든 교인들이 함께 일어납니다. 우리가 함께 일어나서 영향을 줄 때, 우리 교회는 이 지역에서 건강한 교회, 아름다운 이민 교회로 세워져 가고, 사회 봉사의 빛과 소금의 역할을 할 수 있습니다.

질서는 지도자부터 세워집니다. 질서는 지도자가 하나님으로부터 받은 사명감과 꿈과 비전에서부터 세워집니다. 질서를 어기는 것은 사랑을 어기는 것입니다. 무례한 사람들은 질서를 지키지 않습니다. 그들은 남이 다 해놓은 일에 생색을 냅니다. 남이 다 준비했는데 앞에 나와서 자기가 한 것마냥 쇼를 합니다. 그런 사람들은 무질서한 사람입니다.

그래서 우리 교회는 한 가지를 하더라도 지원자를 기명하도록 되어 있습니다. 심지어는 금식 기도 릴레이도 지원자를 게시판에 써 놓았습니다. 무슨 일을 하더라도 공적으로 게시하고 기록하게 합니다. 그리고 무슨 행사를 하더라도 준비위원회에서 모여서 의논하고 토론하고 결정하도록 합니다. 아무도 뒤늦게 자신의 의견을 반영할 수 없습니다. 그런 사람들은 공동체의 평화를 깨는 무질서한 사람입니다. 교회는 독불장군이 필요하지 않습니다. 질서에 따라서 일하는 사람이 필요합니다.

미국 장로교 헌법의 이름은 "Book of Order"입니다. 질서의 책입니다. 은혜는 질서 속에 있습니다. 뒤늦게 사랑과 열정을 내세우면서 자신의 것이 옳다는 것을 내세우는 사람은 동기가 좋다고 하더라도 잘못된 것입니다. 제멋대로 개성이 끌리는 대로 하는 이민 사회에서 얼마나 무질서한 일이 많습니까? 아무리 동기가 순수해도 열매를 가져오려면 방법이 옳아야 합니다. 바로 질서를 지켜야 하는 것입니다.

분수를 지켜라

두 번째는, 분수를 지켜야 합니다.

"그때에 대제사장 엘리아십이 그의 형제 제사장들과 함께 일어나 양문을 건축하여 성별하고 문짝을 달고"(느 3:1).

대제사장의 지시대로 제사장들이 따르기 시작했습니다. 바울은 믿음의 분수를 지키라고 했습니다. 가끔 이민 교회에 혼선이 어디에서 일어납니까? 초신자가 아무것도 모르면서 마치 장로님처럼 판단을 할 때가 있습니다. 훈련이 덜 된 장로님들은 자기의 생각이 맞는 것처럼, 성서적인 판단력을 제대로 내리지 못하고 임기응변으로 넘어갈 때가 있습니다.

목사가 분수를 놓쳐서 영적인 지도자의 분수보다는 사회사업가의 분수만 내세우면, 교인들에게 아무런 영적인 열매를 못 거둡니다. 장로님이 마치 자기가 감독인 것처럼 목사의 목회를 좌지우지하면, 교회에 덕을 주지 못하고 분수에 넘치는 실수를 합니다. 부부지간에도 분수를 지켜야 합니다. 학생과 선생 사이에도 분수가 있고, 하나님의 일에도 분수가 있습니다.

지혜롭게 일을 하는 사람은 자기 분수를 알아서 자기가 할 일과 하지 말아야 할 일을 압니다. 제가 늘 장로님들에게 교육하는 것이 그것입니다. 집사 때는 모릅니다. 교회 전체를 보는 눈을 빨리 배워야 합니다. 장로의 의식은 개인적인 것을 보는 것이 아니라 공동체를 보는 의식이어야 합니다. 금방 되지 않습니다. 여러 사건을 경험하고 몇 년을 지나봐야 알 수 있습니다. 민주주의를 빙자한 개인주의, 자유를 빙자한 방종이 얼마나 쉽습니까?

미국이 민주주의 사회가 된 배경 가운데 하나는 철저히 질서를 지키는 것이었습니다. 모두 다 책임을 같이 지자는 것입니다. 우리는 분수를 지켜야 합니다.

협력하라

세 번째는, 협력입니다.

"양문을 건축하여 성별하고 문짝을 달고 또 성벽을 건축하여 함메아 망대에서부터 하나넬 망대까지 성별하였고 그다음은 여리고 사람들이 건축하였고 또 그다음은 이므리의 아들 삭굴이 건축하였으며"(느 3:1-2).

건축을 하는데 자기가 다 할 수 있다고 해서 혼자 여러 구간을 하지 않았습니다. 느헤미야가 구간을 전부 분배했습니다. 직책과 능력에 따라서 나누어 주었는데 자기는 자기 일만 하면 됩니다. 그러면 제대로 끝나게 되어 있습니다.

오늘날 시대는 선교도 팀을 이루어서 갑니다. 팀을 이루어서 목회도 하고 봉사도 합니다. 그래서 우리 교회는 3년 전에 팀 봉사 제도를 도입했습니다. 팀장은 바른 안목을 가지고 더 지혜롭고 운영할 수 있는 리더십을 키워야 합니다. 장로님은 교회의 팀 리더가 될 수 있을 정도로 영적 지도자의 안목으로 훈련을 받아야 합니다. 열심히 기도만 하고 교회를 사랑한다고 해서 장로가 될 수 없습니다. 목사가 제아무리 헌신을 다한다 하더라도 한 단체의 조직을 운영하는 기술이 없으면 절대 안 됩니다. 팀을 통해서 우리는 서로 배우고 조절하고 일체감을 이루는 훈련을 받습니다.

교회는 혼자 잘하는 사람보다 여럿이 같이하는 사람을 필요로 합니다. 그리고 저는 목회하면서 가장 조심하는 것이 'favoritism' 입니다. 부교역자들에게도 철저히 가르칩니다. 누구에게도 편애를 하지 말라고 합니다. 모든 일은 분명하게 원리와 질서에 따라서 해야 하고 'favoritism' 을 가져서는 안 됩니다. 이민 목회를 하다 보면 사람들은 자기 시각으로 해석합니다. 자기 시각으로 판단합니다. 그래서 아침 성경 공부를 통해서 저는 솔직하게 제 자신을 내어놓고 사례들을 발표할 때가 많습니다. 저를 바로 아시고 협력하기를 원하기 때문입니다. 편견과 잘못된 시각, 자기 자신의 수준으로 보지 말기를 원하기 때문입니다.

주예수교회의 영예로운 38명

하나님의 일을 하려고 마음을 먹고 하나님께 덕이 되는 선한 일을 한다면 방법도 선해야 합니다. 기독교 윤리는 그 목표와 방법이 같아야 합니다. 사랑은 정의를 통해서 실천되어야 합니다. 사랑을 빙자하면서 부정의하고 부정직하게 한다면 그것은 사랑이 아닙니다. 이런 말씀대로 노력하다 보면 여러분은 명품 신자가 될 수 있습니다. 그 영향이 주예수교회를 통해서 지역과 교단과 이민 교계에 균형 잡힌 건강한 교회로서 영향을 주게 됩니다. 사회 선교를 앞장서서 하는 교회로서 미국 사회와 이민 교계에 징검다리를 놓게 됩니다. 그리고 주류(majority)와 비주류(minority) 사회를 연결하는 섬김이 있는 교회, 우리 문화와 얼을 배우는 2세들과 함께 이루어 가는 공동체가 되어서 섬기고 봉사하는 교회가 됩니다.

선교의 사명을 가진 교회로서, 하나님의 사명을 바로 감당하는 우리들이 될 때, 하나님께서는 우리를 영예로운 38명으로 기록하실 것입니다.

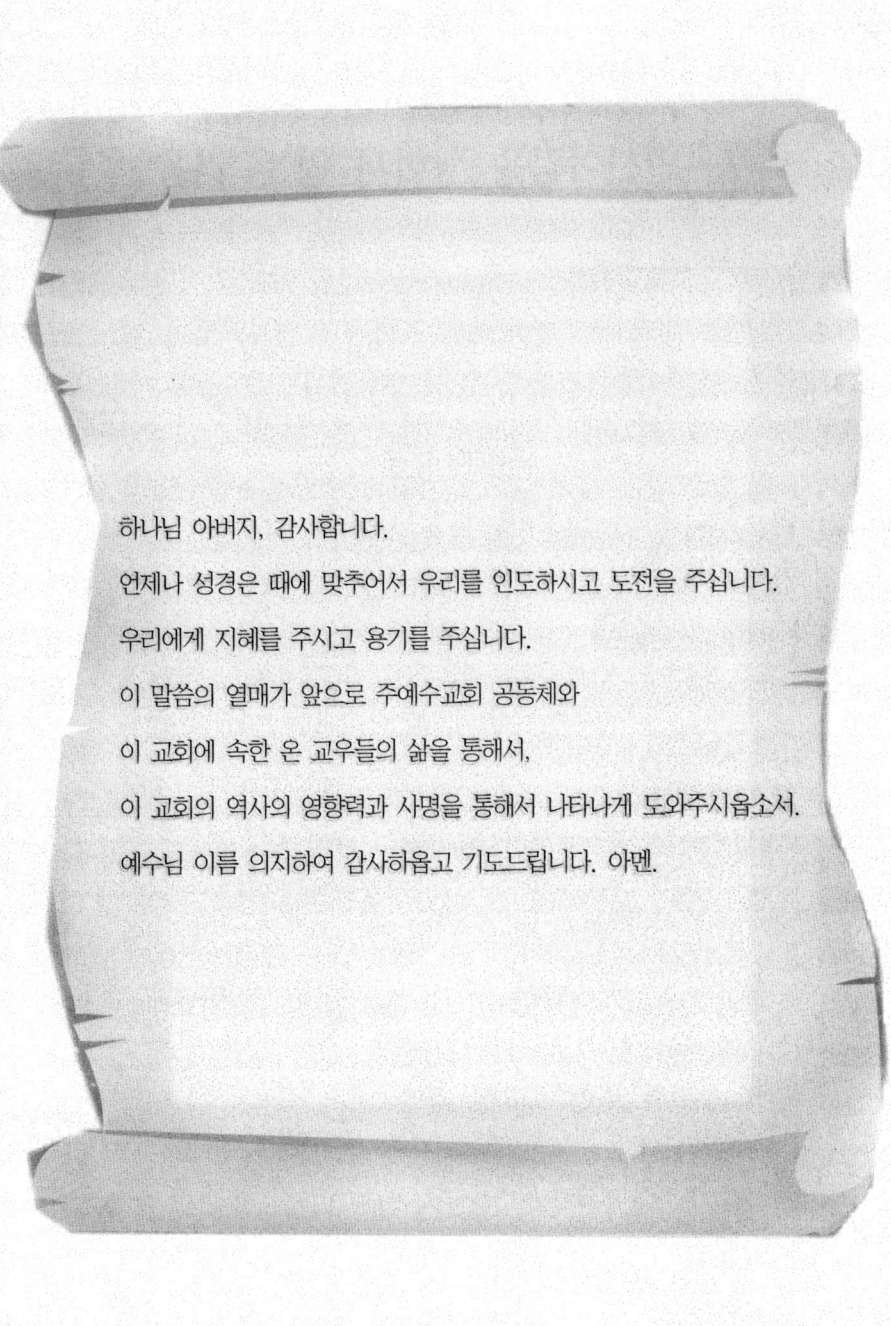

하나님 아버지, 감사합니다.

언제나 성경은 때에 맞추어서 우리를 인도하시고 도전을 주십니다.

우리에게 지혜를 주시고 용기를 주십니다.

이 말씀의 열매가 앞으로 주예수교회 공동체와

이 교회에 속한 온 교우들의 삶을 통해서,

이 교회의 역사의 영향력과 사명을 통해서 나타나게 도와주시옵소서.

예수님 이름 의지하여 감사하옵고 기도드립니다. 아멘.

7. 업신여김을 당하지 않는 믿음

느헤미야 4:1-6

¹산발랏이 우리가 성을 건축한다 함을 듣고 크게 분노하여 유다 사람들을 비웃으며 ²자기 형제들과 사마리아 군대 앞에서 일러 말하되 이 미약한 유다 사람들이 하는 일이 무엇인가, 스스로 견고하게 하려는가, 제사를 드리려는가, 하루에 일을 마치려는가 불탄 돌을 흙 무더기에서 다시 일으키려는가 하고 ³암몬 사람 도비야는 곁에 있다가 이르되 그들이 건축하는 돌 성벽은 여우가 올라가도 곧 무너지리라 하더라 ⁴우리 하나님이여 들으시옵소서 우리가 업신여김을 당하나이다 원하건대 그들이 욕하는 것을 자기들의 머리에 돌리사 노략거리가 되어 이방에 사로잡히게 하시고 ⁵주 앞에서 그들의 악을 덮어 두지 마시며 그들의 죄를 도말하지 마옵소서 그들이 건축하는 자 앞에서 주를 노하시게 하였음이니이다 하고 ⁶이에 우리가 성을 건축하여 전부가 연결되고 높이가 절반에 이르렀으니 이는 백성이 마음 들여 일을 하였음이니라

전쟁 승리를 위한 중요한 조건

전쟁을 치를 때 승리하기 위해서 무엇보다도 중요한 것은 군인들

의 사기입니다. 사기가 없는 군인들은 제아무리 좋은 군수 보급과 전투 조건을 갖추어도 승리의 의욕이 없기 때문에, 적이 그 취약점을 가지고 마음대로 농락할 수 있습니다. 전쟁터의 조건이 여러 가지로 부족해도 '사기가 충천(衝天)되어 있으면, 어떤 적도 능히 이길 수 있고 승리할 수 있는 것입니다.

영적 전투인 신앙생활도 마찬가지입니다. 사탄은 신앙생활 하는 사람들의 사기를 꺾어 놓으려고 호시탐탐 노립니다. 그런 가운데에서도 우리는 사기를 잃지 않고 승리하는 신앙생활을 해야 합니다.

업신여김을 당하지 않는 믿음

느헤미야 4장 1-6절에 나오는 것은 믿음의 사기와 관계된 것입니다. 느헤미야는 적들의 온갖 반대와 민심을 동요시키는 회유 정책에도 굴하지 않고 마음을 합친 명예로운 38명의 지도자들과 성벽 공사를 진행했습니다. 더 이상 산발랏과 도비야가 그 공사를 수포로 돌리거나 저지할 수 없었습니다. 성벽 높이의 반을 쌓았기 때문입니다. 이런 일을 진행하는 과정에서 산발랏과 도비야가 조롱하고 업신여겼다는 것입니다.

나약한 군인이라도 적을 맞대놓고 싸울 때는 어떻게든 싸우려는 의욕이 생길 수 있습니다. 그러나 적이 얕잡아보고 업신여길 때는 문제가 조금 다릅니다. 상대가 업신여기고 조롱할 때에는 싸우고 싶은 마음이 사라집니다. 그러므로 오늘 설교 제목은 "업신여김을 당하지 않는 믿음"이라고 정했습니다. 업신여김을 당하지 않는 믿음이라야 믿음의 뿌리를 내리고 기초를 쌓아서 나머지 성벽을 쌓을 수 있습니다.

주예수교회의 본당에 들어오면 "주 예수보다 더 귀한 것이 없네" (I'd rather have Jesus)라고 하는 우리 교회의 표어를 보게 됩니다. 지금까지 12년 동안 우리의 신앙을 점검하고 공동체를 인도하는 표어입니다.

그런데 이 표어는 창립 2년 후에 한동안 창고에 넣어놓고 본당에 걸어 놓지 않을 때가 있었습니다. 교우들의 신앙생활과 영적 상태를 보니 그 구호가 너무 공허해 보였습니다. 교인들은 열심히 신앙생활 한다고 생각했지만, 인간적이고 개인적인 열정과 야망에 들떠 있는 모습을 보았습니다. 하나님께서 주신 사명이나 말씀은 듣지 않고 오직 자신들의 영향력만을 행사하려고 했습니다. 안팎으로 주님과 교회, 담임목사가 조롱 당하는 것 같았습니다. 그래서 부끄러운 심정으로 창고에 넣어두었던 것입니다.

그러나 말씀과 훈련을 통해 하나님의 섭리와 은총 속에서, 그 조롱과 업신여김은 하나님께 대한 감사와 목회자에 대한 신뢰로 바뀌어졌습니다.

굳건한 믿음의 뿌리

느헤미야는 조롱과 업신여김을 당해도, 하나님께서 그에게 주신 사명이 있고 민족에 대한 비전이 있었습니다. 그렇기 때문에 그것에 굴하지 않고 오히려 두 가지 일을 하였습니다.

먼저, 기도를 하고 백성들의 마음을 하나로 단결시켜 성벽의 기초를 쌓아서 믿음의 뿌리를 내렸습니다. 굳건한 믿음의 뿌리는 언제나 이런 힘든 과정을 거쳐서 만들어집니다. 탄탄대로를 거친다고 굳건한 뿌리를 내리는 것이 아닙니다. 믿음의 뿌리를 단단히 내려놓으면, 그 다음에 오는 비바람이나 가뭄은 문제가 되지 않습니다. 세찬 비바람이 몰아와도 넘어지지 않습니다. 가물어도 그 뿌리가 수액과 양분을 빨아올려서 나중에는 열매를 맺습니다. 그런 과정을 통해 하나님의 진실함을 영광으로 나타낼 수 있습니다.

적들의 동기를 파악하라

오늘 본문에는 우리가 개인적인 믿음 생활이나 공동체적인 사명 가운데 적용할 수 있는 교훈이 있습니다. 왜 산발랏과 도비야는 느헤미야가 하는 일이 선한 일임에도 방해했습니까? 왜 반대하다가 안 되니까 조롱하고 업신여기며 백성들의 사기를 저하시킵니까? 그 이유는 그들은 지난 140~150년 동안 폐허가 된 성벽을 그대로 두고 대대로 내려오면서 기득권을 가지고 정치적, 경제적 이익을 보고 있었기 때문입니다. 그래서 이런 변화를 수용하는 데서 오는 불이익을 당하기 싫었습니다.

우리는 언제나 업신여기고 비판하는 자의 동기를 중요시해야 합니다. 참으로 나를 사랑하거나 이 사명에 대한 애타는 마음에서 객관적인 자세로 도움과 지혜를 주는 것인가, 아니면 그 마음속에 감추어진 개인적인 야망과 욕망, 기득권을 뺏기지 않으려고 하는 것인지를 알아야 합니다. 동기(motivation)를 잘 파악해야 하는 것입니다. 그리고 동기를 정확하게 파악하면 그때부터는 그것에 끌려가지 않고 용단(勇斷)을 내려야 합니다. 느헤미야가 이렇게 기도했습니다.

"우리 하나님이여 들으시옵소서 우리가 업신여김을 당하나이다 원하건대 그들이 욕하는 것을 자기들의 머리에 돌리사 노략거리가 되어 이방에 사로잡히게 하시고 주 앞에서 그들의 악을 덮어 두지 마시며 그들의 죄를 도말하지 마옵소서 그들이 건축하는 자 앞에서 주를 노하시게 하였음이니이다 하고"(느 4:4-5).

그들이 대적하고 사기를 떨어뜨려서 성벽을 중수하는 일을 방해하는 것은 반민족적이고 반신앙적인 일만이 아니라는 것입니다. 단순히 경제적이고 정치적인 일만이 아닌 것입니다. 이 일을 통하여 하나님께서 이스라엘 백성에게 하시고자 하는 하나님의 뜻과 목적을 대적하는 것이고, 하나님의 기뻐하심을 방해하는 것이기 때문이라는 것입니다. 느헤미야는 하나님을 거역하는 일이므로 하나님께서 그들을 책망하시고 갚아 주시기를 기도하였습니다. 자신의 정치적인 소견이나 개인적인 생각으로 하는 기도가 아니었습니다. 적들의 동기를 바로 파악하고 이런 기도를 드렸습니다.

자신의 동기를 점검하라

그러나 만약 상대방이 순수한 동기로 안타까운 마음에서 조롱하고 냉소한다면 우리의 동기를 점검할 필요도 있습니다. 과연 이 일을 하는 것이 나의 정치적 영화와 경제적 번영을 위해서는 아닌가, 혹시 민족을 위한다는 대의명분을 내세우며 나를 위한 것은 아닌가를 점검해 봐야 합니다.

마틴 루터 킹(Martin Luther King, Jr.)은 인권운동을 할 때, 흑인들을 모아 놓고 불의에 대항하기 이전에 그들의 동기와 영적 자세를 점검하게 했습니다. 킹은 비폭력 민권 운동의 실효를 가져오기 위해서는 네 가지 단계를 거쳐야 한다고 했습니다.

첫째 단계에서는, 먼저 부정의가 실제 있는지 정확한 사실을 조사하고 명확히 판단을 해야 한다고 했습니다. 둘째 단계에는, 조사 결과 부정의가 있다면 원만히 정의를 추구하기 위해서 협상을 먼저 해보아야 한다고 했습니다. 그때 협상이 만족할 만한 성과를 거두지 못하거나 원만히 진행될 수 없을 때, 셋째 단계로 나아가서 '정의를 요구하는 이쪽에서 자기 주장을 스스로 정당화할 수 있는 순수성을 점검' 하도록 훈련시켰습니다. 마지막 넷째 단계에 가서, 비폭력 저항 운동을 집단적으로 행동화해야 한다고 했습니다. 부정의한 상대방이 이 집단 행동을 통해서 보다 개선된 정의로운 단계의 협상을 위해서 문을 열어 놓기 때문에 그전보다는 더 발전적인 환경이 창조된다는 것입니다.

이러한 집단 행동을 진행하는 과정에서 비폭력 철학의 여섯 가지 원리를 수시로 주지시켰습니다. 그러므로 우리는 스스로 그 방법에 대해서 정당성을 부여하고 자긍심을 가질 수 있도록 자기를 먼저 정화해야 합니다. 우리는 반대하는 자의 동기와 함께 내 동기도 점검해 봐야 합니다.

최선의 기도와 최선의 행동

하나님 앞에 기도하고 말씀으로 자기 자신을 점검한 다음에 그것이 하나님이 주신 사명과 뜻이라면 어떻게 해야 할까요? 하나님의 영광을 위한 일이고 하나님께서 원하시는 선한 일이라면 어떻게 해야 합니까? 그저 기도만 해선 안 됩니다. 열심히 행동해야 합니다. 신실하고 성실하게 행해야 합니다. 그래서 오늘 본문을 보면 다음과 같이 이야기합니다.

"이는 백성이 마음 들여 일을 하였음이니라"(느 4:6).

단합하여 한마음이 된 든든한 공동체는 열심히 일해서 벌써 성벽의 반을 건축했던 것입니다. 신앙 공동체는 하나님이 주신 목표를 향해 나아갈 때, 어렵고 힘든 과정을 통해서 하나님 앞에 거룩한 신부의 모습으로 가꾸어 가야 합니다. 그래서 Mark A. Throntveit의 주석 책(interpretation)에서, 이런 유명한 문장을 인용했습니다.
"모든 것이 하나님께 달린 것처럼 기도하고, 동시에 모든 것이 너에게 달린 것처럼 열심히 실천하라."(Pray as if all defended upon God and work as if all defended upon you.)

기도만 해서 되는 것이 아닙니다. 기도 없이 실천만 계속해서 맹용(猛勇)만 키워서도 안 됩니다. 두 가지를 같이 하라는 것입니다. 모든 것이 하나님 앞에 달린 것처럼 기도해야 합니다. 하나님이 뜻하지 않으면 이루어질 수 없습니다. 그 가운데 대적자들은 어떤 계략으로 일을 중단시킬지 모릅니다. 그렇다고 해서 하나님만 바라보고 손을 놓는 것이 아니라, 모든 일이 우리에게 달린 것처럼 심혈을 기울여서 행해야 합니다.

이렇게 할 때, 사탄은 우리의 단단한 믿음과 결심을 보고, 그리고 열정적인 지도력에 대한 헌신을 보고, 사기를 떨어뜨리는 전략을 쓸

수 없습니다. 그들은 아무리 애를 써도 이미 반쯤 쌓아 놓은 든든한 성벽 때문에 성 안에 들어오지 못하고 아무런 영향을 주지 못합니다. 우리의 최대의 기도와 행함으로, 마귀는 우리의 내적 영역 가운데 들어올 수 없습니다. 이렇게 할 때 우리는 결국 믿음의 든든한 뿌리가 내려지고 외적으로는 아름다운 향기를 내뿜을 것입니다.

거룩하고 순결한 개인과 공동체

우리가 어려움에 처할 때, 마귀는 가까운 사람을 통해서도 마음을 흔들어 놓습니다. 우리의 신앙생활과 삶의 모습을 보며 조롱하며 업신여깁니다. 특히 우리가 새로운 결심과 비전을 가지고 결단을 내릴 때, 그리고 성숙의 단계에 들어서려고 할 때, 시기 질투하며 성령의 역사를 비판하고 거역하고자 합니다. 때로는 그 업신여김과 조롱이 참기 어려워 포기하고 싶을 때도 있습니다. 인간은 자긍심에 상처받고 체면이 손상되면 쉽게 두 손을 들기 때문입니다.

그러나 우리는 이러한 힘든 과정 가운데서도 꾸준히 기도하며 열심으로 행해야 합니다. 그래야 하나님 앞에 거룩하고 순결한 신부의 모습으로 주님 오실 때까지 단장해 갈 수 있습니다. 티나 흠 없는 그리스도의 교회 공동체를 이루어 갈 수 있습니다. 그리고 힘 있는 신앙의 밀알이 되어서 30배, 60배, 100배의 열매를 맺을 수 있습니다.

사명과 순종, 그리고 하나님의 뜻을 따라서 묵묵히 길을 가려면 이런 조롱과 유혹을 넘어서야 든든한 기초를 놓을 수 있습니다. 하나님의 사랑이 영원히 함께하는 십자가의 길을, 우리가 주님 따라 골고다의 길을 가야 주님의 부활신앙을 얻을 수 있습니다. 그렇게 함으로써 세상 유혹, 조롱하는 소리에서도 점점 순결한 신부가 되고 그리스도가 기뻐하는 교회 공동체로 나아갈 수 있습니다. 우리는 그러한 공동체에서만 담대한 믿음의 역사를 이루어 가는 사람으로 양육될 수 있습니다.

승리하는 믿음의 열매

순결한 신부 같은 교회가 되어가는 가운데, 우리의 믿음도 그 속에서 순결한 신부 같은 믿음을 가짐으로 티와 흠을 정결하게 걸러내어 정금 같은 믿음이 되면서, 그 믿음은 역사하는 믿음이 될 수 있습니다. 살아 있는 한 알의 믿음이 되어야 땅에 떨어져 수많은 열매를 맺을 수 있습니다. 업신여기고 조롱당하는 믿음으로 살지 말고, 사탄과 세상과 이웃의 냉소와 조롱의 유혹에 굴하지 말고, 오히려 승리하는 믿음의 열매를 거두시기를 원합니다.

하나님 아버지, 감사합니다.
신앙생활을 하다가 회의가 들 때가 있습니다.
두려울 때가 있습니다.
습관이 되어서 고치고 싶지 않고 안락해서
변하고 싶지 않을 때가 있습니다.
그럴 때 마귀는 우리의 영을 엄습해서 영적 침체에 빠뜨리고,
나약하게 하고, 의욕을 잃게 만들고, 신앙의 길에서 떠나게 하려고 합니다.
방황하게 하고, 믿음의 헌신과 충성을 오히려 두려워하게 만듭니다.
아버지 하나님, 성경은 진리입니다.
느헤미야서의 역사를 통해서, 그리고 그리스도의 부활을 통해서,
우리가 진리를 증거하는 증인이 되고
그 교회가 될 수 있게 도와주시옵소서.
예수님 이름 의지하여 감사하옵고 기도드리옵니다.
아멘.

8. 열 번 찍어 안 넘어가는 믿음

느헤미야 4:7-14

⁷산발랏과 도비야와 아라비아 사람들과 암몬 사람들과 아스돗 사람들이 예루살렘 성이 중수되어 그 허물어진 틈이 메꾸어져 간다 함을 듣고 심히 분노하여 ⁸다 함께 꾀하기를 예루살렘으로 가서 치고 그 곳을 요란하게 하자 하기로 ⁹우리가 우리 하나님께 기도하며 그들로 말미암아 파수꾼을 두어 주야로 방비하는데 ¹⁰유다 사람들은 이르기를 흙 무더기가 아직도 많거늘 짐을 나르는 자의 힘이 다 빠졌으니 우리가 성을 건축하지 못하리라 하고 ¹¹우리의 원수들은 이르기를 그들이 알지 못하고 보지 못하는 사이에 우리가 그들 가운데 달려 들어가서 살륙하여 역사를 그치게 하리라 하고 ¹²그 원수들의 근처에 거주하는 유다 사람들도 그 각처에서 와서 열 번이나 우리에게 말하기를 너희가 우리에게로 와야 하리라 하기로 ¹³내가 성벽 뒤의 낮고 넓은 곳에 백성이 그들의 종족을 따라 칼과 창과 활을 가지고 서 있게 하고 ¹⁴내가 돌아본 후에 일어나서 귀족들과 민장들과 남은 백성에게 말하기를 너희는 그들을 두려워하지 말고 지극히 크시고 두려우신 주를 기억하고 너희 형제와 자녀와 아내와 집을 위하여 싸우라 하였느니라

열 번 찍어 안 넘어가는 믿음

느헤미야 4장 1-6절에서는 대적들이 하나님의 역사를 이루는 지도자와 백성들을 조롱하고 업신여기는 모습을 보았습니다. 그러나 느헤미야와 백성들은 그 가운데서도 업신여김을 당하지 않는 믿음을 가졌습니다. 오늘은 그 이후 7-14절에 나오는 말씀을 통하여 재미있는 제목을 정했습니다. 12절에서 다음과 같이 말씀합니다.

"그 원수들의 근처에 거주하는 유다 사람들도 그 각처에서 와서 열 번이나 우리에게 말하기를 너희가 우리에게로 와야 하리라 하기로"(느 4:12).

옛말에 "열 번 찍어 안 넘어가는 나무 없다"고 했습니다. 그렇게 해서 연애와 사업이 성공하고 인생도 발전하는 일들이 많이 있습니다. 그러나 우리 믿는 사람들은 열 번 찍어서 안 넘어가는 믿음이 있어야 합니다. 본문에서는 적들이 하나님의 역사를 일으키는 느헤미야와 유다 민족에게 와서 열 번이나 회유하며 그 일을 중단시키고자 했습니다. 그러나 느헤미야와 유다 민족은 그 유혹을 이겨낸 믿음을 가졌습니다.

"믿음이 없이는 하나님을 기쁘시게 하지 못하나니 하나님께 나아가는 자는 반드시 그가 계신 것과 또한 자기를 찾는 자들에게 상 주시는 이심을 믿어야 할지니라"(히 11:6).

업신여김을 당하지 않는 뿌리를 내린 믿음에만 그쳐서 되는 것이 아닙니다. 열 번 찍어도 안 넘어가는 믿음으로 자라야 합니다. 그래서 그 믿음이 하나님께 기쁨을 드려야 합니다. 하나님을 신뢰하고 하나님이 상 주시는 믿음을 갖게 될 때, 우리는 그 믿음을 통하여 하나님의 영광과 살아 계심을 증거할 수 있습니다. 그리고 믿는 자로서 삶의 귀한 열매를 거둘 수 있습니다.

이런 믿음은 이사야 40장에서 말하는 독수리와 같은 믿음이라고 생각합니다. 독수리는 활기 찬 날개와 맹렬한 눈을 가지고 상공을 날아서 멀리 바라봅니다. 그리고 먹이가 있을 때는 쏜살같이 내려와서 그 날카로운 발톱으로 먹이를 잡고 절대 놓지 않습니다. 다른 새들은 강풍이 불면 두려워하고 피신합니다. 그러나 독수리는 오히려 그 강풍을 타고 높이 올라갑니다. 독수리에게 그 바람은 멀리 볼 수 있고 높이 날 수 있게 해줍니다.

역경과 고난이 신앙의 성숙과 성장을 돕는 것처럼, 강풍에도 높이 솟아가며 먹이를 찾고 즐기는 독수리의 모습은 인생의 역동적인 믿음의 모습과 비슷하게 느껴집니다.

적을 요란하게 하는 전략

느헤미야와 이스라엘 백성은 산발랏과 도비야가 조롱하고 업신여겨도 하나가 되어서 제각각 업무를 맡아서 믿음으로 그 일을 이루어 냅니다. 성벽의 반을 쌓아 기초를 잘 놓습니다. 그 소리를 듣고 반대자들이 분노가 일어났습니다. 그래서 그들은 본격적인 전략으로, 심리전과 연합전선을 펴서 그 일을 계속하지 못하도록 방해합니다. 본문에 보면 곳곳에서 적들이 포위 작전을 쓰고 공격하며 다음과 같은 심리전을 폅니다.

"다 함께 꾀하기를 예루살렘으로 가서 치고 그곳을 요란하게 하자"(느 4:8).

적들은 이상한 소문과 여론을 조성하면서 이스라엘 사람들을 시끄럽게 만들려고 했습니다. 요란하게 만들려고 했습니다. 주위에서 들려오는 소식을 통해서 사람들의 사기가 저하되도록 하고 그 속의 질서를 깨뜨리려고 했습니다. 새로운 전법입니다. 적들이 그전에는 밖에서 공격했지만, 이제는 안으로 묘한 전략을 써서 이스라엘 사람들의 응집된 마음과 하나 된 노력을 흩어 놓으려고 합니다.

기도로 대처하는 느헤미야

가정에서 어려운 일이 있을 때 부모는 부모대로, 자식들은 자식들대로 시끄럽게 고함지르고 요란하게 하면 집안의 일이 되지 않습니다. 도둑이 물건을 훔치려고 들어갔는데, 집안의 모든 물건이 질서 있게 정돈되어 있으면 마음을 새로 먹고 그냥 나온다고 합니다. 저 또한 습관이 되어 있기 때문에 지금도 지나가다가 책상이 삐뚤어져 있거나 책상 위가 많이 어질러져 있으면 그냥 지나치는 법이 없습니다. 쓰레기를 줍거나 책상을 바로 돌려 놓습니다. 정리정돈하는 곳에 마음도 정리정돈되어 있기 때문입니다.

이렇게 요란하게 만드는 일에 대해서 느헤미야와 이스라엘 백성들은 9절과 같이 대처합니다.

"우리가 우리 하나님께 기도하며"(느 4:9).

적들의 심리 전법에 일일이 대꾸하지 않고 기도합니다. 우리 들은 괜한 일을 크게 부각시킬 때가 많습니다. 그것은 사탄의 꼬임일 때도 많이 있습니다. 가만히 있으면 정리되고 지나가면서 모든 사람의 마음속에 생각해 볼 여유가 있을 텐데, 사탄은 무슨 큰일이 일어나는 것처럼 법석을 떨게 합니다.

바울은, 은혜는 질서 가운데 있고, 믿음의 능력은 질서 가운데 나타난다고 말했습니다. 어떤 사람들은 아무것도 아닌 일에 다른 사람들이 괜히 우왕좌왕하도록 목소리를 내려고 합니다. 주변이 조용할 때는 가만히 있다가 시끄러운 일이 있는 것 같으면 신이 나서 요란하게 만드는 사람들이 있는 것입니다. 이것은 극복해야 할 우리의 문제점입니다.

느헤미야는 이럴 때 마음을 다잡아서 또 한번 기도합니다. 잠깐 기도해서 끝날 때가 있고 오랫동안 기도해야 할 때도 있습니다. 엘리야도 우상 숭배자들과 생명을 건 전투를 할 때 한두 번 기도하지 않았습니다. 하나님이 비구름을 보내 주시도록, 하나님만이 참 신이심을 증명하기 위해서 여러 번 계속 기도하며 간구했습니다. 한두 번 기도로 역사가 일어나지 않자 사람들은 조롱하고 불신합니다. 하지만 생명을 걸고 수없이 기도한 결과 하나님이 비구름을 보내 주시고, 그 땅을 흡족하게 적셔 주시는 역사가 일어났음을 보게 됩니다.

그래서 느헤미야도 요란하게 만드는 모든 적들을 대항해서 또 한

번 간절히 하나님께 기도합니다. 움직일 때가 있고 기도할 때가 있습니다. 모일 때가 있고 흩어질 때가 있습니다. 느헤미야는 때를 잘 분별했습니다. 우왕좌왕하지 않고 기도하며, 백성들에게도 기도를 권면했습니다. 기도하지 않고 요란만 떠는 믿음은 열매를 거두지 못합니다. 사탄이 던지는 미끼에 넘어가는 믿음입니다. 가정의 평화를 파괴하고 교회의 부흥을 제지하는 자들과 대항해서 할 일은 기도인 것입니다.

한때, 한국 교회의 영적 부흥 운동을 활발하게 일으켰던 용문산 기도원은 산꼭대기에 첨성대처럼 탑을 만들어 놓고 그 속에 들어가서 민족을 위하여 기도할 수 있게 해 놓았습니다. 그 기도에 힘입어 한국 기독교가 민족의 귀한 사명을 감당하고 말씀 가운데 교회가 발전하였습니다. 더불어 국가도 발전하였습니다. 기도는 신용카드와 같고 예금과 같습니다. 우리가 긴급하거나 필요할 때 도와주시고 보내 주시는 천군 천사와 같습니다. 요란하게 하는 사람들보다 기도하는 한 사람을 사탄은 두려워할 것입니다.

무장함으로 결연한 의지를 보이는 느헤미야

느헤미야는 끈질기게 회유하는 사람들에게 다음과 같이 대처하고 있습니다.

"내가 성벽 뒤의 낮고 넓은 곳에 백성이 그들의 종족을 따라 칼과 창과 활을 가지고 서 있게 하고"(느 4:13).

다시 단합해서 모이게 하였습니다. 그리고 칼과 창과 활을 가지고 무장을 시켰습니다. 기도만 해서 될 것이 아님을 알았습니다. 안으로 스며들고 손을 뻗치는 적들로부터 동족을 지키기 위해 결연한 의지를 보여줘야 했습니다.

그런데 왜 열 번을 찍는 것이 문제인 줄 아십니까? 본문의 12절을 봅시다.

"그 원수들의 근처에 거주하는 유다 사람들도 그 각처에서 와서 열 번이나 우리에게 말하기를 너희가 우리에게로 와야 하리라 하기로"(느 4:12).

적들은 성을 쌓는 장정들의 부모님과 아내들, 아이들에게도 와서 회유하고 끈질기게 협박했습니다. 이것은 나중에 이스라엘 백성들에게 민요가 되어 퍼졌는데, 10절에 그 민요가 나옵니다.

"흙 무더기가 아직도 많거늘 짐을 나르는 자의 힘이 다 빠졌으니 우리가 성을 건축하지 못하리라"(느 4:10).

적들은 민요를 만들어 악성 루머를 퍼뜨리기 시작했습니다. 부모와 아내들을 회유하여 그들의 자식과 남편이 돌아올 것을 권유하게 하였습니다. 그래서 일체감과 온전한 공동체의 민족적인 협력을 갈라놓으려 합니다. 마귀는 가까운 사람을 이용해서 회유하려고 합니다. 나와 상관없거나 적대적인 사람을 이용하지 않습니다. 그래서 느헤미야는 백성들을 무장시키고 공사를 끝까지 완수하게 하는 의지를 더욱더 갖게 하였던 것입니다.

마귀는 부드러운 방법으로 열 번 찍어 안 넘어가는 나무 없는 것처럼 끈질기게 찾아옵니다. 부정적인 관심을 가지도록 유혹하거나 그럴듯한 명분을 내세웁니다. 그럴 때에는 느헤미야처럼 믿음의 결연한 의지를 가져야 합니다. 하나님을 배반할 수 없으므로 주일 성수는 반드시 지켜야 함을 다짐해야 합니다. 어떤 여건이라도 하나님을 배반할 수 없음을 고백해야 합니다.

하나님을 기억하고 두려워하라

느헤미야는 그래도 백성들이 심리적으로 위축받을 것 같아서 귀족들과 민장들, 남은 백성들에게 다음과 같이 말합니다.

"너희는 그들을 두려워하지 말고 지극히 크시고 두려우신 주를 기억하고"(느 4:14).

더 두려운 분이 하나님임을 알고 지금까지 하나님이 하신 일을 기억하라고 명했습니다. 눈에 보이는 문제만 보지 말고 인도하시고 보호하시는 하나님을 생각하게 했습니다.

자식이 아버지의 사랑을 기억하지 못하면 불효자가 됩니다. 하나님의 백성이 하나님의 사랑을 기억하지 못하면 대적자의 손에 농락당할 수 있습니다. 우리는 하나님의 사랑과 그 뜨거운 은혜를 잊어버리고 현재만 생각하며 두려워 떨 때가 많습니다.

그러나 그 두려움보다 더 두려워할 것은 하나님입니다. 베드로는 산헤드린 공회 앞에서 하나님의 말씀을 듣는 것이 다른 사람들의 말을 듣는 것보다 바르다고 했습니다. 여호수아는 모세와 동행하며 하나님을 경외하고 신뢰했기 때문에 광야 1세대지만 가나안 땅을 밟는 축복을 얻었습니다. 하나님 말씀에 온전히 순종하여 요단 강을 건너고 난공불락의 여리고 성을 얻는 승리를 거두게 된 것입니다.

우리의 기도와 헌신을 기억하시는 하나님

성경에는 '기억하라' 라는 말이 많이 나옵니다. 아브라함이 하나님과 논쟁을 하면서까지 기도했지만, 소돔과 고모라 성에 의인 열 명이 없어서 그 기도는 다 물거품이 되었습니다. 의인 열이 없는 소돔과 고모라는 멸망받을 수밖에 없었습니다. 그런데 하나님께서는 '아브라함을 기억하사, 생각하사'(창 19:29) 롯을 멸망 중에서 구출하십니다. 아브라함의 기도 제목은 하나님 앞에 합격이 되지 못했습니다. 그러나 하나님은 아브라함이 기도한 그 기도를 기억하셨습니다.

하나님 앞에 기도하며 충성된 삶을 살고 세상 앞에도 선한 삶을 살았을 때, 잠깐은 그것이 무용지물 같을 때도 있습니다. 열매가 없는 것 같기도 합니다. 그러나 내가 위기 가운데 있고 한계에 부딪쳤을 때 하나님은 우리의 기도와 헌신을 기억하십니다. 나를 지키시고 우리 가족과 공동체를 보호하시는 하나님의 진실하심과 성실하심은 결코 헛되지 않습니다.

우리가 힘든 삶을 살면서 주님 전에 나와서 눈물로 기도할 때가 많습니다. 하나님은 그 호소와 기도를 기억해 놓으셔서 기적같이 우리의 기도에 응답하십니다. 그러면서 내가 이기지 못하는 욕망 속에서 몸부림칠 때에 죄짓지 않도록 막아 주십니다.

우리를 인도하시는 하나님

저는 때때로 가정생활과 교회 생활, 믿음 생활을 돌이켜보며 '우리가 어떻게 이렇게 헤쳐 나왔을까?' 하고 생각할 때가 있습니다. 우리가 과연 모든 어려운 일들을 미리 알았더라면 견디며 순종할 수 있었을까요? 열심히 행하고 사명적으로 살아갈 수 있었을까요? 우리는 하나님이 뜻하신 방법에 순종하고 응답했을 뿐인데, 그것이 바로 하나님이 주신 사명감이라는 것을 모르고 지나올 때가 있습니다.

제가 성지 순례를 갔을 때 시내 산을 올라 가며 경험한 일입니다. 시내 산은 그 높이가 2,285미터이며 전부 암석으로 되어 있습니다. 자정에 기상을 해서 동트는 시간까지 산 정상에 도달하여 다시 되돌아오면 약 8시간 정도 걸리는 험한 산입니다. 혼자 걸어 올라가기에도 험한 길을 손에 손을 잡고 올라가야 할 산입니다. 등불을 켜고 올라가면 일보(一步)의 길만 밝혀져 있고 양 옆과 뒤는 몇 야드도 볼 수 없습니다. 그런 산을 올라가고 내려오면서 저의 아내와 저는 이런 고백을 할 수 있었습니다.

"처음부터 밝은 대낮에 저 산을 보았다면 아무도 갈 엄두를 내지 못했으리라."

믿음의 길은 하나님께서 처음부터 다 보여주지 않으십니다. 우리가 모든 일을 미리 알고 판단하고 사전에 볼 수 있다면 겁을 내고 두려워해서 용단을 내리지 못할 것입니다. 누구도 시내 산을 오르는 첫발을 감히 들이지 못할지도 모릅니다. 그러나 그 길을 수없이 올라간 안내자는 다 알고 있습니다.

"걱정하지 마라. 올라간다. 이대로 따라오기만 하면 수백 명이라도 올라갈 수 있다."

믿음의 길과 승리는 그런 것이고, 믿음의 열매는 그런 것이기 때문에 주님은 우리에게 말씀하십니다.

"열 번 찍어도 넘어가지 마라."

사랑하는 성도 여러분! 독수리 같은 신앙을 가지십시오. 성경은 말씀합니다.

"오직 여호와를 앙망하는 자는 새 힘을 얻으리니 독수리가 날개 치며 올라감 같을 것이요 달음박질하여도 곤비하지 아니하겠고 걸어가도 피곤하지 아니하리로다"(사 40:31).

어둡지만 우리는 말씀의 빛을 따라서 순종하며 가야 합니다. 그리할 때 믿음의 정상에 우뚝 설 수 있습니다. 우리의 인생은 믿음의 길에서 되돌아보면 하나님께서 모든 것을 주관하신 것입니다. 그러한 하나님을 바라보며 미래에도 담대한 마음으로 믿음의 길을 갈 수 있어야 합니다. 하나님이 우리를 인도하실 것입니다. 열 번 찍어도 넘어가지 말아야 합니다. 그 믿음으로 하나님 앞에 산 믿음의 열매를 맺어 가시기를 축원드립니다.

하나님 아버지!

인생을 살다 보면 신앙에 회의가 오고

믿음에 의심이 들 때가 있습니다.

영적인 침체에 빠질 때가 있습니다.

그럴 때 하나님 말씀으로 우리를 깨우치시고

말씀 따라서 굴하지 않고 어두움도 헤쳐나가게 도와주시옵소서.

사탄 마귀가 때로는 가까운 가족과 이웃을 통해서

열 번을 유혹하고 협박하고 두려워 떨게 하더라도,

요란하게 하더라도 절대 흔들리지 말게 하옵소서.

굳건하게 터전을 다져 놓은 그 믿음에서 인내하여서

믿음의 정상을 바라보며 나아가게 하여 주시옵소서.

그 과정에서 어떤 달콤한 유혹이나 포기하고자 하는 유혹에도,

도중에 주저앉아서 그냥 머무르고자 하는 유혹에도

넘어지지 않게 하옵소서.

하나님의 찬란한 믿음의 열매를 증거하는 저희들이

될 수 있게 도와주시옵소서.

예수님 이름 의지하여 감사하옵고 기도드리옵나이다. 아멘.

9. 전천후 믿음

느헤미야 4:15-23

[15]우리의 대적이 우리가 그들의 의도를 눈치챘다 함을 들으니라 하나님이 그들의 꾀를 폐하셨으므로 우리가 다 성에 돌아와서 각각 일하였는데 [16]그 때로부터 내 수하 사람들의 절반은 일하고 절반은 갑옷을 입고 창과 방패와 활을 가졌고 민장은 유다 온 족속의 뒤에 있었으며 [17]성을 건축하는 자와 짐을 나르는 자는 다 각각 한 손으로 일을 하며 한 손에는 병기를 잡았는데 [18]건축하는 자는 각각 허리에 칼을 차고 건축하며 나팔 부는 자는 내 곁에 섰었느니라 [19]내가 귀족들과 민장들과 남은 백성에게 이르기를 이 공사는 크고 넓으므로 우리가 성에서 떨어져 거리가 먼즉 [20]너희는 어디서든지 나팔 소리를 듣거든 그리로 모여서 우리에게로 나아오라 우리 하나님이 우리를 위하여 싸우시리라 하였느니라 [21]우리가 이같이 공사하는데 무리의 절반은 동틀 때부터 별이 나기까지 창을 잡았으며 [22]그때에 내가 또 백성에게 말하기를 사람마다 그 종자와 함께 예루살렘 안에서 잘지니 밤에는 우리를 위하여 파수하겠고 낮에는 일하리라 하고 [23]나나 내 형제들이나 종자들이나 나를 따라 파수하는 사람들이나 우리가 다 우리의 옷을 벗지 아니하였으며 물을 길으러 갈 때에도 각각 병기를 잡았느니라

탕자의 노래

한국 사회의 대표적 지성인인 이어령 씨가 연세가 칠십이 지난 몇 년 전에 세례를 받았습니다. 무신론자였던 그가 기독교에 귀의한 것이 한국 사회에 크게 기사화되었습니다. 그분의 신앙 여정의 자전적 고백인 《지성에서 영성으로》라는 책에 보면, 다음과 같은 '탕자의 노래'라는 시가 있습니다.

> 내가 지금 방황하고 있는 까닭은 사랑을 하고 있기 때문입니다.
> 내가 지금 헤매고 있는 까닭은 진실을 배우기 시작했기 때문입니다.
> 내가 지금 멀리 떠나고 있는 까닭은 아름다운 순간을 보았기 때문입니다.
> 지금 집으로 돌아갈 수 없는 것은 사랑을 알고 진실을 알고 아름다움은 보았지만 나에게 믿음이 없는 까닭입니다.
> 나의 작은 집이 방황의 길 끝에 있습니다.
> 날 위해 노래를 불러줘요.
> 집을 갈 수 있게 믿음의 빛을 주어요.
> 개미구멍만한 내 집이 있기에 나는 지금 방황하고 있어요.

무신론자 문학가였던 그가 모든 방황을 끝내고 사랑하는 딸의 건강과 가정의 문제를 풀어가시는 하나님의 빛을 따라, 믿음의 문턱에 들어갈 때 이 시를 지은 것입니다.

믿음의 의미

여러분, 믿음이라는 것이 무엇입니까? 기독교 신앙에서 말하는 종교적 신념과 고백이라고 할 수 있는 믿음을 어떻게 설명할 수 있을까요? 믿는다는 것은 어떤 상대를 전제로 하는 것입니다. 내가 하나님을 믿는다는 것이고, 내가 부활하신 주 예수 그리스도를 구세주로 믿는다는 것입니다. 그래서 믿음은 명사의 의미보다는 동사적인 변화로 많이 쓰였습니다. 어쩌면 의심하는 것조차도 믿음을 갖는 과정이라고 볼 수 있습니다.

믿음이라는 단어는 구약성서에서 아브라함을 통하여 '아만'(aman)이라고 하는 히브리 단어로 처음 성경에 나타났습니다. '아브라함이 이를 믿으니 하나님께서 의롭다 하셨다'라고 말씀하심으로 하나님과 아브라함의 관계를 통해서 믿음이라는 단어를 설명하셨습니다.

믿음의 결론인 전천후 믿음

우리는 느헤미야 4장 전체를 세 부분으로 나누어서 믿음이라고 하는 주제를 가지고 생각하고 있습니다. 처음은 업신여김을 당하지 않는 믿음에 대해서 말했습니다. 조롱과 업신여김을 당해도 그것에 넘어가지 않아야 믿음의 뿌리를 내릴 수 있다고 했습니다. 그래서 믿음의 세월과 더불어 열매를 거둘 수 있다는 믿음의 긍정적인 면에서 출발했습니다.

그러다가 4장 중간에 와서는 본문 말씀을 근거로 해서 열 번 찍어 안 넘어가는 믿음이라야 믿음의 열매를 거둘 수 있는 미래를 가늠한다고 했습니다. 믿음이 점점 적극적인 방향으로 나아가고 있습니다.

느헤미야 4장 마지막 부분인 15절부터 23절에 와서는 전천후 믿음이라는 것에 대해 생각해 봅니다. 믿음의 긍정적 출발이 적극적인 믿음으로 나아가면서, 마지막에는 어떤 환경과 상황, 조건 속에서도 굴하지 않아야 믿음의 정도를 드러낼 수 있다는 믿음의 결론입니다.

전천후 믿음의 의미

전천후 믿음이 무엇입니까? 전천후라는 말이 무슨 뜻일까요? 전천후 폭격기라는 말을 들어보셨을 것입니다. 덜러스(Dulles)에 있는 항공박물관에는 어떤 레이더에도 걸리지 않고 로스엔젤레스에서 워싱턴까지 짧은 시간에 날아올 수 있는 전천후 폭격기가 있습니다. 이 폭격기처럼 '전천후 믿음'이라는 것은 어떤 환경이나 조건에도 굴하지 않고 목적을 이루고 사명을 감당해서 본래의 길을 간다는 것입니다.

업신여김을 당하지 않는 자긍심을 가진 믿음이 뿌리를 내립니다. 그리고 그 믿음이 인내를 가지고 열 번 찍어도 안 넘어가는 믿음으로 점점 자랍니다. 마지막에는 그 믿음이 열매를 맺어갈 때, 어떤 환경과 조건에서도 끝까지 불굴의 의지를 살려서 결실을 이루어 내야만 믿음의 증거가 있습니다. 그런 전천후 믿음으로 느헤미야는 52일이라고 하는 짧은 시간에 140여 년 이상 방치해 두었던 예루살렘의 성을 쌓았습니다.

우리는 이런 느헤미야의 모습을 통해서 하나님과 우리와의 관계, 예수 그리스도와 나와의 관계 속에서 믿음의 결실을 이루어 가는 앞날을 기대해 봅니다.

믿음으로 사건을 해석하라

그렇다면 우리는 어떻게 전천후 믿음을 갖게 될까요? 첫 번째로, 사건을 믿음으로 해석하는 안목을 가질 때에 전천 믿음을 가질 수 있습니다.

"우리의 대적이 우리가 그들의 의도를 눈치챘다 함을 들으니라 하나님이 그들의 꾀를 폐하셨으므로 우리가 다 성에 돌아와서 각각 일하였는데"(느 4:15).

우리가 아무리 믿음 생활을 잘해도 뜻밖의 위기에 놓일 때가 있습니다. 신앙생활을 성실히 했지만 예기치 않는 신앙의 도전에 직면할 때도 있습니다. 그럴 때 내 노력과 내 믿음의 결정만으로 해결할 수 없는 한계에 부딪치게 됩니다. 믿음의 혼란을 겪게 되고 믿음이 아무 소용없는 것처럼 좌절감에 빠지게 됩니다. 이때 우리는 위기와 문제를 보는 눈을 믿음에서 떼지 않음으로 하나님께서 사탄과 마귀의 꾀를 물리치시는 방법을 깨우치게 됩니다.

어떤 목사님이 자동차를 타고 가시면서 너무 조급한 문제가 있어 기도를 하면서 운전하시다가 급정거한 앞차를 들이받았습니다. 목사님이 차문을 열고 나와 보니 목사님의 차는 범퍼가 심하게 찌그러져서 거의 폐차할 지경이 되었고, 상대방 차는 튼튼해서 뒤만 조금 수리하면 될 것 같았습니다. 한바탕 싸움이 일어나고 삿대질이 있어야 할 즈음이었습니다.

그러나 목사님께서는 마음을 가다듬고 명함을 꺼내면서 젊은 신사에게 정중하게 사과를 했습니다. 자기 과실을 모두 인정하였습니다. 그런 목사님의 모습을 보고 비싼 외제 차 주인인 젊은 신사도 점잖게 말하며 명함을 주었습니다. 목사님께서는 보험회사가 그 문제를 잘 처리해 주길 바라고 양해를 구한 다음 급히 자리를 떠났습니다. 그리고 보험회사에서 연락이 오기를 기다렸습니다. 그런데 몇 주가 되어도 소식이 없었습니다.

그러다가 어느 날 교회 앞마당에 자동차 딜러가 멋진 중형 고급 차를 가지고 목사님을 찾아왔습니다. 그 젊은 신사가 딜러를 통해 차의 키와 함께 카드를 전달한 것입니다. 어느 교회의 집사인 그 신사는 목사님께 보상을 요구하기보다는 오히려 새 차를 선물했던 것입니다. 사고가 나고 위기가 생기면 감정이 크게 분출되고 상대에 대한 미움과 원망이 생길 텐데, 느헤미야처럼 잠깐 묵상 기도를 하고 점잖게 사과하는 목사님의 태도는 그 집사의 마음을 움직였던 것입니다.

위기를 만났을 때 우리는 자신도 모르게 사탄의 꾀에 넘어가고 마귀의 충동에 넘어가서 돌이킬 수 없는 악담을 하거나 큰 실수를 할 수 있습니다. 그러나 잠깐의 묵상과 신앙적인 정결로써 믿음의 눈을 가져야 합니다. 자기 생각을 좌절시키고 자기 자신을 가다듬을 수 있어야 합니다. 소망과 화평의 말 그리고 신앙의 언어를 통해서 하나님이 그 사건을 해석하고 그 사건을 풀어가시는 계기를 만들어

드려야 합니다.

전천후 믿음이란 어떤 위기 상황이 벌어졌어도 마귀의 꾀에 넘어가 욕망과 아집에 따라 행동하지 않는 것입니다. 신앙이 있는 예수 믿는 사람으로서 영적 지각력을 가지고 하나님의 도움을 간구해야 합니다. 신앙적인 대화를 할 수 있게 만듦으로 위기 속에서도 사탄 마귀의 꾐에 넘어가지 않아야 믿음의 열매를 가져올 수 있습니다.

철저히 준비하라

그렇다고 해서 그러한 믿음으로 중요한 결정하고 난 다음에 가만히 있는 것은 전천후 믿음이 아닙니다. 두 번째로 전천후 믿음은 언제나 적극적이어야 합니다. 어떤 위기와 상황도 헤치고 전진해야 하는 믿음입니다. 그래서 느헤미야는 나팔 신호를 통해서 온 백성들을 하나로 집결시켜 적을 물리칠 수 있는 체제를 구축시켰습니다. 지도자와 공동체가 질서정연하게 집결해서 적과 맞붙어 싸울 수 있는 대책을 준비했습니다.

전천후 믿음은 철저히 준비하는 믿음입니다. 느헤미야는 자기 옆에 부관을 세우고 위기가 올 때마다 나팔을 불게 하였습니다. 나팔은 이스라엘 백성들에게 있어서 중요한 신호입니다. 그 나팔은 기드온이 아말락 연합군과 싸울 때 한 손에는 나팔 들고 한 손에는 횃불 들고 연합군들을 혼동하게 만들어서, 서로를 적으로 오해하여 자멸하게 만들었던 하나님의 나팔 소리였습니다.

여호수아가 요단 강을 건너고 여리고 성을 공격할 때도 마찬가지입니다. 침묵으로 6일 동안 백성들에게 가만히 순종하게 했다가 마지막 날 일곱 번을 돌고 제사장의 나팔 소리와 함께 일제히 함성을 지를 때, 그 난공불락의 여리고 성이 눈 녹듯이 무너졌습니다. 하나님의 음성에 백성이 함께 화합한 위대한 신앙의 포효였던 것입니다.

고대 이스라엘 백성들은 양각 뿔로 전쟁의 신호를 삼아 신앙의 행동을 일치화하고 통일화했습니다. 전천후 믿음은 하나님께서 주시는 위기의 나팔 소리와 경고에 정신을 차리고 다시 자신을 가다듬습니다. 그리고 하나님께서 보내 주시는 신호에 일치가 되어서 그 신호에 따라 움직일 수 있도록 해주는 것입니다. 경고, 공격, 후퇴 신호가 다 나팔 신호에서 왔습니다. 지휘관과 이스라엘 백성이 느헤미야의 지시에 따른 나팔수의 나팔 소리를 통하여 일치된 전력을 정비해서 적을 무찌를 수 있는 조치를 취했습니다.

하나님은 때때로 우리에게 이런 경고의 나팔도 부시고 돌격의 나팔도 부심으로 가정적으로, 교회적으로, 또는 국가적으로 공동체적인 일치를 가져오게 하십니다.

미국의 역사는 민주주의 국가로서 모든 군인의 수장이 되는 대통령의 지휘에 따라 하나가 되는 전통이 있습니다. 외국과 전쟁을 할 때에는 야당 여당이 없이 국론이 하나로 통일되는 것이 미국의 큰 힘이었습니다.

마귀와 싸울 때는 부부가 힘을 합해야 하고 세상의 어려운 문제를 가정이 당면했을 때는 가족이 함께 하나님 앞에 앉아야 합니다. 그리고 하나님께서 우리에게 주시는 위대한 사명을 감당하기 위해서는 온 교회가 한 목소리가 되어서 하나님 앞에 부르짖어야 합니다. 위기의 때일수록 신앙은 공동체적인 그런 본래의 모습으로 돌아와야 합니다. 기독교 신앙은 공동체적인 것입니다. 혼자 아무리 성숙하고 충성스럽게 헌신하더라도 그 신앙은 전천후 신앙 앞에 설 수 있는 신앙은 아닙니다.

하나님이 만드신 공동체(Divine Institution)인 가정과 교회는 일체감 속에서 신앙의 끈을 매어야 합니다. 그래서 하나님 앞에 함께 예배드리고, 함께 모여서 주의 일을 해야 합니다. 이 '함께' 라는 것은 하나님께서 우리가 위기를 이길 수 있는 힘으로 주신 것입니다. 내가 신앙의 고민과 갈등과 위기 앞에서 공동체적인 끈에서 멀어졌다면 다시 그 나팔 소리에 귀를 기울여야 합니다. 하나님께 함께 예배드리고, 함께 섬기고, 함께 헌신할 때 신앙은 다시 장작에 불이 붙듯이 힘을 얻게 되고, 믿음의 담대한 용기를 얻게 될 것입니다.

전천후 믿음은 혼자 갈고 닦은 믿음이 아니라 더불어 살면서 갈고닦은 믿음이고, 이것이 느헤미야가 백성과 더불어서 성을 52일 만에 쌓을 수 있었던 힘이었습니다.

기도와 말씀으로 완전 무장하라

세 번째로, 본문을 보면 그런 나팔 신호만 사용해서 모이지만은 않았습니다. 나팔을 부는 동안 믿음으로 완전 무장하는 대책을 세워두었습니다. 무장하고 밤낮으로 두 조로 나누어서 공사를 합니다. 공사를 하는 사람도 응급 상황에서는 칼을 뺄 수 있도록 칼을 찼습니다. 느헤미야는 효율적으로 무장을 갖추어서 전쟁을 치르거나 공사를 하도록 한 것입니다. 이처럼 전천후 믿음은 말씀과 기도로 유비무환의 준비를 해놓는 것입니다.

제가 해병대에서 5분 대기조 소대장을 하면서 몇 달을 군화 끈을 풀지 않고 그냥 침상에 누워 자는 시간이 있었습니다. 무더운 여름날에도 군화 끈을 풀지 않고 잠깐 바람만 쐬었습니다. 그러고는 다시 군화 끈을 묶고 하는 세월을 4개월을 보냈습니다. 중위를 달고 해안 방어 소대장을 하면서 70여 명의 부대원과 생사를 같이했습니다. 사단장은 가장 정신 교육을 잘하고 부대를 잘 통솔한다며 연대장을 통해서 제게 안전 사고가 많이 일어나는 곳을 맡겼습니다. 그래서 항상 신경을 곤두세우고 근무를 하였습니다. 너무 힘든 상황이라 뼈만 앙상히 남았던 시절이었습니다.

그러나 지혜가 생겨서 초저녁에 미리 잠을 자두었습니다. 그리고 철수를 한 두 시간 남겨둔 새벽녘에 사병들이 피곤하고 잠이 올 때쯤 상황실에 가서 전화를 돌렸습니다. 사병들을 깨우고 답이 없으면 총을 들고 순찰을 돌았습니다. 새벽 2시에서 5시 사이, 칠흑같이 깜깜한 어둠 속에서 간첩은 넘어옵니다. 경험이 없는 지휘관들은 초저녁에 쓸데없이 요란을 떱니다. 그 칠흑 같은 어두움에서 바로 보초를 서지 못하고 실수를 함으로써 상급 지휘관이 진급을 앞두고 어려움을 당하는 경우도 보았습니다.

신앙생활이라는 것은 때로는 불이 붙어서 뜨겁게 믿을 때가 있습니다. 그러나 몇 년을 지나면 별것 아닌 것 같아서 나태해질 때가 있습니다. 역경 속에서 열심히 기도하고 헌신해서 하나님 앞에 큰 응답을 받아 하늘을 치솟는 용기가 있다가도 모든 것이 편안해지고 안정되면 신앙생활은 나태해집니다. 점점 말씀과 기도에서 떠나고 영적으로 무디어져 가기 시작합니다. 그때가 바로 짙은 새벽녘인 것입니다.

초저녁에 아무리 열심히 보초를 서고 눈을 부릅뜨고 적을 기다렸다고 하더라도 적은 어리석지 않습니다. 절대 그때 쳐들어오지 않습니다. 마귀는 언제나 우리보다 영리하게 우리의 상황과 심정과 관계를 꿰뚫어봅니다. '어느 때와 상황이 가장 취약한가?' 어느 시간이 가장 취약한 시간인가? 하고 호시탐탐 노려봅니다. 모든 방비를 철수하고 모든 것이 끝나서 보고를 드리기 바로 직전에 정신이 희미해진 병사는, 마귀가 노릴 수 있는 취약점인 것입니다.

주를 앙모하며 독수리같이 올라갔는데 아무것도 보이지 않을 때 그리고 그냥 맥없이 내려올 때, 먹이들은 다시 자유를 찾습니다. 믿음 생활도 무장해 있지 않으면, 마귀가 틈을 탑니다. 믿음이 얼마나 소중한 것입니까?

이어령 씨가 쓴 《지성에서 영성으로》라는 책을 보면, 그는 지성인으로서 구약성서를 수없이 읽고도 칠십 평생을 무신론자로 살았습니다. 그 같은 분이 어떻게 그 힘든 내면의 갈등과 지성의 안목을 극복하면서 하나님과 만날 수 있었을까요? 어떻게 그리스도인으로서 세례를 받을 수 있었을까요? 물론 그 만남의 여정 속에는 사랑하는 딸의 건강과 가족의 문제가 있었습니다.

그러나 '탕자의 노래'에서 보듯이 그가 외국에 1년 동안 홀로 생활한 경험을 통하여 그는 새로운 인생의 시각을 가지게 되었습니다. 그런 때와 단계 속에서 하나님께서 묘하게 그의 인생 속에 찾아오신 것입니다.

모든 상황 속에서도 기본적인 무장을 해제하지 마라

때로는 신앙생활이 힘들고, 때로는 모든 것에 있어서 문제가 없더라도, 믿음의 끈은 마지막까지 붙들고 있어야 합니다. 마지막까지 군화를 벗지 않아야 명령이 떨어졌을 때 총을 들고 바로 뛰어 나갈 수 있습니다. 그렇게 대기하는 것입니다.

말씀과 기도로 신앙생활 할 때 때로는 그것이 지겹고 습관적이고 나태한 것 같을 때도 있습니다. 그러나 우리가 늘 버리지 말아야 할 믿음의 기본적인 무장은 해제하면 절대 안 됩니다. 하나님 앞에 예배드리고 감사하고 기도하는 것은 절대 놓으면 안 됩니다. 이런 기본적인 무장마저도 환경과 상황에 따라서 잠깐 손을 놓아버리면 마귀가 그때 결정적으로 틈을 탑니다.

그러한 무장을 해제하지 않을 때 전천후 믿음이 위기와 상황 속에서 믿음의 능력을 발휘합니다. 그리고 믿음의 눈으로 사건을 해석하게 합니다. 믿음으로 신호를 받아서 적이 쳐들어와도, 마귀가 나를 공격해도 승리할 수 있습니다. 사탄 마귀는 준비된 전천후 믿음을 보고 두려워 떨며 후퇴할 것입니다. 전천후 믿음으로써 적이 무서워하고 두려워하는 모든 조치를 취해 놓아야 하는 것입니다.

우리는 믿음 생활의 목표물을 잃지 말고 하나님을 따라 전천후 믿음으로 영광과 권세의 능력을 드러내야 할 것입니다.

하나님 아버지, 감사합니다.
우리가 신앙생활을 하다가 얼마나 많은 도전을 받습니까?
얼마나 많은 유혹에 넘어집니까?
그러나 어떤 조건과 환경, 상황 속에서도 굴하지 않는
전천후 믿음으로 믿음의 승리를 노래하게 도와주시옵소서.
느헤미야는 악조건 속에서도 조롱당하지 않고 업신당하지 않는
믿음의 뿌리를 내렸고,
유다 족속들이 열 번이나 회유하고 부드럽게 말해도
찍어 넘어가지 않는 굳건한 믿음을 세웠습니다.
그리고 백성들을 질서정연하게 신호의 나팔 속에서 무장시키고
조직시켜서 단시일에 성벽을 완성했습니다.
하나님, 우리의 믿음이 어려운 환경과 역경 속에서
오히려 열매를 거두고 영광을 나타내게 도와주시옵소서.
그래서 하나님이 살아 계심을 증거하며,
우리의 신앙도 확실히 증명할 수 있는
전천후 믿음이 되게 도와주시옵소서.
예수님 이름 의지하여 감사하옵고 기도드리옵니다. 아멘.

III. 하나님과 더불어 하라

10. 서로를 위하여

느헤미야 5:1-13

¹그때에 백성들이 그들의 아내와 함께 크게 부르짖어 그들의 형제인 유다 사람들을 원망하는데 ²어떤 사람은 말하기를 우리와 우리 자녀가 많으니 양식을 얻어 먹고 살아야 하겠다 하고 ³어떤 사람은 말하기를 우리가 밭과 포도원과 집이라도 저당 잡히고 이 흉년에 곡식을 얻자 하고 ⁴어떤 사람은 말하기를 우리는 밭과 포도원으로 돈을 빚내서 왕에게 세금을 바쳤도다 ⁵우리 육체도 우리 형제의 육체와 같고 우리 자녀도 그들의 자녀와 같거늘 이제 우리 자녀를 종으로 파는도다 우리 딸 중에 벌써 종 된 자가 있고 우리의 밭과 포도원이 이미 남의 것이 되었으나 우리에게는 아무런 힘이 없도다 하더라 ⁶내가 백성의 부르짖음과 이런 말을 듣고 크게 노하였으나 ⁷깊이 생각하고 귀족들과 민장들을 꾸짖어 그들에게 이르기를 너희가 각기 형제에게 높은 이자를 취하는도다 하고 대회를 열고 그들을 쳐서 ⁸그들에게 이르기를 우리는 이방인의 손에 팔린 우리 형제 유다 사람들을 우리의 힘을 다하여 도로 찾았거늘 너희는 너희 형제를 팔고자 하느냐 더구나 우리의 손에 팔리게 하겠느냐 하매 그들이 잠잠하여 말이 없기로 ⁹내가 또 이르기를 너희의 소행이 좋지 못하도다 우리의 대적 이방 사람의 비방을 생각하고 우리 하나님을 경외하는 가운데 행할 것이 아니냐 ¹⁰나와 내 형제와 종자들도 역시 돈과 양식을 백성에게 꾸어 주었거니와 우리가 그 이자 받기를 그치자 ¹¹그런즉 너희는 그들에게 오늘이라도 그들의 밭과 포도원과 감람원과 집이며 너희가 꾸어 준 돈이나 양식이나 새 포도주나 기

름의 백분의 일을 돌려보내라 하였더니 [12]그들이 말하기를 우리가 당신의 말씀대로 행하여 돌려보내고 그들에게서 아무것도 요구하지 아니하리이다 하기로 내가 제사장들을 불러 그들에게 그 말대로 행하겠다고 맹세하게 하고 [13]내가 옷자락을 털며 이르기를 이 말대로 행하지 아니하는 자는 모두 하나님이 또한 이와 같이 그 집과 산업에서 털어 버리실지니 그는 곧 이렇게 털려서 빈손이 될지로다 하매 회중이 다 아멘 하고 여호와를 찬송하고 백성들이 그 말한 대로 행하였느니라

위기 가운데 함께하시는 하나님

우리가 세상을 살다 보면 경제적인 어려움을 당할 때가 많이 있습니다. 만약 사업이 망해서 빚을 지고 그 빚 때문에 빚쟁이가 찾아와서 협박한다면 참으로 힘이 들 것 같습니다.

한국의 유명한 연예인이었던 곽규석 목사님께서 예수 믿기 전의 일입니다. 그분이 사업이 잘 되어서 사업을 크게 벌였지만 오일 쇼크로 그만 그 사업이 망했습니다. 그래서 빚쟁이에게 시달려서 일본으로 도망을 갔습니다. 하지만 하나님께서는 그를 구원시키시고 그를 통한 복음의 사역을 사명감으로 주시기 위해 고국으로 다시 돌아오게 하셨습니다.

곽 목사님은 주위의 간곡한 권유와 영향으로 한국으로 다시 귀국하여 성실히 신앙생활을 하게 되었습니다. 힘들고 어려운 경제 여건 속에서도 십일조를 하면서 신실한 신앙생활을 하고 있었습니다. 그래도 늘 마음속에서는 빚쟁이가 찾아오면 어떻게 하나 하는 걱정이 있었습니다.

그런데 어느 날 퇴계로 5가 육교를 지나가다가 육교 위에서 꼼짝없이 빚쟁이를 만났습니다. 목사님은 자신의 사정을 빚쟁이에게 말하면서, 재기하는 대로 빚을 갚겠다고 간곡히 사정하였습니다. 그러자 그 빚쟁이는 오히려 허허 웃으며, 자신의 사업이 잘되어 그런 일에 신경 쓸 여력이 없고 빚도 천천히 갚아도 된다고 말하였습니다. 그래서 목사님은 철렁 내려앉은 가슴을 쓰다듬으며, 하나님 말씀대로 살려고 애쓰는 자기의 모습을 하나님께서 위로해 주심을 다시 한 번 감사드리며 육교를 내려왔다고 합니다.

이스라엘 민족의 경제적인 위기

느헤미야의 지도 아래 12년 동안 민족 재건을 위한 노력을 함께 하던 이스라엘 백성들 사이에도 이자를 주고받는 과정에서 갈등이 생기기 시작했습니다. 어떤 집에는 빚이 눈덩이처럼 불어났고, 어떤 집은 저당 잡힌 주택, 가옥, 물건의 이자도 주지 못해서 자기가 사랑하는 아들 딸들이 종으로 팔려가게 되었습니다.

뿐만 아닙니다. 재산이 좀 있는 사람들도 바사 왕국에 중한 세금을 바치느라 가난한 사람들을 돌볼 여지가 없었습니다. 느헤미야가 이스라엘 민족 공동체와 함께 예루살렘 성벽을 쌓고 민족을 회복시키려는 역사적인 사명을 감당해 가는 12년 동안, 부익부 빈익빈 현상이 아주 심하게 나타났습니다.

그래서 느헤미야는 이자를 받지 말고 그 동안 취한 것들을 매월 100분의 1씩, 1년에 12퍼센트를 돌려 주도록 명령했습니다. 원금을 탕감시키고 빚에서 해방되도록 하였습니다. 이스라엘 백성들 사이에서 경제적인 속박과 위기 때문에 서로 원망하고 시기하고 싸우는 일이 없도록 하였습니다.

그렇게 해서 그들은 더욱 일심단결해서 어려움 속에서도 민족의 성전을 보호하는 성벽을 쌓았습니다. 또 그곳에 모여 살거나 전국 각 곳에 흩어져 살면서도 민족 공동체를 재건하고 회복시키는 일에 함께 후원하였습니다. 당시 바벨론에서 포로 되었다가 귀환한 사람들은 대부분 가난한 사람들이었고, 오히려 성공한 왕족들과 부자들은 바벨론을 떠나지 않았습니다. 스룹바벨이나 느헤미야와 같은 지도자들은 영적, 종교적, 행정적 사명감을 가지고 민족 재건을 위해서 온 것입니다.

이러한 이스라엘 민족에게 가뭄이 찾아왔습니다. 그리고 바사왕국은 이스라엘의 부흥을 시기하며 세금을 많이 부과하였습니다. 결국 경제적인 위기 때문에 극소수의 부자만 살아남고 대부분의 서민들은 몰락하게 되었던 것이었습니다.

현대 사회의 경제적 위기

중산층이 붕괴되어 가면 사회는 혼란에 빠집니다. 지금 미국의 경제 상황은 심히 나빠졌습니다. 지난 20~30년 전에는 중산층이 60~70퍼센트 가까이 되었기 때문에, 미국 사회가 세계 어느 나라보다도 안정된 사회였습니다.

그러나 다시 60년 만에 경제적인 위기가 오면서 통계에 의하면, 최상위 5퍼센트와 최하위 5퍼센트는 조정할 수 없는 극단적인 부와 빈곤에 치닫고 있다고 합니다. 상위 20퍼센트와 하위 20퍼센트 사이도 경제적 차이가 너무 커서 중산층이 약해져 가고 있다고 합니다. 이것이 오늘날 미국의 최대 고민이자 전 세계적인 추세이기도 합니다.

한국도 마찬가지입니다. 한국이 지금은 세계 경제 12대국에 들어간다고 하지만, 지난 10년 동안에 가진 자만 더 가지게 되었습니다. 반면에 없는 자는 아파트 전세도 내기 힘들어서 자살자가 매일 몇 명씩 늘어가고 있습니다. 경제적인 괴리 현상 곧 부익부 빈익빈 현상이 심화되었습니다. 과거에 중산층이라고 생각하던 60~70퍼센트의 국민들이 이제는 자신들이 서민층으로 몰락하고 있다고 생각하는 사람으로 늘어갑니다. 사회가 불안해져 가는 현상입니다.

그래서 경제 부정의가 만연해 가고 결국 그 결과로 공동체 의식이 결핍되어 갑니다. 함께 어울려 사는 정신이 점점 희미해져 가고 있습니다. 그래서 "나만 잘되면 된다. 내 사업만 번성하면 된다. 우리 가정만 성공하면 된다. 내 교회만 크게 부흥하면 끝이다. 우리 민족만 세계 최대 일류 국가만 되면 된다"라는 분위기 속에서 공동체적인 경제 정의 의식을 잃어가고 있습니다.

지금 한국 교회는 어떻습니까? 세계 50대 큰 교회 중에 25개의 교회가 서울을 중심으로 모여 있지만, 한국 교회는 사회로부터 지탄을 받고 있습니다. 가장 많은 구제와 봉사와 섬김을 하는데도 언제나 불신을 받아가고 있습니다.

이민 교회의 모습도 마찬가지입니다. 이민자들이 처음 정착할 때는 하나님 앞에 눈물로 기도하고 감사해서 정성으로 먼저 헌금하였습니다. 하루에도 몇 가지 일을 하면서 잘살려고 노력하였습니다. 그러나 그 시대가 지나고 안정이 되면서 살 만해졌습니다. 큰 교회가 곳곳에 서고 안정된 이민 교계와 이민 사회가 형성되었습니다. 그러나 그전보다도 자살률은 높아지고 살인 사건은 많아졌습니다. 지난번 로스엔젤레스에서는 얼마 되지 않은 돈 문제로 젊은이들이 끔찍한 살인 방화를 저질렀다고 합니다.

예전에는 가난해도 콩 한 조각도 나누어 먹었습니다. 그러나 이제는 그러한 인심은 사라지고 뺏고 뺏기는 경쟁 사회에 사는 우리들이 되어버렸습니다. 마음의 여유와 평안은 사라지고 있습니다. 우리의 영성도 좀 먹고 있습니다. 경제적인 나눔이 없어지고, 공동체적인 평강과 화목이 점점 사라져 가는 시대에 살고 있는 것입니다.

하나님과 동행하는 승리의 삶

하나님과 동행하는 승리의 삶은 성공의 삶과는 다릅니다. 성공은 자신의 목적과 야망을 위하여 수단 방법을 가리지 않습니다. 그러나 승리는 어떤 역경과 환란 속에서도 하나님의 방법과 믿음의 도를 따라 극복하고 이겨냅니다. 그렇게 하나님과 동행해서 얻어지는 결과와 결실이 승리입니다. 우리가 노력하며 추구하는 목표는 하나님과 동행하는 승리의 삶이지, 하나님을 뒷전에 두고 내 욕망과 꿈을 앞세운 성공을 위한 삶은 결코 아닙니다.

'형제애'를 통한 느헤미야와 바울의 해결 방법

이스라엘 백성들이 성벽을 쌓는 동안, 그리고 성벽을 쌓고 난 12년의 역사를 통해서 그들도 모르는 이런 위기를 만난 것입니다. 느

느헤미야는 이 난국을 타개할 때 이스라엘 민족 공동체에게 역사적인 귀한 단어를 제시합니다. 그것을 가지고 그들을 자각시키며 이 문제를 해결하려고 합니다. 그것이 오늘 본문에 나타나는 느헤미야 5장 1-13절에 나오는 핵심입니다.

'형제, 형제의 육체와 같고, 각기 형제에게, 우리 형제 유다 사람들을, 너희 형제를 팔고자, 나와 내 형제와 종자들', 'Brotherhood' 곧 형제애입니다. 무턱대고 서로 사랑하고 나누거나 원금을 다 갚도록 이자는 탕진해 주라고 하지 않습니다. 무턱대고 종으로 팔려온 자들을 돌려보내거나 사업을 다시 하도록 원금을 빌려 주라는 말이 아닙니다. 지금 이때에 '형제'라고 하는 하나님이 주신 키워드를 한 번 생각해 보자는 것입니다.

우리는 형제애를 잘 적용한 사도 바울의 모습을 통해서도 우리들의 실제 생활 속에서 형제애를 적용할 수 있습니다. 골로새서 4장 9절에서 형제라는 단어를 사도 바울이 이렇게 표현하고 있습니다.

"신실하고 사랑을 받는 형제 오네시모를 함께 보내노니 그는 너희에게서 온 사람이라"(골 4:9).

사도 바울은 오네시모를 '형제'라고 말했습니다. 오네시모는 어떤 사람입니까? 오네시모는 빌레몬의 종이었고, 주인을 속이고 도망쳐서 멀리 로마까지 와서 신분을 속이고 산 사람입니다. 그런데 어떤 경유인지 로마에 가서 복음을 전하는 바울을 만나 예수 믿게 된 사람입니다.

하지만 오네시모는 복음을 받아들인 후, 양심이 그의 마음을 움직여서 자신은 빌레몬의 집에서 도망 나온 죄수라고 신분을 밝힙니다. 그때 당시 그것이 관청에 고발되면 그대로 사형입니다. 그런 위험을 무릅쓰고 오네시모는 자기에게 믿음을 가르쳐 주고 복음을 심어준 바울에게, 양심에 거리낌없이 모든 사실을 밝힙니다.

그러나 이런 오네시모를 보고 바울은 그저 모든 일은 옛 일이라고 말하지 않습니다. 그가 은혜 받고 새사람으로 거듭나서 바울과 형제 관계를 맺으며 주의 일을 하니 모든 것을 잊어버리라고 말하며 덮었다면, 더 이상 이 본문을 가지고 이야기할 필요가 없습니다. 빌레몬서 1장 1-10절을 보면 첫머리에 빌레몬에게 바울이 이런 말로 편지를 하고 있습니다.

"그리스도 예수를 위하여 갇힌 자 된 바울과 및 형제 디모데는 우리의 사랑을 받는 자요 동역자인 빌레몬과"(몬 1:1).

여기에서는 바울이 빌레몬을 말할 때 동역자인 빌레몬에게 부탁한다고 합니다. 빌레몬은 바울이 전도해서 초대 교회의 중요한 지도자가 된, 바울의 믿음의 아들이며 동지입니다. 이때 바울이 오네시모 문제를 해결하기 위해 빌레몬의 마음을 열도록 하고 있습니다. 오네시모의 문제를 양심적이고 법적으로 해결해서 오네시모는 이제 더 이상 노예가 아니고 형제로 받아들여져야 한다고 말합니다. 그리스도를 위하여 한 형제로서 동역자가 되기를 바라고 있습니다. 바울의 탁월한 문제 해결 방법입니다.

동역자라는 단어를 생각해 봅시다. 그저 서로 사귀어 알고 복음 안에서 만남이 있었으니까 그렇게 하자는 말이 아닙니다. 복음을 위하여 동역자가 되었고, 하나님의 나라를 위하여 각각 직분은 다르나 교회에 부름을 받아 일꾼이 되었음을 생각하자고 했습니다. 바울의 동기가 그렇습니다. 빌레몬서 1장 8-11절에 보면 자세하게 이 내용을 밝힙니다.

"이러므로 내가 그리스도 안에서 아주 담대하게 네게 마땅한 일로 명할 수도 있으나 도리어 사랑으로써 간구하노라"(몬 1:8-9).

빌레몬은 바울에게 신실한 영적 제자입니다. 그래서 명령을 해도 좋습니다. 하지만 명령이 아닌 사랑으로 간구합니다. 오네시모나 빌레몬이나 바울에게 있어서 하나님의 복음의 동역자이므로, 예전의 주종의 관계가 아닌 하나님의 일을 하는 형제간이라고 말합니다.

우리는 때때로 교회에서 형제, 자매를 내세우거나 사랑을 내세우면서 하나님과 교회는 뒤로할 때가 많습니다. 하나님의 복음은 뒤로 감추고, 인간적인 욕심과 체면과 야망을 가지고 형제라고 말하면서 수많은 잘못된 것들을 행할 때가 있습니다.

바울이 지금 말하고 있는 것은 그런 것이 아니라, 진정한 그리스도인으로서의 형제를 말하는 것입니다. 마음이 조금 안 맞고 생각이 달라도, 또는 상대방 때문에 위기에 처해 있어도, 예수 그리스도의 복음을 전파하기 위해서 동지가 된 동역자라고 말하고 있습니다. 이것이 그리스도 안에서 형제라는 것이고, 복음을 위하여 민족이나 인종도 초월하고 빈부귀천도 넘어야 하는 기독교적 동지인 것입니다.

"갇힌 중에서 낳은 아들 오네시모를 위하여 네게 간구하노라 그가 전에는 네게 무익하였으나 이제는 나와 네게 유익하므로"(몬 1:10-11).

바울은 이제는 오네시모가 하나님의 복음 사역에 유익한 사람이 되었고 바울에게 소중한 사람이라고 말합니다. 그리고 이렇게 말합니다.

"종과 같이 대하지 아니하고 종 이상으로 곧 사랑 받는 형제로 둘 자라 내게 특별히 그러하거든 하물며 육신과 주 안에서 상관된 네 게랴"(몬 1:16).

경주 최 부자들의 재산 유지 비결

몇 년 전에 한국에서 경주 최 부자에 대한 책이 나왔습니다. 대한민국 역사 가운데서 10대를 넘어가면서 재산을 유지한 가문은 그 가문밖에 없다고 합니다. '권불십년'이라는 말이 있는데, 어떻게 경주 최 부자는 10대를 넘어가도 재산을 유지할 수 있었을까요?

여러 가지가 있지만 그 가운데 오늘 본문과 관계된 하나의 비결은 '10리 안팎에 거지가 없어야 된다'라는 것입니다. 최 부자가 살고 있는 10리 안팎에는 거지를 두지 말라는 것입니다.

억지로 거지를 내쫓으라는 말이 아니고 거지가 없게 하라는 것입니다. 소작을 주는 가난한 사람을 생각하고, 거지가 돌아다닐 때 그들을 생각해서, 살고 있는 10리 안팎에는 거지가 없는 마을이 되게 하라는 것입니다. 거지들이나 가난한 사람은 나라가 불안하고 시대가 위태로우면 제일 먼저 부잣집 광을 헐고 부잣집 창고에 불을 지릅니다. 그리고 부자의 가슴에 창 끝을 들이댑니다. 하지만 경주 최부자는 이처럼 굶주린 자들을 돌보았기 때문에, 오랫동안 재산을 유지할 수 있었던 것입니다.

아무리 내가 잘살고 넉넉해도 나의 형제와 이웃이 물질이 필요하고 또 내 가까운 친구가 사업이 망하면, 우리는 그들을 바라보는 따뜻한 마음이 있어야 합니다. 그렇게 할 때 서로가 함께 살아갈 수 있는 공동체가 되고, 서로가 함께 살 수 있는 하나님 나라를 이루어 갈 수 있습니다. 이것이 오늘날 우리 그리스도인들에게 주신 하나님의 사명이자 교회의 선교적 사명입니다.

예수님의 비유를 통한 교훈

예수님께서 물질 문제를 가지고 누가복음에서 이렇게 비유를 들었습니다. 한 부자가 농사가 너무 잘되어 수확량이 많아지니까 큰 창고를 지어 모든 추수를 저장하고 먹고 마시고 즐기려 하였습니다. 하지만 그날 밤에 하나님께서 그 영혼을 불러가시면 아무 소용이 없다고 예수님께서는 말씀하셨습니다. 그리고 주님은 '부자가 천국 가기가 낙타가 바늘귀 들어가기보다 어렵다' 라고 비유로 말씀하셨습니다. 부자가 천국에 가고 못 가는 문제를 말씀하신 것이 아닙니다. 가난해도 오히려 물질에 집착해서 인생이 더 추할 수도 있고, 부자가 물질을 나눌 수도 있습니다.

예수님은 지혜롭게 상황화하셔서 말씀하셨는데, 그때 낙타는 부자들의 상징이었습니다. 그리고 예나 지금이나 재산이 없는 사람들은 바늘을 가지고 먹고 삽니다. 과부가 자식이 없고 재산이 없으면 바느질 쌈이라도 해서 연명하기 때문입니다. 낙타를 타고 다니는 사람이 바느질로 하루하루를 연명하는 사람의 심정을 이해하지 못하고 낙타를 타고 다니면서 거드름을 피우고 자기 갈 길만 간다면, 그런 사람은 결코 천국에 가지 못한다는 것입니다.

물질과 영혼의 균형 잡힌 삶

물질과 영혼은 균형을 이루어야 합니다. 물질에 집착하다가 영혼이 빈곤해지면 시간이 지나면서 물질이 영혼을 좀먹게 되고 물질주의자가 됩니다. 그래서 아집과 욕심과 잘못된 야망을 가진 인색한 구두쇠가 되고 자기와 자기 가족, 자기 가게, 자기 교회밖에 모르는 옹졸한 그리스도인이 됩니다. 이런 그리스도인들이 어떻게 빛과 소금이 될 수 있겠습니까? 이런 그리스도인들이 어떻게 선교할 마음을 갖게 되고, 어떻게 십일조 하고, 감사헌금 하겠습니까? 그리스도인들은 영과 함께 물질에서도 건강하게 나란히 균형을 이루어야 합니다.

성도 여러분! 왜 경제 12대국에 들어간 한국 사회 속의 한국교회가 안타깝게도 억울한 소리를 많이 듣습니까? 그렇게 구제, 봉사를 많이 하고 전국 곳곳에 가장 많은 요양소와 봉사 기구를 운영하는데도 말입니다. 그것은 아마도 우리 믿는 사람들이 안 믿는 사람과도 별 다를 것 없이 물질주의화되어 가기 때문일 것입니다. 우리의 가치관이나 삶의 모습, 인생관이 세상이 추구하는 경제 번영과 똑같으니, 세상 사람들이 믿는 자들을 안타깝게 바라보는 것입니다. 인간의 행복과 바른 삶은 물질에만 있지 않기 때문입니다.

공개적인 서약의 중요성

느헤미야는 위기 가운데 형제라는 단어를 끄집어내었습니다. 신명기에 보면 이미 이스라엘 백성들은 법전을 통하여 유대인 관계에서는 이자를 주고받지 말도록 하였습니다. 유대인들끼리는 자녀를 노예로 삼지 못하게 하여 철저히 민족 공동체를 보호하도록 했습니다. 형제애는 결국 이스라엘 민족을 다시 회복시키기 위한 것이기 때문에 마지막에 느헤미야는 이렇게 결단을 내립니다.

"제사장들 앞에 와서 맹세해라. 조용히 하나님과 개인적으로 회개했다고 되지 않는다. 세상 사람 앞에서 다 돌려주기로 하고, 이자를 탕감하기로 하고, 제사장 앞에 와서 노예, 종 되었던 자녀를 돌려주기로 서약해라."

이처럼 공개적으로 서약하게 했습니다.

오래 전에 우리 교회에 와서 집회를 인도하셨던 황수관 박사님이 집회를 통해서 이런 말씀을 하셨습니다. 연세대학교 의과대학을 신축할 당시 그는 그곳을 사랑하는 마음으로 10억을 약속했습니다. 그 엄청난 약속을 혼자 말로만 하지 않고 식구들을 다 모아놓고 맹세했습니다. 식구들이 모두 서명을 해서 서약서를 만들었습니다. 다른 사람들과 교수들이 비판하며 손가락질을 했습니다. 학교 행정부에서도 대수롭지 않게 여겼습니다. 하지만 황수관 장로와 그의 가족은 하나님 앞에 온 식구들이 기도하고 결정한 것이기 때문에, 어떤 계약서보다도 크고 중요한 것이라는 확신을 가졌습니다. 그러한 확신을 가지고 10억을 몇 년 내에 모으려고 마음먹었는데, 놀랍게도 몇 개월 만에 광고 모델로 출연하면서 쉽게 모아졌다고 황 장로님은 간중하셨습니다.

하나님이 기뻐하시는 삶

여러분! 이 새해에 신년을 계획하면서 하나님 앞에서 물질 면에서 정정당당하게 약속하고 서약해야 합니다. 정직하지 못하게 십일조를 숨기지 말아야 합니다. 그리고 살아가는 삶과 인간관계 속에서 물질 때문에 약아빠진 사람이라는 소리를 듣지 말아야 합니다. 물질 때문에 인격에 오점을 남기지 말고, 물질에 하나님의 은혜와 인격을 함께 사용하시는 여러분이 되시기 바랍니다.

그리고 부부간에도, 부모자식 간에도 물질 가지고 인색하게 하거나 마음에 상처를 주고받는 일이 없길 바랍니다. 우리가 '형제애'를 생각하며 다른 사람과 더불어 살아가고, 우리 하나님 앞에서도 넉넉한 마음으로 드릴 때 그 모든 것을 하나님이 기뻐하실 것입니다.

하나님 아버지, 감사합니다.

이 신년 벽두에 왜 이 말씀을 주십니까?

왜 신년 벽두에 이 말씀이 오늘 본문에 해당됩니까?

우리의 삶이 영적으로뿐만 아니라 물질적으로

관계되어 있기 때문이 아닙니까?

아버지 하나님, 우리가 물질적으로

공동체를 함께 살아가는 가정과 교회와 내가 속한 사회에서

영과 육이 균형을 잡게 하옵소서.

무엇보다도 물질에 인색하고 자기 욕심만 채우는

가정과 교인이 되지 않고,

서로를 위하여 함께 어울려 살며

하나님 나라의 복음을 위한 형제로 살 수 있게 도와주시옵소서.

그렇게 할 때 하나님이 약속하신 대로

삶의 아름다운 결실을 증거할 수 있는

저희 가정과 교회가 되게 도와주시옵소서.

예수님 이름 의지하여 감사하옵고 기도드리옵니다. 아멘.

11. 함께 일하는 지도자

느헤미야 5:14-19

¹⁴또한 유다 땅 총독으로 세움을 받은 때 곧 아닥사스다 왕 제이십년부터 제삼십이년까지 십 이 년 동안은 나와 내 형제들이 총독의 녹을 먹지 아니하였느니라 ¹⁵나보다 먼저 있었던 총독들은 백성에게서, 양식과 포도주와 또 은 사십 세겔을 그들에게서 빼앗았고 또한 그들의 종자들도 백성을 압제하였으나 나는 하나님을 경외하므로 이같이 행하지 아니하고 ¹⁶도리어 이 성벽 공사에 힘을 다하며 땅을 사지 아니하였고 내 모든 종자들도 모여서 일을 하였으며 ¹⁷또 내 상에는 유다 사람들과 민장들 백오십 명이 있고 그 외에도 우리 주위에 있는 이방 족속들 중에서 우리에게 나아온 자들이 있었는데 ¹⁸매일 나를 위하여 소 한 마리와 살진 양 여섯 마리를 준비하며 닭도 많이 준비하고 열흘에 한 번씩은 각종 포도주를 갖추었나니 비록 이같이 하였을지라도 내가 총독의 녹을 요구하지 아니하였음은 이 백성의 부역이 중함이었더라 ¹⁹내 하나님이여 내가 이 백성을 위하여 행한 모든 일을 기억하사 내게 은혜를 베푸시옵소서

여호수아의 좌우명

저를 아는 동역자들이나 우리 교회 성도님들 가운데 저를 소개하거나 저를 평할 때 "우리 목사님은 좌우로 치우치지 않는 사람입니다"라고 말씀하실 때가 있습니다. 저와 오랜 세월 함께 해오면서 저를 그렇게 이해하고 평가하실 때, 저는 깊은 감사와 격려를 받습니다. 그리고 다시 한 번 제 자신을 돌아보고 다짐을 하게 됩니다.

저는 늘 좌로나 우로 치우치지 않고 균형 잡힌 목회와 신앙생활을 하기 위해 애를 써오고 있습니다. 그리고 그것들이 하나님의 영광을 나타내기를 원하고 있습니다. 저는 개인 구원이나 사회 구원에만 집중하고 싶지 않습니다. 말씀에만 치우치거나 기도만을 강조하지도 않습니다. 어느 한쪽에만 치우치지 않는 목회적인 자세는 저 자신과 저의 목회 지도력의 좌우명이기도 합니다.

여호수아가 모세의 뒤를 이어 이스라엘 백성들을 가나안으로 인도해야 할 사명을 받았을 때, 하나님께서는 그와 함께하시겠다는 약속을 주시고 계명을 지켜 그대로 행하여 좌로나 우로 치우치지 말라고 하셨습니다. 그것은 여호수아의 좌우명이 되었습니다.

함께 일하는 지도자 느헤미야

느헤미야는 지금까지 살펴본 것처럼 이스라엘 민족을 재건하고 그들의 역사를 중흥시키는 노력을 해왔습니다. 그의 독특한 사명감과 역사의식, 탁월한 행정력과 헌신적인 지도력은 이스라엘의 지도자들과 공동체 전체를 하나로 모았습니다. 그래서 140여 년 동안 허물어져 있던 예루살렘 성을 단 52일이라는 기간에 쌓을 수 있었습니다.

내부적으로는 경제적 불균형의 문제가 있었습니다. 밖으로는 산발랏, 도비야와 같은 적들의 모함과 공격이 있었습니다. 그러나 그 모든 것을 이겨 내면서 일을 성공적으로 완수했습니다.

이런 느헤미야의 지도력을 한마디로 종합하고 설명해서 책을 쓰고, 그에 따라 제목을 붙인 저자가 있습니다. 찰스 스윈돌 목사님인데, 미국의 유명한 목회자이자 영적 지도자입니다. 그분의 책이 한국어로 《함께 일하는 지도자》라는 제목으로 출판되었습니다. 느헤미야는 다른 사람과 함께 위대한 사명을 감당한 지도자라는 것입니다. 이것은 느헤미야서 전체를 통해서 우리가 배우고자 하는 모습입니다. 그리고 그것은 하나님의 일을 하고 하나님과 함께 승리의 삶을 살아가기를 원하는 우리 그리스도인들에게 보여주는, 느헤미야의 독특한 영적 지도력의 모습입니다.

느헤미야 5장 14-19절에서는 그러한 특징을 제일 잘 나타냅니다. 그래서 오늘 본문에서는 "함께 일하는 지도자"라는 제목을 붙여보았습니다.

지도자들과 그리스도인들의 바른 삶

지도자가 조직을 만들어 일할 때 조직원들과 함께 일하고 싶은 것은 누구에게나 있는 바람이나 꿈입니다. 그러나 지도자의 영적, 도덕적, 인격적인 모습이 신뢰와 헌신으로 갖추어져 있지 않으면 함께 일하는 것은 어느 모습으로든 일어날 수 없습니다.

찰스 스윈돌 목사님이 쓰신 《함께 일하는 지도자》는 그가 어떤 큰 미국 교회의 부목사로 있을 때, 교인들에게 리더십을 가르치면서 쓴 책입니다. 이 책이 출간된 것은 1978년이었습니다. 저도 20여 년 전에 느헤미야를 공부하면서 그 책을 보았습니다. 그 후에도 느헤미야의 리더십에 대한 주석과 강해서들을 많이 보았지만 이 책만큼 느헤미야 리더십의 특징을 함축성 있게 실제적으로 적용한 책은 별로 보지 못했습니다.

그런데 흥미롭게도 이 책의 서론에 우리 한국 사람들과 관련된 어떤 사건이 기록되어 있습니다. 1978년 이 책이 출판된 전후 미국은 코리아 게이트 - 박동선 사건으로 시끄러웠습니다. 과거 한국의 군사 독재 시절에 박동선이라는 사람이 미국 의회에 거액의 로비 자금을 제공하여 미국 정치인들을 부패시키고자 했던 사건이었습니다. 찰스 스윈돌 목사님은 미국의 훌륭한 지도자들을 부패시키고자 했던 이 사건을 통해서 그리스도인들과 정치 지도자들이 어떻게 해야 옳은 것인가 하는 것을 배경으로 이 책을 썼습니다.

느헤미야의 지도력이 모범이 되는 이유

한 나라의 대통령이나 한 교회의 목사가 되더라도 심지어는 한 가정의 가장이 되더라도, 그가 미치는 지도력의 영향력은 세월을 가면서 역사적인 유산으로 남아 의미 있는 결과를 나타냅니다. 느헤미야가 짧은 시간 동안 세운 민족 재건의 성벽은 오랜 세월이 지난 지금까지도 이 땅의 그리스도인이 빛과 소금의 역할을 감당하는 훌륭한 인물들로 양육되기 위한 지도력의 모범입니다.

그러나 그의 지도력이 모범이 될 수 있었던 이유는 공직자로서의 도덕적인 바른 삶과 희생, 헌신이 있었기 때문이었습니다. 함께 일하는 지도자는 어떤 조직력이나 지혜나 인간관계적인 기술을 가지고 함께하는 것이 아닌 것입니다. 느헤미야와 같은 모습을 갖추는 것이 함께 일하는 지도자의 모습인 것입니다.

우리가 지난 5장 1-13절에서 보았듯이, 이스라엘 백성들 사이에는 조세가 가중되고 경제의 불균형이 일어나면서 중산층이 와해되었습니다. 그리고 백성들 사이에 경제적인 부정 때문에 갈등이 많이 일어났습니다. 그래서 우리는 형제라는 단어에 주목하였습니다. 형제애를 통해 서로를 생각하는 삶의 자세와 윤리에 필요한 인간관계의 바른 마음을 생각했습니다.

그런데 그가 그런 일을 추진할 수 있고 실제로 인도해 갈 수 있는 힘은 흠 잡을 데 없는 그의 삶과 정신이 있었기 때문입니다. 그것은 오늘날 말하는 노블리스 오블리제(Noblesse Oblige)입니다. 노블리스 오블리제는 사회에서 특혜를 얻은 지도자들이나 세상의 많은 혜택을 받은 사람이 먼저 솔선수범해서 희생하는 것을 말하는 것입니다.

그 당시 바사 제국에서 유대 총독으로 임명 받은 느헤미야는, 성경에 자세한 내용이 나와 있지 않지만, 큰 재산가인 것을 알 수 있습니다. 그는 12년 동안 매일 소 한 마리와 양 여섯 마리, 닭도 수없이 잡아서 150명 이상의 사람들을 먹일 수 있는 경제적인 여건이 되어 있었습니다. 그러면서도 자기가 받아야 할 월급을 백성의 세금으로부터 받지 않았습니다. 그는 굉장한 권력가 이면서도 백성의 것을 수탈해서 착복하는 일들은 하지 않았다는 것입니다. 그래서 그는 떳떳하고 당당한 사람이었습니다.

오늘날 많은 지도자들이 공인으로서 당당하고 떳떳하지 못해서 넘어지는 경우가 많이 있습니다. 그런데 느헤미야는 공인으로서의 의무보다 자신의 특권을 더 주장하는 사람이 아니었습니다. 언제나 자기가 해야 할 의무를 먼저 생각했습니다. 자신의 직분을 사명적 특권으로 생각한 지도자였습니다. 그리고 느헤미야는 그 사명을 가지고 백성들을 섬겨서 나라를 세우려고 했습니다. 총독으로서 지배력을 행사해서 자기 자신의 정치력과 입지를 굳게 하려는 사람은 아니었습니다.

느헤미야의 목적은 민족을 재건하는 것이었습니다. 느헤미야는 이렇게 공적으로 순수하고 깨끗했습니다. 재정 관리와 가정 관리 등이 깨끗하고 부하들과도 이권 거래가 없었습니다. 그는 오히려 솔선수범하여 헌신적이고 희생적인 삶을 살았다고 성경은 말하고 있습니다. 그랬기 때문에 유다 백성들이 12년 동안 어려운 경제 여건에서도 짧은 기간에 예루살렘 성벽을 중건하고 민족 공동체를 유지할 수 있었습니다.

하나님을 경외한 느헤미야

그렇다면 느헤미야는 어떻게 이런 자세를 가지고 임무를 완성할 수 있었을까요? 아무리 재산이 많다고 하더라도 재산은 있을수록 탐이 납니다. 또한 아무리 큰 권력을 가졌다고 하더라도 더 큰 권력을 가지고자 하는 게 사람입니다.

"나보다 먼저 있었던 총독들은 백성에게서, 양식과 포도주와 또은 사십 세겔을 그들에게서 빼앗았고 또한 그들의 종자들도 백성을 압제하였으나 나는 하나님을 경외하므로 이같이 행하지 아니하고"
(느 5:15).

느헤미야가 이러한 지도력을 행사할 수 있는 첫 번째 이유는 하나님을 두려워했기 때문입니다. 하나님을 두려워하는 마음 때문에 백성들에 대한 자신의 공적 의무와 사명감에 있어 깨끗했습니다.

오늘날 한국 사람들이 제일 많이 범하는 실수 가운데 하나는 공사(公私)를 구별하지 못한다는 것입니다. 중국이 G2로 크게 부강하고 있지만 법보다는 인간관계를 중요시하기 때문에 성숙한 커뮤니티로 성장해 가기 위해서는 많은 과정을 겪어가야 할 것입니다. 우리 대한민국도 짧은 시간 동안 경제적으로 부강한 나라가 되었지만 아직도 많은 갈등을 겪고 있는 것은 제도화되지 못하고 절차가 조직화되지 못한 인간관계 중심도 매우 큰 원인일 것입니다.

한국의 정(情)이라는 것은 세계에 내놓을 수 있는 최고의 장점입니다. 그러나 한편으로 그것은 부패의 뿌리가 되기도 합니다. 그것은 우리의 모든 공동체 생활에도 그대로 들어와서 영향을 미치고 있습니다. 그래서 결정적일 때 정확하고 정당한 지도력을 행사하지 못하게 합니다.

거룩한 자존감

하나님을 경외한 느헤미야는 자기 자신을 관리하는 데 있어서 깨끗했고 자신이 있었습니다.

"내 하나님이여 내가 이 백성을 위하여 행한 모든 일을 기억하사 내게 은혜를 베푸시옵소서"(느 5:19).

하나님께 은혜를 간구하는 것은 자기가 잘했다고 자화자찬하는 말은 아닙니다. 하나님의 이름에 걸맞은 지도자로서 하나님께서 주신 사명을 잘 감당하고 그렇게 살려고 노력했으니 하나님께서 기억해 주시기를 구하였습니다. 그리고 자신과 자신의 후손들에게 이 사명뿐만 아니라 축복과 상급을 주시기를 원했습니다.

이러한 느헤미야의 요청을 어느 주석가는 '거룩한 자존감'(holy pride)이라고 했습니다. 하나님의 일에 대해서 하늘의 상급을 쌓고 공적인 사명을 감당할 때, 가진 순수한 마음은 자화자찬이 아니라 '거룩한 자기 자긍심' 이라는 것입니다. 우리가 이러한 영적 지도자로 계발되기 위해서는 성경을 통해야 합니다. 성경이 가르치는 여러 역사적인 교훈을 통하여 느헤미야와 같은 지도력으로 성장하고 계발될 수 있습니다. 더욱 성숙한 지도자로 우뚝 설 수 있습니다.

하나님의 말씀을 들어라

지도력을 설명하는 어떤 이론에서 기독교 영적 지도자에게 필요한 세 가지 중요한 키포인트(key point)를 강조했습니다. 그 영적 인성 계발의 요소는 말씀과 순종과 진실성입니다. 말씀과 순종만 있어도 온전하지 않습니다. 순종과 진실성만 있어도 온전하지 않습니다. 그리고 말씀과 진실성만 있어도 온전하지 않습니다. 말씀의 바탕에서 그 말씀대로 순종하고, 인격적으로 정직한 진실성이 있을 때, 하나님께서는 그 지도자를 열매 맺는 그릇으로 사용하십니다.

첫째, 하나님의 말씀을 들으라는 것입니다.

"아이 사무엘이 엘리 앞에서 여호와를 섬길 때에는 여호와의 말씀이 희귀하여 이상이 흔히 보이지 않았더라 엘리의 눈이 점점 어두워 가서 잘 보지 못하는 그 때에 그가 자기 처소에 누웠고 하나님의 등불은 아직 꺼지지 아니하였으며 사무엘은 하나님의 궤 있는 여호와의 전 안에 누웠더라 여호와께서 사무엘을 부르시는지라 그가 대답하되 내가 여기 있나이다 하고 엘리에게로 달려가서 이르되 당신이 나를 부르셨기로 내가 여기 있나이다 하니 그가 이르되 나는 부르지 아니하였으니 다시 누우라 하는지라 그가 가서 누웠더니 여호와께서 다시 사무엘을 부르시는지라 사무엘이 일어나 엘리에게로 가서 이르되 당신이 나를 부르셨기로 내가 여기 있나이다 하니 그가 대답하되 내 아들아 내가 부르지 아니하였으니 다시 누우라 하니라 사무엘이 아직 여호와를 알지 못하고 여호와의 말씀도 아직 그에게 나타나지 아니한 때라 여호와께서 세 번째 사무엘을 부르시는지라 그가 일어나 엘리에게로 가서 이르되 당신이 나를 부르셨기로 내가 여기 있나이다 하니 엘리가 여호와께서 이 아이를 부르신 줄을 깨닫고 엘리가 사무엘에게 이르되 가서 누웠다가 그가 너를 부르시거든 네가 말하기를 여호와여 말씀하옵소서 주의 종이 듣겠나이다 하라 하니 이에 사무엘이 가서 자기 처소에 누우니라 여호와께서 임하여 서서 전과 같이 사무엘아 사무엘아 부르시는지라 사무엘이 이르되 말씀하옵소서 주의 종이 듣겠나이다 하니"(삼상 3:1-10).

사무엘이 영적 지각력으로 하나님의 말씀을 깨닫기 전에는, 하나님께서 부르셔도 그것을 사람의 부름으로 알고 사람을 찾아갔습니다. 자기의 지도자인 엘리를 찾아갔습니다. 하나님의 일을 하는 사람들은 사람의 말을 듣기 전에 하나님의 말을 알아들을 수 있는 귀가 있어야 합니다. 그 말을 알아들을 수 있는 마음이 열려야 하고 그것과 교감할 수 있어야 합니다. 그렇지 않은 교회 직분자나 지도자, 교역자들은 언제나 사람을 먼저 찾아갑니다. 가까운 사람에게 찾아갑니다.

그 당시 엘리는 더 이상 하나님의 말씀의 대언자가 될 수 없었습니다. 너무 늙고 영적으로 많이 쇠약해졌습니다. 자기 아들마저도 단속하지 못하고 공과 사를 구별하지 못하는 나약한 지도자가 되어 있었습니다. 하나님께서는 더 이상 그를 사용하실 수 없었습니다. 그래서 하나님은 사무엘을 쓰시기 위해 엘리를 통하지 않고 직접 사무엘에게 말씀하셨습니다.

'하나님의 말씀이 희귀했다' 라는 말은 하나님의 말씀의 능력과 영향력이 희미해졌다는 말입니다. 엘리가 잘못을 저지르고 그의 영향력이 희미해져 가니까 하나님께서는 자신의 말씀을 세우시기 위해 사무엘을 통하여 말씀을 주신 것입니다.

하나님의 백성들과 공동체는 어떠한 일을 자신의 은사를 가지고 행할 때 먼저 해야 할 일이 있습니다. 그것은 하나님의 뜻을 먼저 물어야 한다는 것입니다. 하나님의 말씀을 잘 듣고 나를 어떻게 사용하실지 기대하는 마음이 있어야 합니다. 영적인 귀와 눈과 마음이 있어야 하는 것입니다.

순종하라

두 번째로, 하나님의 영적 지도자에게는 순종이 있어야 합니다. 아무리 말씀을 들었다 해도 하나님 앞에 순종하는 것이 중요합니다.

"그 일 후에 하나님이 아브라함을 시험하시려고 그를 부르시되 아브라함아 하시니 그가 이르되 내가 여기 있나이다 여호와께서 이르시되 네 아들 네 사랑하는 독자 이삭을 데리고 모리아 땅으로 가서 내가 네게 일러 준 한 산 거기서 그를 번제로 드리라"(창 22:1-2).

하나님께서는 아브라함에게 주신 독자 이삭을 제물로 바치라고 하셨습니다. 하나님께서는 우리의 순종을 시험(test)하시기 위해 하나님이 주신 것을 바치라고 하실 때가 있습니다. 그것은 하나님께서 하신 약속의 성취를 온전히 보전하려는 것이지만 우리에게는 큰 도전이 됩니다. 우리는 하나님께서 당신이 주신 가장 귀한 것을 하나님의 영광과 목적대로 사용할 수 있는지를 시험하신다는 것을 깨닫고 그것에 순종하는 자세를 가져야 합니다.

저도 7~8년 전에 이런 하나님의 테스트를 경험한 적이 있습니다. 물론 여러분도 있었을 것입니다. 하나님은 평생을 꿈을 꾸고 달려왔던 학위나 재산, 자녀 그리고 이민 생활의 안정을 가지고 시험하실 때가 있습니다. 하나님은 당신이 주신 그러한 것들을 '나 자신을 위해 사용할 것인가? 아니면 하나님을 위해서 사용할 것인가?' 물으십니다.

이러한 질문 앞에 우리가 어떻게 응답하는지를 지켜보십니다. 저는 그러한 하나님의 시험 앞에 감사하게도 즉시 순종하였습니다. 그리고 그것은 사역의 발전에 중요한 계기가 되었습니다.

순종은 하루아침에 이루어지지 않습니다. 좋은 습관도 갑자기 가질 수 없습니다. 모든 일에 대하여 부정적이고 비평하고 남을 쉽게 험담하는 사람은 그 누구라도 신앙생활에 역사적인 유산을 남기지 못합니다. 자기 하나만 간수하기에 바쁜 사람일 것입니다. 하나님의 깊은 은혜의 강 속에서 목숨을 건 순종을 해보아야 합니다. 하나님 앞에 담대하게 나의 것을 내어놓아야 합니다.

아브라함에게는 자기 자신의 목숨을 바치라는 것이 차라리 쉬웠을 것입니다. 하지만 아브라함은 그 힘든 결정 앞에서도 두말하지 않고 하나님의 말씀에 순종하였습니다. 그리고 그 시험을 통과한 아브라함에게 하나님은 다음과 같이 말씀하십니다.

"여호와의 사자가 하늘에서부터 그를 불러 이르시되 아브라함아 아브라함아 하시는지라 아브라함이 이르되 내가 여기 있나이다 하매 사자가 이르시되 그 아이에게 네 손을 대지 말라 그에게 아무 일도 하지 말라 네가 네 아들 네 독자까지도 내게 아끼지 아니하였으니 내가 이제야 네가 하나님을 경외하는 줄을 아노라"(창 22:11-13).

하나님을 경외한다는 것은 이런 것입니다. 그전의 경외는 경외가 아니었습니다. 그전의 하나님은 나를 위한 하나님이었습니다. 아브라함이 하나님을 진정 경외한 것은 이때부터였던 것입니다. 그 후 하나님께서는 더 이상 아브라함을 시험하지 않으셨습니다. 이제 아브라함은 하나님의 약속의 성취를 감당할 수 있는 하나님의 사람이 되었기 때문입니다.

몇 십 년을 신앙생활하며 교회 봉사를 하더라도 아브라함처럼 하나님의 시험을 통과하지 못하고 제자리에서 머뭇거리는 사람이 있습니다. 그것은 하나님을 경외하는 것이 아닙니다. 하나님을 자기의 목적과 야망, 평안의 수단으로만 이용할 뿐입니다. 그런 사람은 하나님의 지도자가 될 수 없고, 설령 되었다 하더라도 공동체에게 불행일 것입니다. 오늘날 참 그리스도인과 지도자들은 이 순종의 단계를 넘어서는 사람이 되어야 합니다.

진실성을 가져라

영적으로 우리가 말씀에 귀를 열고 순종해서 행동으로 옮긴다 하더라도 한 가지 다른 중요한 문제가 있습니다. 변하지 않는 나쁜 습관이나 성품이 있으면 그 영향력은 긍정적이지 않습니다. 예수 잘 믿고 교회 충성하는 사람에게 신뢰가 없으면 아무 소용이 없습니다. 모든 사람들이 신뢰하지 못하는 사람은 절대 지도자가 되어서는 안 됩니다. 그러한 지도자는 하나님 앞에 큰 부도덕한 일을 행할 것입니다. 하나님이 사용하시는 지도자에게는 진실성(integrity)이 있어야 합니다.

미국에서 가장 중요하게 생각하는 지도자들의 특성 가운데 하나는 진실성(integrity)입니다. 미국 사회에서는 그 지도자가 말과 행동에 통합성이 없고 이중적이고 정직하지 못하면 인정받지 못합니다. 그런 대표적인 대통령이 리처드 닉슨(Richard Nixon)이었습니다.

닉슨의 지도력, 정치력, 외교력은 탁월했습니다. 하지만 우리 머릿속의 그의 모습은 어둡고 야망에 차 있는 부정적인 모습입니다. 그는 젊고 정직하고 생기에 차 있던 존 F. 케네디의 그늘에 가려져 있었습니다. 그리고 그의 정치적인 탁월한 외교력과 인간 처세술은 워터게이트(Watergate)라는 사건을 통해서 국민들 앞에 드러나게 되고, 현대사에서 가장 추락한 대표적인 지도자가 되었습니다.

우리는 성경에서 사울의 모습을 통해서도 닉슨과 같은 모습을 볼 수 있습니다. 사무엘상 15장 10-15절 말씀입니다.

"여호와의 말씀이 사무엘에게 임하니라 이르시되 내가 사울을 왕으로 세운 것을 후회하노니 그가 돌이켜서 나를 따르지 아니하며 내 명령을 행하지 아니하였음이니라 하신지라 사무엘이 근심하여 온 밤을 여호와께 부르짖으니라 사무엘이 사울을 만나려고 아침에 일찍이 일어났더니 어떤 사람이 사무엘에게 말하여 이르되 사울이 갈멜에 이르러 자기를 위하여 기념비를 세우고 발길을 돌려 길갈로 내려갔다 하는지라 사무엘이 사울에게 이른즉 사울이 그에게 이르되 원하건대 당신은 여호와께 복을 받으소서 내가 여호와의 명령을 행하였나이다 하니 사무엘이 이르되 그러면 내 귀에 들려오는 이 양의 소리와 내게 들리는 소의 소리는 어찌됨이니이까 하니라 사울이 이르되 그것은 무리가 아말렉 사람에게서 끌어온 것인데 백성이 당신의 하나님 여호와께 제사하려 하여 양들과 소들 중에서 가장 좋은 것을 남김이요 그 외의 것은 우리가 진멸하였나이다 하는지라"(삼상 15:10-15).

사울은 자기를 위하여 기념비를 세우는 일에만 급급했습니다. 그리고 거짓말로 자기 변명을 했습니다. 하나님을 빙자하여서 자기가 한 일을 내세웠습니다. 자기 안에 감추어진 야망과 욕망을 더 탈취하고 성취하기 바쁜 지도자의 모습이 사울이었습니다.

그런 사울을 보고 사무엘은 하나님이 그때부터 사울을 버렸다고 하셨습니다. 사무엘은 정직한 선지자입니다. 하나님이 사울 임금을 버렸다는 말을 그대로 했습니다.

하나님의 종은 하나님의 말씀을 그대로 전해 주어야 합니다. 그것이 하나님이 사무엘을 세운 이유이고 오늘날 목회자를 세운 이유입니다. 하나님의 지도자는 정직하고 진실되게, 가까운 사람일수록 바른말을 해주어야 합니다. 현실적인 딜레마가 있고 인간관계적인 아픔과 상황적인 갈등이 있어도, 그렇게 해야 하는 것이 하나님께서 제사장, 예언자, 목사를 세우신 이유입니다.

저는 가끔 교회 장로님들에게 부탁합니다. 일단 교회 중직을 맡으신 이후로는 인간관계를 늘 조심하시라고 말입니다. 서로가 너무 가까워지면 영적 지도력을 행사할 수 없기 때문입니다. 공사가 분명해야 합니다. 그렇지 않으면 맺어 놓은 인간관계로 인해 하나님이 하신 말씀을 바로 전해 주지도 받지도 못합니다. 그리고 영향력을 미치지도 못합니다. 미국 장로교에서 제직은 'officer'라고 합니다. 제직은 공인이라는 말입니다. 공인이라면 공과 사를 구별하고 바른 판단을 내리고 솔선수범하는 사람이 되어야 합니다.

하나님과 함께 일하는 지도자

사랑하는 성도 여러분! 하나님께서 인정하시는 일꾼들은 하나님과 함께합니다. 그리고 하나님과 함께 일할 때 사람들과도 함께 일할 수 있습니다. 그래서 결실 있는 지도력을 나타낼 수 있습니다. 한 가지 실제로 있었던 역사적인 증명을 해봅시다.

마틴 루터 킹(Martin Luther King, Jr.)은 흑인으로서 바람직한 인권운동자요, 목회자요, 순교자적인 삶을 살았던 사람입니다. 미국 연방 정부는 1월 15일 그의 생일을 기념하여 공휴일로 지키고 있습니다.

그러나 이러한 킹 목사가 처음부터 흑인들의 인권을 위해서 자기 삶을 바친 것은 아니었습니다. 처음부터 흑인들이 시민권과 투표권을 갖도록 하는 꿈과 사명감을 가진 사람이 아니었습니다. 그는 아버지의 큰 목회적 영향력 아래 안정된 중산층의 삶을 살았던 사람입니다. 머리가 명석하여 보스턴 대학에서 'Ph. D.'를 공부해서 학자가 되는 꿈을 가졌던 사람입니다.

그가 박사 논문을 다 마치고 진로의 문제로 갈등하고 있을 때, 그를 하나님께서 몽고메리 시에 있는 한 교회의 담임목사로 세우셨습니다. 그곳에 가자마자 '몽고메리 버스 보이콧' 운동이 그가 목회하던 교회 주변에서 일어났기 때문에, 그는 어쩔 수 없이 인권운동의 횃불을 들 수밖에 없었습니다. 그 당시 그는 26살의 젊은 목사였습니다. 그 당시의 상황을 어느 한 기자는 이렇게 말했습니다.

"킹 목사는 몽고메리와 앨라배마 등지에서 떠밀리다시피 시민권 운동 지도자로 나서게 되었다. 흑인 사회는 버스 승차 거부 운동을 이끌어 가기 위해 새로운 조직을 구성할 사람이 필요했다. 그들은 어른이라기보다는 아이 같아 보이는 읍내 교회의 26살 신임

목사 마틴 루터 킹을, 정작 본인은 참석하지도 않는데도 협상 대표로 선출했다."

킹은 그 동네 토박이가 아니기 때문에 신선하고 깨끗했습니다. 공부도 많이 해서 명석한 이론을 가지고 있고 가정적으로도 좋은 배경을 가지고 있었습니다. 하지만 그러한 일을 맡은 그는 너무 부담이 되어 잠이 오지 않았습니다. 주위에서는 협박 전화가 걸려오고 암살 위험에 시달렸습니다. 킹은 가족과 자신의 미래를 생각하며 큰 고민에 빠졌습니다.

몇 날 밤을 고민하는 가운데 사랑하는 딸과 아내를 생각하니 더 이상 그러한 지도자의 자리에 앉을 수 없음을 깨달았습니다. 연약한 모습을 가진 그에게 그의 신앙이 질문했습니다. '하나님께서 그 일에 대해 어떻게 그를 사용하실까?' 라는 질문을 하기 시작했습니다. 그리고 킹은 머리 숙여 기도하며 하나님께 부르짖기 시작했습니다.

"하나님, 제가 의로운 일을 해보고자 하나님 앞에 엎드렸습니다. 저는 제가 옳다고 생각합니다. 우리가 내세우는 주장의 동기가 옳다고 생각합니다. 그러나 주님, 제가 너무나도 약한 존재임을 고백하지 않을 수 없습니다. 용기가 없어 주저합니다. 도와주십시오."

바로 그 순간 마음속에서 하나님의 음성이 성령의 감동으로 들려왔습니다.

"마틴 루터야, 의를 위해 일어나라. 공의와 진리를 위해 일어나

라. 내가 세상 끝 날까지 너와 함께할 것이다. 나가서 싸우라."

결코 혼자 버려두지 않겠다는 하나님의 음성을 듣고 그는 위대한 역사적인 사명을 감당할 수 있는 신앙인이 되고 지도자가 될 수 있었습니다. 그동안의 그의 깊은 학문적인 연구와 성찰이 목회 현장에서 꽃을 피우게 된 것입니다.

하나님이 함께하시는 지도자의 지도력은 사람도 함께하는 지도력으로 나타났습니다. 우리는 하나님이 함께하실 때 하나님의 일꾼으로 바로 설 수 있습니다. 하나님께서 함께하실 때 우리의 바른 중심을 보고 결국 사람들도 함께하게 됩니다. 유한한 인생을 사는 우리는 내 삶과 지도력이 어떤 영향력을 남기느냐가 중요합니다. 함께하는 지도력으로 하나님의 영광스러운 도구로서의 삶이 되어야 할 것입니다.

하나님 아버지, 우리는 이기적인 혼돈의 시대에 살고 있습니다.
야망과 욕망의 시대에 살고 있습니다.
사탄 마귀 권세는 우리를 언제나 위협하고 유혹합니다.
때로는 관계를 간교하게 끊어 놓으려고 합니다.
말씀에 순종하는 담대한 믿음으로 우리가 하나님 앞에
자기를 맡기고 결단하게 하시옵소서.
그런 가운데 우리의 인격이 정직하고 진실하고
순수한 동기를 가진 인격이 될 수 있게 도와주시옵소서.
주예수교회에서 그런 인재들이 많이 길러지게 하시고,
주예수교회 제직들은 그런 영향력으로
공동체에 아름다운 향기를 나타내게 하옵소서.
우리의 삶이 후손으로 내려가면서
지역과 교단과 교계에 아름다운 향기와 빛을 주는 하나님의 일꾼들이
이 제단에서 훈련되고 양육되게 하옵소서.
부족한 하나님의 종과 우리 사명자들 모두를 그렇게 인도하여 주시옵소서.
예수님 이름 의지하여 감사하옵고 기도드리옵니다. 아멘.

12. 모함을 견뎌내고

느헤미야 6:1-9

¹산발랏과 도비야와 아라비아 사람 게셈과 그 나머지 우리의 원수들이 내가 성벽을 건축하여 허물어진 틈을 남기지 아니하였다 함을 들었는데 그 때는 내가 아직 성문에 문짝을 달지 못한 때였더라 ²산발랏과 게셈이 내게 사람을 보내어 이르기를 오라 우리가 오노 평지 한 촌에서 서로 만나자 하니 실상은 나를 해하고자 함이었더라 ³내가 곧 그들에게 사자들을 보내어 이르기를 내가 이제 큰 역사를 하니 내려가지 못하겠노라 어찌하여 역사를 중지하게 하고 너희에게로 내려가겠느냐 하매 ⁴그들이 네 번이나 이같이 내게 사람을 보내되 나는 꼭같이 대답하였더니 ⁵산발랏이 다섯 번째는 그 종자의 손에 봉하지 않은 편지를 들려 내게 보냈는데 ⁶그 글에 이르기를 이방 중에도 소문이 있고 가스무도 말하기를 너와 유다 사람들이 모반하려 하여 성벽을 건축한다 하나니 네가 그 말과 같이 왕이 되려 하는도다 ⁷또 네가 선지자를 세워 예루살렘에서 너를 들어 선전하기를 유다에 왕이 있다 하게 하였으니 지금 이 말이 왕에게 들릴지라 그런즉 너는 이제 오라 함께 의논하자 하였기로 ⁸내가 사람을 보내어 그에게 이르기를 네가 말한 바 이런 일은 없는 일이요 네 마음에서 지어낸 것이라 하였나니 ⁹이는 그들이 다 우리를 두렵게 하고자 하여 말하기를 그들의 손이 피곤하여 역사를 중지하고 이루지 못하리라 함이라 이제 내 손을 힘있게 하옵소서 하였노라

포기하지 않는 사탄 마귀

　5장 마지막 부분을 통하여 느헤미야서의 전체 주제가 되는 '함께 일하는 지도자 느헤미야'에 대해서 생각했습니다. 성서적인 지도력의 기본적인 모형과 리더십의 예를 보았습니다. 5장을 통하여 볼 수 있듯이, 느헤미야는 많은 대적들의 방해와 역공작을 극복했습니다. 그래서 이스라엘 지도자들과 백성들과 더불어 52일이라는 짧은 시간에 성벽 공사를 완성했습니다.

　그런데 일이 끝난 다음도 중요합니다. 성벽은 다 쌓았지만 아직 정문은 달지 않았기 때문에 자칫하면 지금까지의 공사가 수포로 돌아갈 수 있었습니다. 그동안의 힘든 환경과 역경을 물리치고 공사를 끝냈으니 느헤미야와 이스라엘 백성들은 사기가 충천하고 기뻤을 것입니다. 이제는 괴롭히던 적들도 손을 들고 포기를 해야 하는데 그렇지 않았습니다. 성경은 산발랏과 도비야와 게셈을 통해서, 하나님의 일에 있어서 영적 전투력이 얼마나 중요한지를 보여줍니다. 우리는 일이 완성되고 달성되어도 하나님의 부름 받은 자로서 지혜와 사명감에 끝까지 충실해야 한다는 것을 알 수 있습니다.

　<패션 오브 크라이스트>(Passion of Christ)라는 영화에서 예수 그리스도의 24시간의 고난을 보면 마귀가 예수님을 겟세마네에서부터 유혹하고 위협합니다. 그러다가 마지막에 주님이 십자가에서 하나님 앞에서 전적으로 순종할 때, 사탄이 실망하고 주님의 죽음과 함께 사라지는 것을 봅니다. 이처럼 마귀는 마지막 순간까지도 절대 책략과 음모를 놓지 않으려고 합니다.

　느헤미야의 6장은 5장과는 다른 모습입니다. 역경과 환란을 극복

하고 일을 감당하고 사명을 완수하는 것이 아닙니다. 어느 정도 사명을 완성한 가운데 찾아오는 또 다른 차원의 방해와 고도의 심리 전술이었습니다. 이럴 때 느헤미야의 대처 능력을 살펴보면서, 책임을 맡은 사람으로서 일을 감당할 때 어떻게 해야 유종의 미를 거둘 수 있는지 지혜를 배울 수 있습니다.

신앙적으로 인생의 승리를 거두는 방법

느헤미야 6장은 사실 세 부분으로 나눕니다. 1절부터 9절까지는 모함을 견뎌내는 것입니다. 10절부터 14절은 음모를 극복하는 것이고, 15절부터 마지막 19절까지는 협박을 이겨내는 것입니다. 전에는 일 자체를 방해했지만, 지금은 목표가 지도자입니다. 일을 담당하는 사람에 대해서 음모하고 모함하고 협박하는 일을 합니다.

모함을 견뎌내라

산발랏과 도비야와 게셈은 이제는 어쩔 수 없으니까 느헤미야를 성 밖으로 불러냅니다. 예루살렘 북쪽에서 20킬로미터 떨어진, 그들의 거주지와 예루살렘의 중간 지점으로 불러내서 아직 달지 않은 정문을 통해서 느헤미야와 소통하려고 합니다. 만나서 협의하고 화친하자고 합니다.

느헤미야는 적들이 오노 평지에서 만나자고 제의할 때, 실상은 자신을 해하고자 함을 감지했습니다. 그들이 그를 해치고 총독 노릇을 못하게 해서 민족 공동체의 지도력과 단단한 일체감을 붕괴하려고 하는 것을 깨달았습니다. 그들은 결코 마음이 변할 사람이 아니기 때문입니다. 함께 만나서 협약하거나 화친한다고 해서 절대 윈윈(win-win)이 되는 일이 아님을 알았습니다.

여러분! 어떤 갈등과 문제에 있어서 윈윈이 되면 얼마나 좋습니까? 그러나 영적인 문제에 있어서 사탄과 싸울 때에는 절대 윈윈이 될 수 없습니다. 사탄은 간교하게 윈윈으로 포장하지만 그것은 그들의 책략입니다. 이것을 바라볼 줄 아는 것이 영적 지각 능력(spiritual sensibility)입니다.

지도자는 영적 지각 능력이 있어야 합니다. 교회에서 세운 제직들은 미국 장로교 규례서(Book of Order)에서 말한 바와 같이 '건전한 판단력'을 가지고 있어야 합니다.

인생을 살아가는 데 있어 우리가 어떤 역경을 이겨내는 것도 중요하지만, 유혹을 판단해 내는 지각 능력도 매우 중요한 것입니다. 그래서 우리는 말씀을 배우고 기도합니다. 그렇게 하지 않으면 우리는 사탄의 그 음모를 알 수 없습니다. 지도자는 사람들이 안전지대라고 하더라도 절대 가면 안 됩니다. 그것을 깨닫지 못하고 마귀의 책략에 넘어가면, 그는 더 이상 하나님께서 사용하실 수 없습니다. 사람들로부터 신실한 사람이라는 평가를 받기에는 늦어버렸습니다.

옛말에 '바늘 도둑이 소 도둑 된다'는 말이 있습니다. 잠깐의 유혹을 이기지 못하고 욕심에 넘어갔다가 사탄의 오랏줄에 걸려서 쓸모없는 인생들이 되는 경우가 많습니다. 느헤미야는 갈 때와 가지 말아야 할 때를 알았습니다. 앉을 때와 앉지 말아야 할 때를 구별할 수 있는 용기와 지혜를 가졌습니다.

시편 기자는 이렇게 말합니다.

"복 있는 사람은 악인의 꾀를 따르지 아니하며 죄인들의 길에 서지 아니하며 오만한 자들의 자리에 앉지 아니하고"(시 1:1).

신앙인으로서 지켜야 할 분수와 기준이 있어야 합니다. 기준이 없는 신앙생활, 원리도 없는 인생관, 철학이 없는 삶의 가치는 아무 것도 아닙니다. 이러한 삶을 가지고는 하나님께 사용되지 못하고 후손들에게 남겨줄 인생의 결실을 맺지 못합니다.

이민의 1세를 사는 우리는 역사적인 삶을 사는 사람들입니다. 우리는 앞으로 비전 2020년을 바라보며 사는 역사적 실존 속에 처해 있는 신앙 공동체입니다. 그 속에서 우리는 판단을 잘해야 합니다.

그러나 이렇게 느헤미야가 유혹을 단절해도 적들은 포기하지 않습니다. 결국 사탄은 자신의 신분을 공개적으로 드러냅니다. 공개적으로 느헤미야에게 다섯 번의 편지를 보냅니다. 소문을 내고 악성 루머를 퍼뜨렸습니다. 느헤미야가 성을 쌓는 것은 자신의 이익과 욕망을 위한 것이라는 음모의 소문을 퍼뜨립니다. 상당히 심각한 문제입니다.

공개적으로 적들의 공격에 대처하라

느헤미야는 이제부터 그를 모함하는 적들을 두려워하지 않고 공개적으로 공격하는 모습을 드러냈습니다.

"내가 사람을 보내어 그에게 이르기를 네가 말한 바 이런 일은 없는 일이요 네 마음에서 지어낸 것이라 하였나니"(느 6:8).

여러분! 때로는 사탄 마귀가 공개적으로 집요한 공격을 하고 모함을 할 때 담대하게 사탄의 신분을 드러내야 합니다. 그래서 자신의 결백과 순수성을 공포할 수 있습니다. 그런데 사람들은 소문에 대처하려고 하다가 에너지를 낭비하고 상처를 받습니다. 소문은 무엇입니까? 가십(gossip)입니다.

군대에는 정보 장교가 있고 어느 나라든지 정보국이 있습니다. 정보를 수집하고 종합해서 지도자에게 가져오는 책임자를 둡니다. 그런데 정보와 첩보는 다릅니다. 첩보는 떠도는 소문을 그냥 모으는 것입니다. 무책임하게 내 의견까지 넣어가며 마음대로 말하는 것이 소문이고 첩보입니다. 이 가운데 정보 책임자는 첩보와 정보를 구별해 내야 합니다. 많은 사람이 마귀의 책략에 넘어가서 첩보를 가지고 들이닥칩니다. 많은 사람들이 첩보를 듣고 우왕좌왕하며 지도자들을 보좌합니다.

저는 때때로 장로님들에게나 집사님들, 교역자들에게 어떤 문제가 있을 때 그들의 선에서 해결하기를 원합니다. 제 지도력을 돋보이게 하려는 것이 아니라, 그것들의 대부분은 첩보의 수준이기에 제가 직접 그 문제를 가지고 기도하고 만나보고 애쓸 필요가 없는 것을 깨달았기 때문입니다.

첩보와 달리 정보는 영적인 눈을 가지고 분석하고 판단해서 목적과 동기를 파악하고 대처해야 하는 것입니다. 사람들은 정보에는 관심이 없고 늘 첩보에만 관심을 둡니다. 교회 제직이 되고 직분자가 되기 위해서는 판단력을 가지고 정보와 첩보를 구별하는 안목이 있어야 합니다.

느헤미야는 담대하게 공개적으로 적들이 조작하고 꾸민 일을 드러내서 그와 관계없음을 밝혔습니다. 모함은 이렇게 대처해야 더 이상 마귀가 그 방법으로 유혹하지 못합니다.

릭 워렌(Rick Warren) 목사님은 처음 그가 교인들을 가르치고 훈련시킬 때, 교인이 알아야 할 사항에 서약을 하고 교인의 자격(membership)을 주었습니다. 그가 지은 유명한 저서 《목적이 이끄는 삶》(The Purpose Driven Life)에서는, 어떻게 그가 건강하고 복음적인 교회를 그 어려운 상황에서도 세울 수 있었는지를 밝힙니다. 그것 중 하나는 '하나님은 소문을 싫어하신다' (God hates Gossip)인데, 이것을 강조합니다. 누구든지 교회에서 가십을 만드는 자는 교회에 필요한 존재가 되지 못함을 말했습니다.

높은 성취 동기를 가져라

미국의 26대 대통령 프랭클린 루스벨트(Franklin Roosevelt)는 미국의 역사적 위기 속에서 중요한 결단을 잘 내려서 성공한 지도자 중의 한 사람으로 꼽힙니다.

그런데 그에게는 많은 추종자들과 더불어 그를 극단적으로 반대하고 시기하고 질투하는 자들도 있었습니다. 역사의 평가는 위대하지만, 정치적인 현실에서 그는 많은 고통을 겪을 때도 있었습니다. 그를 추종하는 사람들은 그를 격려하기 위해서 이런 말을 했습니다.

"당신은 결단과 판단력이 훌륭하시고 그 일을 해내는 불굴의 의지가 대단합니다."

그러나 루스벨트는 이렇게 말했습니다.

"나는 그저 평범함 사람이고 대단한 사람은 아닙니다. 그러나 나에게는 남다른 게 하나 있습니다. 무엇을 이루어 내려고 하는 데 있어 그 이루어 내려고 하는 것이 내 야망과 욕망이 아닌 높은 차원의 성취 동기가 있습니다. 그것이 나로 하여금 이런 지도력을 행사하는 지도자로 만들었습니다."

자신의 자존심이나 자기 가정과 개인의 이익 앞에서 몸부림치는, 낮은 성취동기의 신앙을 가진 사람은 지도자로서의 자격이 없습니다. 그런 사람이 지도자가 되면 그가 속한 교회와 가정, 사회는 하나님의 영광이 아닌, 마귀가 쥐락펴락하는 상황에서 허우적대며 방치됩니다. 바람에 나는 겨와 같은 지도력을 행사하고 낭비만 일삼을 것입니다.

우리의 성취동기는 높아야 합니다. 하나님의 영광과 선을 이루기 위해서 모함과 음모를 견뎌내야 하고, 하나님이 기뻐하시고 하나님의 영광이 되는 높은 성취동기를 가져야 하는 것입니다. 그럴 때 우리는 힘들고 어려운 과정을 거쳐 가더라도 결국은 아름다운 결실을 맺을 것입니다.

하나님은 누구십니까? 부활하신 주님이십니다. 그러한 하나님 앞에 우리는 왜 순종하지 못하고 자기 욕망과 아집과 인간관계 속에서 헤어나지 못합니까? 소문을 좋아하는 사람은 대체적으로 잡다한 인간관계에서 인기관리에만 집중하는 사람들입니다. 사회에서도 소문과 자기 관리에 너무 집중하는 사람은 리더가 될 수 없다고 했습니다. 하나님의 나라의 일에도 당연할 것입니다. 그러한 사람은 하나님의 사역자가 될 수 없습니다. 예수님도 손가락질을 받으면서 모욕당하는 가운데 고독하게 돌아가시고 부활하셨습니다.

그래서 저도 장로님들께 인기 관리 하려고 하면 당회원으로 마땅치 않다고 말합니다. 집사님들이 인간관계에 너무 집중하면 분명히 시험 들 것이라고 말합니다. 목사인 저도 마찬가지입니다. 저는 그럴 때 오해를 받더라도 제 자신을 강한 목사로서 세울 때가 많습니다.

하나님과 동행하며 승리하라

정보는 소문이 아닙니다. 하나님이 주신 말씀과 비전이 함께 소통하는 교제입니다. 우리는 그것을 듣고 사모하고 깨닫도록 열심으로 배워야 합니다.

오늘날 많은 공인들이 정상 통로를 통한 재정과 정보에는 관심 없습니다. 어둠 속에서 주고받는 말과 돈을 좋아합니다. 하지만 그러한 것들은 결국 그를 정상에 우뚝 선 지도자로 만들지 못하고 도중하차하게 만듭니다. 하나님께서는 이러한 사실을 초대 교회를 통해서 보여주시고 모세와 믿음의 조상 아브라함을 통해서 보여주셨습니다.

하워드 헨드릭스(Howard Hendricks)라는 댈러스 신학교의 교수이자 총장이었던 분은, 하나님의 사람들을 키우는 그의 철학을 이렇게 표현했습니다. "하나님은 자신의 능력보다는 자신이 하나님께 쓰임 받을 수 있다는 유용성에 더 초점을 둔다." 하나님은 자기의 '능력'(ability)이나 '재능'(talent)이나 '열정'(passion)보다는, 자신이 하나님으로부터 쓰임을 받을 수 있다고 하는 '가능성과 유용성'에 초점을 두는 사람을 종내 사용하신다는 것입니다.

우리의 초점이 내 자신이 되어서는 한계에 부딪칩니다. 비록 능력과 열정, 인격이 부족하지만 우리의 초점은 하나님께 맞추어야 합니다. 하나님이 나를 원하시고 나에게 기대하시는 것이 무엇인지를 깨달아야 합니다. 그러한 높은 성취 동기가 있을 때, 우리는 역경과 혼란의 과정을 통해서 하나님과 동행하면서 점점 성장해 갑니다. 성숙해 갑니다. 그리고 그 지도력에는 결실이 있습니다.

하나님 아버지! 세월은 유수와 같습니다.
우리가 하늘나라에 갈 날이 많이 남은 것 같아도
그 날들은 점점 줄어듭니다.
그리고 내가 가지고 있는 그 야망과 꿈을 채울
무한대의 시간과 자원이 있는 것 같아도
하나님이 부르실 때는 그것들은 하루아침의 재와 같습니다.
그러나 하나님이 우리를 하나님의 역사를 이루고
하나님의 영광을 드러내는 능력의 도구로 귀하게 사용하시려고 하면,
우리는 부족하고 나약한 것을 뛰어넘는
위대한 하나님의 동역자가 되고 그릇이 될 수 있습니다.
하나님! 그 속에서 우리는 바르게 판단하고 분별하는 능력을 가지고
영적인 삶을 다스릴 수 있게 하옵소서.
음모와 모함, 협박 속에서 사탄과 마귀의 묘한 심리 전술에서
이제 내 손을 힘있게 하옵소서.
느헤미야처럼 문제 앞에 담대하게 자기를 추스르고 결단하며
자기의 그 긍정심을 하나님과 더불어 위로를 받는 우리가 되게 하옵소서.
예수님 이름 의지하여 감사하옵고 기도드리옵니다. 아멘.

13. 하나를 두렵게 하는 자

느헤미야 6:10-14

¹⁰이후에 므헤다벨의 손자 들라야의 아들 스마야가 두문불출하기로 내가 그 집에 가니 그가 이르기를 그들이 너를 죽이러 올 터이니 우리가 하나님의 전으로 가서 외소 안에 머물고 그 문을 닫자 저들이 반드시 밤에 와서 너를 죽이리라 하기로 ¹¹내가 이르기를 나 같은 자가 어찌 도망하며 나 같은 몸이면 누가 외소에 들어가서 생명을 보존하겠느냐 나는 들어가지 않겠노라 하고 ¹²깨달은즉 그는 하나님께서 보내신 바가 아니라 도비야와 산발랏에게 뇌물을 받고 내게 이런 예언을 함이라 ¹³그들이 뇌물을 준 까닭은 나를 두렵게 하고 이렇게 함으로 범죄하게 하고 악한 말을 지어 나를 비방하려 함이었느니라 ¹⁴내 하나님이여 도비야와 산발랏과 여선지 노아댜와 그 남은 선지자들 곧 나를 두렵게 하고자 한 자들의 소행을 기억하옵소서 하였노라

지도자들의 암살 위험

여러분은 미국의 40대 대통령 레이건(Ronald Reagan)을 잘 아실 것

입니다. 얼마 전 매스컴에서는 그의 100세 생일을 기사화 했고, <타임지>에서는 그를 오바마 대통령의 멘토로 부각시키기도 했습니다. 그러나 레이건이 대통령을 할 당시 미국인들은 그를 낮게 평가했습니다. 각료 회의를 할 때 꾸벅꾸벅 졸기도 하고 다른 사람이 발언하는데 사탕을 먹기도 하는 모습을 보며 배우 출신의 무능한 대통령으로 지적했습니다.

그러나 세월이 가면서 정치학자들과 역사학자들은 레이건을 성공한 대통령의 한 사람으로 꼽고 있습니다. 레이건 대통령의 리더십의 영향이 미국을 경제적으로 부강하게 하고 든든하게 했다는 평가를 하고 있습니다.

레이건은 여유가 있고 농담을 잘하는 사람이었습니다. 모든 일을 낙관적으로 대하는 사람이었습니다. 그래서 사람들은 그는 암살당할 일은 없을 것이라고 생각하기도 했습니다. 그러나 그도 암살 위험에 처해 있기도 했습니다.

지도자는 언제나 암살 위험에 시달릴 수 있습니다. 더군다나 역사의 개혁 속에서 지도력을 행사할 때나 역사의 소용돌이 속에서 지도자가 되었을 때에는 암살의 위협이 더합니다. 그 대표적인 사람이 에이브러햄 링컨(Abraham Lincoln)이었습니다. 그는 남북전쟁을 승리로 이끌고 미국을 하나의 'United States'로 만들었지만, 그의 정신과 정책에 반발한 보수주의자들에 의해서 암살당했습니다.

지금도 미국 사람들은 존 F. 케네디(John F. Kennedy)를 잊지 못합니다. 그는 우주선을 쏘아 올리고 미국을 부강한 나라로 만들었습니다. 그리고 50여 년 전, 전 세계에 평화봉사단을 보내 미국의 민주주의를 섬김으로 승화시켰습니다. 그러나 그도 그의 꿈과 개척적인 봉사정신을 시기했던 보수주의자들에 의하여 암살당했습니다.

성공한 이후에 찾아오는 유혹과 위기

우리가 지금까지의 말씀을 통해 보았듯이, 느헤미야는 예루살렘 성벽을 다 쌓고 자기의 임무를 완수했습니다. 이제 정문만 달면 됐습니다. 그러나 축하를 받고 영광을 누려야 할 때 그의 대적들이 아주 교묘한 심리적인 전술로 그를 압박해 들어옵니다. 공개적인 대적과 방해와는 달리, 음모와 협박의 방법으로 그의 목을 조여 옵니다. 그것이 느헤미야 6장의 모습입니다.

지난번 우리는 느헤미야의 6장의 첫 부분인 1-9절을 살펴보았습니다. 느헤미야는 오노 평지로 불러서 그를 해하려고 했던 적들의 음모에 넘어가지 않았습니다. 공개적으로 잘못된 소문을 내서 느헤미야를 위험에 빠뜨리는 적들을 향해 담대하게 맞서서 자기를 지켰습니다.

그러나 6장 10절부터 14절에서 보듯이, 여전히 느헤미야를 무너뜨리려고 하는 산발랏, 도비야의 책략이 또 다른 음모의 끈으로 다가오는 것을 볼 수 있습니다. 우리는 이 구절을 통해 우리가 일을 잘 이루고 성공한 그 이후에 닥쳐올 유혹이나 위기들을 어떻게 잘 극복해야 하는지를 볼 수 있습니다. 그래서 열매가 열매로 그대로 남아 있고, 그 결과가 어떻게 좋은 영향을 미칠 수 있는지 알 수 있습니다.

하나님의 법을 지키는 느헤미야

대적자들은 느헤미야를 오노 평지로 불러서 해하려고 잘못된 소분으로 역공직을 폈지만, 당당히 맞서는 느헤미야를 보고 또 다른 교묘한 모함을 꾸밉니다. 그들은 예언자의 말을 통해 성소에 들어가면 보호를 받을 수 있다는 제안을 했습니다.

"너를 죽이러 올 터이니 우리가 하나님의 전으로 가서 외소 안에 머물고"(느 6:10).

이 말을 한 사람은 스마야입니다. 할아버지는 므헤다벨, 아버지는 들라야이고 3대에 걸친 예언자 가문에서 나온 예언자입니다. 그러나 그는 느헤미야를 죽이려는 적들의 꾀에 넘어가서 뇌물을 받고 거짓 예언을 합니다. 느헤미야에게 아주 그럴듯한 말로 암살 위험에 처해 있음을 말합니다. 그리고 예루살렘 성전 내 외소(성소)로 피할 것을 제안합니다. 매우 그럴듯한 제안이지만 매우 위험한 제안이었습니다.

그러나 느헤미야는 자기 공로와 명예를 과시할 수 있는 이때에 단호히 대답합니다.

"나 같은 자가 어찌 도망하며 나 같은 몸이면 누가 외소에 들어가서 생명을 보존하겠느냐 나는 들어가지 않겠노라 하고"(느 6:11).

이 말이 무슨 말입니까? 이스라엘의 전통적인 율법과 백성들이 지켜야 할 계율에 의하면, 외소(성소)는 제사장들만 들어가서 제사 준비를 하게 되어 있는 성역입니다. 구별된 곳입니다. 느헤미야가 아무리 총독으로서 권한을 가지고 백성들의 힘을 모아 성벽을 쌓았다 하더라도, 성전에는 들어갈 부분이 있고 들어가지 못할 부분이 있습니다.

그래서 느헤미야는 두말없이 그 제안을 거절합니다. 그 제안에 음모나 복선이나 유혹이 있다는 것은 생각하지도 않습니다. 자신이 아무리 총독이고 암살자로부터 목숨을 보호해야 한다 하더라도, 외소는 자신이 들어갈 곳이 아니라고 말합니다. 그렇기 때문에 그곳으로 피하지 않겠다고 말했습니다.

예수 믿는 사람의 선을 지켜라

사람은 성공한 후에 자칫하면 분수를 모를 수 있습니다. 축복받으면 분수를 뛰어넘을 수가 있습니다. 그래서 아무리 국민들로부터 지지를 받는 대통령이라도 국회를 마음대로 조정할 수 없습니다. 대통령이 대법원 판사에게 영향을 줘서 재판을 그르치면 민주주의의 3권 분립을 위반하는 것입니다. 아무리 자기의 영향력이 크다 하더라도 절대 넘어서지 말아야 할 선이 있습니다. 아무리 내 믿음과 열정이 뜨겁고 내 의지가 선하다고 할지라도 스스로 발을 멈춰야 할 때가 있습니다.

예수 믿는 사람의 선이 무엇이겠습니까? 하나님의 법입니다. 교회를 섬기는 일꾼들의 질서가 무엇입니까? 하나님이 정하신 교회의 질서적인 규칙입니다. 내가 하나님 앞에 칭찬받고 사람들에게 존경

받는 일을 잘 완수했다 하더라도, 나는 하나님이 아님을 알아야 합니다. 그 일을 이루신 하나님께 영광 돌려야 합니다. 우리는 그저 하나님의 능력에 사용되는 그릇일 뿐입니다.

신앙의 원칙을 지키고 믿음의 분수를 안 느헤미야

느헤미야가 여러 모로 생각하고 계산해서 그 제안을 거절한 것이 아닙니다. 그가 가지고 있는 신앙의 원칙을 지키고, 그가 배운 믿음의 분수를 알고 대답한 것입니다.

"깨달은즉 그는 하나님께서 보내신 바가 아니라 도비야와 산발랏에게 뇌물을 받고 내게 이런 예언을 함이라"(느 6:12).

사탄은 교회와 신앙을 내세워 저변에 다른 뜻을 가지고 목회자와 일꾼들을 유혹할 때가 많습니다. 때로는 그것들이 그럴 듯해서 판단하기 어렵습니다. 대단한 명분이 있는 제안이어서 거절하기 힘들 때도 있습니다. 그러나 신앙의 원칙과 기준을 분명히 가지고 있다면 생각할 필요도 없이 그것들이 사탄의 올무임을 알 수 있습니다.

오늘 성경에서 보는 바와 같이 느헤미야의 단도직입적이고 단순한 판단 속에는, 그가 평생을 배워 오고 익혔던 이스라엘 백성들의 귀한 역사와 믿음의 선열들의 정신이 들어 있습니다. 평소 기도하고, 성경 말씀대로 믿음 생활 열심히 하고, 하나님 중심으로 교회 봉사를 하려고 했던 삶의 모습이 거기에 담겨 있는 것입니다.

사울이 하나님께 버림받은 이유

사무엘상 15장 10-12절, 17-23절을 보면 사울이 왜 하나님께 버림받았는지 알 수 있습니다.

"여호와의 말씀이 사무엘에게 임하니라 이르시되 내가 사울을 왕으로 세운 것을 후회하노니 그가 돌이켜서 나를 따르지 아니하며 내 명령을 행하지 아니하였음이라 하신지라 사무엘이 근심하여 온 밤을 여호와께 부르짖으니라 사무엘이 사울을 만나려고 아침에 일찍이 일어났더니 어떤 사람이 사무엘에게 말하여 이르되 사울이 갈멜에 이르러 자기를 위하여 기념비를 세우고 발길을 돌려 길갈로 내려갔다 하는지라"(삼상 15:10-12).

사울이 아말렉과 싸워서 승리를 거둘 때 이미 하나님께서 사무엘을 통해서 사울에게 하신 지시가 있습니다. 하나님은 아말렉의 잘못된 종교와 문화와 관습이 이스라엘 백성에게 스며들면 이스라엘의 유일신 정신과 신앙 선민의 의식이 약화될 것을 염려하셨습니다. 그래서 전쟁에서 얻은 전리품을 다 없애라고 하셨습니다.

그러나 사울은 사무엘 말대로 하지 않고 자신의 정치적이고 개인적인 탐욕을 가지고 그것들을 남겨두었습니다. 심지어는 임금조차도 살려 주었습니다. 하나님으로부터 그 소식을 들은 사무엘이 고민하다가 사울을 찾아갔을 때, 사울은 이미 사무엘의 말을 들으려고 하지 않고 길갈로 떠났습니다. 전승비를 세워서 자기 이름만 높여 놓고 갈 길을 가버렸습니다.

"사무엘이 이르되 왕이 스스로 작게 여길 그때에 이스라엘 지파의 머리가 되지 아니하셨나이까 여호와께서 왕에게 기름을 부어 이스라엘 왕을 삼으시고 또 여호와께서 왕을 길로 보내시며 이르시기를 가서 죄인 아말렉 사람을 진멸하되 다 없어지기까지 치라 하셨거늘 어찌하여 왕이 여호와의 목소리를 청종하지 아니하고 탈취하기에만 급하여 여호와께서 악하게 여기시는 일을 행하였나이까"(삼상 15:17-19).

사무엘은 자기 욕심과 눈에 보이는 대로 자기 욕망을 채우는 사울을 탓했습니다. 하나님 말씀보다는 명예와 돈, 권력을 탈취하는 데만 급급한 사울을 지적했습니다. 그러나 사울이 사무엘에게 다음과 같이 말합니다.

"나는 실로 여호와의 목소리를 청종하여 여호와께서 보내신 길로 가서 아말렉 왕 아각을 끌어 왔고 아말렉 사람들을 진멸하였으나 다만 백성이 그 마땅히 멸할 것 중에서 가장 좋은 것으로 길갈에서 당신의 하나님 여호와께 제사하려고 양과 소를 끌어 왔나이다 하는지라"(삼상 15:20-21).

사울은 오히려 잘못을 뉘우치지 않고 백성을 핑계댔습니다. 뿐만 아니라 그는 우리 하나님을 제사한다 하지 않고 당신이 섬기는 하나님께 제사하려고 한다고 했습니다. 영적 지도자 사무엘에게 안수 받았던 사울이 아니었습니까? 그는 사무엘에게 우리의 하나님이 아니라 당신의 하나님을 섬기라고 말합니다. 오늘날 하나님을 이용하여 자신의 다른 목적을 가지고 섬기고 있는 목회자나 교회 봉사자는 없습니까?

"사무엘이 이르되 여호와께서 번제와 다른 제사를 그의 목소리를 청종하는 것을 좋아하심같이 좋아하시겠나이까 순종이 제사보다 낫고 듣는 것이 숫양의 기름보다 나으니 이는 거역하는 것은 점치는 죄와 같고 완고한 것은 사신 우상에게 절하는 죄와 같음이라 왕이 여호와의 말씀을 버렸으므로 여호와께서도 왕을 버려 왕이 되지 못하게 하셨나이다 하니"(삼상 15:22-23).

그 유명한 말씀이 여기에서 나타납니다. 사무엘은 순종이 제사보다 낫다고 말합니다. 민족의 운명이 걸려 있는 생명을 건 제사보다도 순종만 있으면 된다고 말합니다. 단호하고 분명한 하나님의 말씀입니다.

"이는 거역하는 것은 점치는 죄와 같고 완고한 것은 사신 우상에게 절하는 죄와 같음이라 왕이 여호와의 말씀을 버렸으므로 여호와께서도 왕을 버려 왕이 되지 못하게 하셨나이다 하니"(삼상 15:23).

사울은 하나님의 말씀을 버렸습니다. 순종하지 않고 하나님을 점이나 치듯이 계산했습니다. 하나님을 신뢰하지 않고 자기 고집과 아집을 내세웠습니다. 하나님의 말씀을 듣는 듯했으나 하나님의 말씀을 버린 것입니다. 그래서 결국은 하나님께서 사무엘을 통해서 사울은 더 이상 왕이 되지 못할 것이라고 예언하십니다.

그는 10여 년의 세월을 허송하면서 임금 노릇 하기보다는 시기와 질투에 사로잡혀서 다윗을 쫓아다녔습니다. 임금의 자리를 더럽히고 마지막에는 블레셋에 의해서 처참한 생애를 마쳤습니다. 사울의 마음속에는 사탄이 늘 들락날락했습니다. 사무엘 대신 제사까지 드리면서 하나님의 종을 거역하는 모습까지 보였습니다.

신앙의 분수를 지켜라

제가 봉사자를 훈련할 때 늘 내세우는 봉사의 3대 원리가 있습니다. "믿음의 분수와 교회의 질서와 함께하는 협력"이 그것입니다. 열심히 재미있게 봉사하고 함께 봉사하는 것은 중요하지 않습니다. 자기 믿음과 도리에서 봉사해야 합니다. 그리고 질서 따라 봉사하는 것입니다. 그리고 혼자 하는 것이 아닙니다. 하나님은 늘 함께하도록 하였습니다.

이미 사울은 하나님이 그에게 주신 분수를 넘어버렸습니다. 사람 사이에 분수를 모르고 넘어선 사람은 하나님이 귀하게 여기지 않습니다. 신앙적으로 교회 앞에 분수를 넘어서 행하는 직분자와 하나님과 세상의 분수를 모르는 신앙인도 마찬가지입니다.

"내게 주신 은혜로 말미암아 너희 각 사람에게 말하노니 마땅히 생각할 그 이상의 생각을 품지 말고 오직 하나님께서 각 사람에게 나누어 주신 믿음의 분량대로 지혜롭게 생각하라"(롬 12:3).

생각을 많이 하고 깊이 하는 것도 중요합니다. 그러나 마땅히 생각할 이상의 생각으로 품는 유혹을 받아서는 안 됩니다. 그것은 하와가 생각을 잘못하다가 마귀의 충동에 넘어간 모습을 보면 알 수 있습니다. 마귀는 하와에게 하나님의 말씀에 대해서 다른 쪽으로 깊이 생각하도록 유도했습니다. 그래서 그 생각으로 인해 하나님을 불신하게 만들었습니다. 사람은 생각하는 동물입니다. 그러나 생각이 꼬리를 잘못 물고 마땅히 생각할 믿음의 도리, 성경의 진리, 하나님의 뜻을 넘어선 생각을 하면 그것은 마귀의 올무가 된다는 것을 알아야 합니다.

"우리에게 주신 은혜대로 받은 은사가 각각 다르니 혹 예언이면 믿음의 분수대로, 혹 섬기는 일이면 섬기는 일로, 혹 가르치는 자면 가르치는 일로, 혹 위로하는 자면 위로하는 일로, 구제하는 자는 성실함으로, 다스리는 자는 부지런함으로, 긍휼을 베푸는 자는 즐거움으로 할 것이니라"(롬 12:6-8).

섬기는 자나 가르치는 자나 누구든지 믿음의 분수가 있습니다. 그래서 이 분수가 질서로 나타납니다. 초신자는 열정이 있어야 합니다. 그러나 믿음의 분수를 지키지 않으면 넘어지기 쉽습니다. 목사나 선교사는 자신의 직분에서 오는 믿음의 분수를 지키지 않으면 사탄 앞에 실수하게 됩니다.

그것이 바로 바울이 말한 모든 유대인의 간계의 시험을 참은 것이고, 눈물로 기도한 겸손입니다. 장로님은 장로님으로서 믿음의 분수가 있기 때문에 무슨 일이든지 가볍게 휩쓸리지 말고 가볍게 관계를 맺지 말아야 합니다. 예수 믿는 사람은 이 시대를 보며 자신이 가야 할 길과 멈춰야 할 때 그리고 말하고 말하지 않을 때를 알아야 합니다. 그래야 하나님께서 인정하시는 자가 되는 복된 길에 들어설 수 있습니다. 믿음의 분수를 지키는 것에 대해 바울은 좀 더 풀어서 고린도 교회에 적용했습니다.

"형제들아 내가 너희를 위하여 이 일에 나와 아볼로를 들어서 본을 보였으니 이는 너희로 하여금 기록된 말씀 밖으로 넘어가지 말라 한 것을 우리에게서 배워 서로 대적하여 교만한 마음을 가지지 말게 하려 함이라"(고전 4:6).

바울은 말씀이 의미하는 뜻을 넘어서서 자신의 의도를 가지고 주장하지 말라고 합니다. 말씀 밖으로 넘어가서 교만한 마음을 갖지 않도록 경고하고 있습니다.

하나님이 주신 범위의 한계를 벗어나지 말아라

느헤미야가 52일 만에 백성과 더불어 성을 쌓고 그의 지도력과 헌신, 그의 지혜로 그 일을 완성하더라도 교만한 마음으로 하나님의 뜻에 어긋나게 성소에 들어가면 안 됩니다. 그렇게 하면 그는 백성들로부터 지탄을 받게 되고 그의 공적은 하루아침에 물거품이 되어 더 이상 총독 노릇을 할 수 없을 것입니다. 그리고 성소로 들어가서 숨게 되면 왕이 되려고 하는 모반을 일으킨다는 오해를 받을 수도 있습니다. 그래서 그는 깊이 생각하지 않고, 그가 늘 지키던 원칙과 신앙의 습관에서 오는 믿음의 분수대로 지혜로운 판단을 내렸습니다.

이것은 고린도후서 10장 13절에서 바울이 실제적으로 고린도 교회에 잘 적용해서 우리에게 가르쳐 주고 있습니다.

"그러나 우리는 분수 이상의 자랑을 하지 않고 오직 하나님이 우리에게 나누어주신 그 범위의 한계를 따라 하노니 곧 너희에게까지 이른 것이라"(고후 10:13).

바울은 예수님 부활의 목격자(eye witness)가 아닙니다. 예수님의 열두 제자도 아닙니다. 그럼에도 불구하고 바울은 그의 믿음과 헌신과 하나님의 부르심은 자랑했지만, 분수 이상의 자랑은 하지 않았습니다. 초대 교회를 세우고 교인들에게 편지를 쓰고 양육하고 교회 지도자를 세우고 기독교 교리를 집대성해도 자신을 '복음의 종'이라고 했습니다. 언제나 범위의 한계를 벗어나지 않았습니다.

믿음 좋은 사람들이 가끔 이 범위를 벗어나다가 실족하는 수가 있습니다. 이단이 처음부터 이단이 아닙니다. 자신의 역량과 은사와 하나님이 주신 그릇의 범위를 벗어날 때, 그는 하나님께 많은 과오를 짓고 사람들을 혼돈으로 빠뜨리는 이단이나 대적이 될 수 있습니다.

오늘날 많은 거짓된 것들이 인간의 욕망과 사랑의 인간관계를 앞세워 교회 안에 많이 들어옵니다. 판단력과 지각 능력이 바르고 깨끗하지 않으면 분수에 넘어나는 것을 보고 열심과 헌신이라고 박수치며 좇아갈 수 있습니다.

성도 여러분! 저와 여러분의 헌신과 충성이 하나님 보시기에 합당하여 칭찬받더라도, 하나님의 기준을 잃어버리고 분수를 넘어서 버리면 지금까지의 모든 열매들은 무용지물이 될 수 있습니다.

불필요한 두려움에 주눅 들지 말아라

느헤미야는 그를 범죄하게 하려고 대적자들이 악한 말을 지어내어서 비방하게 했다는 것을 알게 되었습니다. 사람이 너무 두려우면 죄를 짓게 됩니다. 그래서 사탄은 두려움을 주어서 죄를 짓게 만듭니다. 너무 겁을 내면 자기도 모르게 죄를 짓는 것을 합리화합니다. 그래서 두려움은 죄를 짓게 하는 끈이라고 했습니다.

예수 믿는 사람은 불필요한 두려움에 주눅 들지 않아야 합니다. 하나님의 일을 하는 사람은 쓸데없는 두려움을 가지고 들락날락하는 마귀의 손길이나 사람을 똑바로 보고 겁을 내지 말아야 합니다. 하나님이 사용하는 사람은 주위 여건이나 환경의 교묘한 함정에 넘어지지 않도록 해야 합니다. 그런 조건에서도 달콤함에 속지 말고 자기 분수를 지키고 바르게 처신해야 합니다.

느헤미야는 자기를 지키고 수고한 열매와 고생한 노력의 대가를 지켰습니다. 그렇게 지킴으로써 하나님도 그를 음모에서 지켜주신 것입니다. 마귀는 우리를 두렵게 하려고 할 때가 많습니다. 그러나 우리가 원칙과 믿음의 분수를 버리지 않을 때 마귀는 결국 바람에 나는 겨와 같이 날아가고, 우리의 담대한 믿음의 도는 살아남을 것입니다. 그래서 우리는 하나님 앞에 영광스러운 열매를 맺을 수 있을 것입니다.

하나님 아버지, 감사합니다.

느헤미야 6장을 보면서 또 새로운 모습을 봅니다.

간교한 대적과 원수와 사탄을 보면서

우리가 자신을 어떻게 지켜야 하는지를 배웁니다.

그 지킴의 원칙과 분수 속에서 결국 하나님이 우리를 지키시며

수고의 열매를 헛되지 않게 나타내실 줄 믿습니다.

아버지 하나님! 인생을 살 때, 주의 일을 할 때,

그리고 우리가 하나님의 백성으로 세상에 나갈 때,

하나님과 신앙을 명분화한 그런 사탕발림의 사탄의 꾀에 넘어가지 않고,

무엇이든지 하나님 중심에서 하나님의 법과 도리에서

어긋나지 않는 원칙으로

믿음의 분수를 지켜나갈 때

하나님께서 수고의 열매를 헛되지 않게 거두어 주신 줄 믿습니다.

그 열매를 끝까지 지키게 하여 주시옵소서.

예수님 이름 의지하여 감사하옵고 기도드리옵니다. 아멘.

14. 하나님께서 이루신 역사

느헤미야 6:15-19

¹⁵성벽 역사가 오십이 일 만인 엘룰 월 이십오일에 끝나매 ¹⁶우리의 모든 대적과 주위에 있는 이방 족속들이 이를 듣고 다 두려워하여 크게 낙담하였으니 그들이 우리 하나님께서 이 역사를 이루신 것을 앎이니라 ¹⁷또한 그 때에 유다의 귀족들이 여러 번 도비야에게 편지하였고 도비야의 편지도 그들에게 이르렀으니 ¹⁸도비야는 아라의 아들 스가냐의 사위가 되었고 도비야의 아들 여호하난도 베레갸의 아들 므술람의 딸을 아내로 맞이하였으므로 유다에서 그와 동맹한 자가 많음이라 ¹⁹그들이 도비야의 선행을 내 앞에 말하고 또 내 말도 그에게 전하매 도비야가 내게 편지하여 나를 두렵게 하고자 하였느니라

하나님을 두려워하는 적들

느헤미야 6장은 세 부분으로 나누어서 생각할 수 있습니다. 6장 전반부에서, 느헤미야는 그를 모함하는 잘못된 소문과 여론을 만들

어서 그의 지도력에 흠을 입히려고 하는 적들 앞에 당당하게 맞섭니다. 적들이 유인하는 장소로 가지 않고, 오히려 그러한 것들을 공개적으로 드러내며 자기가 이룬 업적을 그대로 유지합니다.

10절부터 14절에는 적들이 거짓 예언자를 동원해서 성소로 몸을 숨게 하여 역적으로 몰거나 혹은 그를 살해하려고 합니다. 그러나 느헤미야는 그런 교묘하고도 비밀스런 위기까지도 잘 극복한 모습을 보여줍니다. 느헤미야는 평소 가지고 있던 영적 분별력과 신앙적 분수를 가지고 영역을 범하지 않음으로써 계속해서 이스라엘 백성들을 지도할 수 있는 지도력을 지켜 냈습니다.

6장 후반부에서는 그렇게도 끈질기게 느헤미야를 모함하고 협박하는 대적들에 대해 느헤미야가 어떻게 그것들을 극복하고 자기 자신을 지켰는지를 보여줍니다. 그것은 6장 전반부에서부터 거듭되어 나오는 말이 중요한 힌트가 됩니다. 6장 9절에서는 '우리를 두렵게 하고자 했다' 고 말합니다. 13절에서는 '나를 두렵게 하고 나를 이렇게 하려고 했다', 19절에서는 '나를 두렵게 하고자 하였느니라' 고 느헤미야가 말합니다.

이 말들을 잘 살펴보면 적들은 느헤미야를 두렵게 하고자 한 것이지, 느헤미야가 실제 두려워해서 넘어졌다는 말은 아닙니다. 적들은 그를 심리적으로 위축하게 만들고 그의 정서를 불안하게 만들려고 두려움을 주었습니다. 하지만 이제 그 두려움은 느헤미야와 백성들에게 있어 '하고자 하였느니라' 라는 말로 결론을 맺으며, 그것에 넘어지지 않고 극복했다고 말합니다. 그리고 오히려 자기를 두렵게 하려고 했던 대적들이 두려워하게 됐다는 말을 합니다.

"우리의 모든 대적과 주위에 있는 이방 족속들이 이를 듣고 다 두려워하여 크게 낙담하였으니"(느 6:16).

느헤미야는 적들이 모함을 하고 협박을 해도 영적 판단력과 지혜를 가지고 넘어지지 않았습니다. 그러자 이제 적들은 두려움을 느끼기 시작했습니다. 아무리 방해해도 이스라엘 백성의 중흥과 성벽 재건이 이루어지니 그 사람들은 그만 두려워하기 시작한 것입니다. 그들은 그 모든 것이 하나님께서 이루신 역사인 것을 알았습니다. 하나님이 이스라엘 백성들을 지키시고, 하나님이 이 일을 통해서 이스라엘 백성의 민족을 중흥할 것이라는 것을 대적들은 알았기 때문에, 그들은 두려워했습니다.

인도의 전설에는 이런 얘기가 있습니다. 어느 한 마리의 쥐가 있는데 항상 고양이에게 자신이 잡혀 먹힐 것을 두려워했습니다. 그래서 인도의 신이 그 쥐가 너무 불쌍해서 고양이로 만들어 주었습니다. 그러자 그 쥐는 고양이를 겁낼 필요 없이 마음대로 집 구석구석을 활개치고 다녔습니다.

그러나 어느 날 고양이가 된 쥐가, 자기를 보고 짖는 개를 보면서 두려워 떠는 모습을 인도의 신이 보았습니다. 그래서 차라리 개를 만들어 주는 게 나을 것 같아서 그렇게 했습니다. 개가 된 쥐는 고양이 차원도 벗어나 주인의 사랑을 받으면서 온 동네를 활개치며 다녔습니다.

그러다가 어느 날 호랑이를 보고 두려워 떠는 모습을 보고 이번엔 호랑이로 만들어 주었습니다. 맹수의 왕이 된 쥐는 이제 겁낼 것이 없었습니다. 그러나 사냥꾼이 총을 가지고 있는 것을 보고 두려워 떨었습니다. 그러자 인도의 신은 그럴 바에 차라리 쥐가 되는 것이 나을 것 같다고 생각하여 다시 쥐로 만들었습니다. 그 쥐는 뭐가 되더라도 쥐의 본성을 가지고 대적을 보면 무서워 떨었기 때문에, 차라리 쥐로 사는 것이 낫다고 생각한 것입니다.

두려움을 느끼는 인간의 본성

인간에게는 두려움이라고 하는 심리적인 본성이 있습니다. 동물에게만 있는 것이 아닙니다. 이 두려움이라는 장애는 때로는 우리가 가지고 있는 자원과 능력, 힘조차도 쓰지 못하게끔 위축시킵니다. 그래서 산발랏과 도비야와 게셈은 느헤미야가 성을 다 쌓고 총독으로서 백성들을 단결시켜서 나라를 든든하게 하는 것이 싫어서 두려움을 주려 합니다. 겁나게 하고 공포심을 조장하여 느헤미야가 일을 더 이상 하지 못하도록 하려고 한 것입니다.

하나님을 두려워한 여인들

우리가 살다 보면 두려움에 부닥치고, 두려움을 주는 장애물 앞에서 덜덜 떨거나 위축되어서 쥐구멍을 찾고자 할 때가 있습니다. 그러나 성경에는 이런 두려움을 긍정적으로 잘 이겨내서 역사에 위대한 공헌을 한 사람이 있고, 이런 두려움을 잘못 도피해서 하나님께 버림받은 사람도 있습니다. 어떤 사람은 유명한 사람이고 어떤 사람은 무명의 사람이었습니다.

출애굽기 1장 15절부터 21절에 보면 '십브라'와 '부아'라는 여인이 나옵니다. 그리고 그 뒤 2장에 보면 모세가 출생한 사건이 나옵니다. 모세는 태어난 후 3개월 뒤 강에 띄워 보내졌기 때문에 애굽의 공주의 아들이 될 수 있었습니다. 그래서 40여 년 동안 지도자로서 필요한 학문과 세속의 모든 조건을 연마할 수 있었습니다. 그런데 모세가 태어나고 살 수 있도록 공헌을 한 여인이 둘 있는데, 그들은 히브리 산파 '십보라' 와 '부아' 였습니다.

"애굽 왕이 히브리 산파 십브라라 하는 사람과 부아라 하는 사람에게 말하여 이르되 너희는 히브리 여인을 위하여 해산을 도울 때에 그 자리를 살펴서 아들이거든 그를 죽이고 딸이거든 살려두라" (출 1:15).

이스라엘 백성들이 요셉 이후 세월이 흐르는 동안에 장정만 200만이 되는 큰 민족이 되었습니다. 그래서 애굽 왕은 국경 지대에 있는 그들이 반역을 일으키고 노예로서 노동을 중단하면 애굽에게 큰 피해가 되는 것을 우려했습니다. 그래서 그는 산파들에게 태어난 아이가 남자면 죽이라고 명령합니다. 어떤 방법으로든지 남아가 태어나자마자 죽일 것을 명령했습니다. 그러나 그 산파들은 믿음의 용장처럼 17절에 보는 바와 같이 행합니다.

"그러나 산파들이 하나님을 두려워하여 애굽 왕의 명령을 어기고 남자 아기들을 살린지라" (출 1:17).

'십보라' 와 '부아' 는 임금의 명령이 두려웠지만, 그보다 더 두려운 분은 하나님임을 알았습니다. 그들은 생명을 창조하신 유일한 하나님께 죄를 지으면서까지 그런 명령을 따를 수 없어서 남자 아이들을 죽이지 않고 살렸습니다. 그래서 모세가 살아났습니다. 만약 이 여인들이 임금의 명령을 들었다면 모세는 강가에 띄워지기도 전에 죽을 수밖에 없었을 것입니다.

"애굽 왕이 산파를 불러 그들에게 이르되 너희가 어찌하여 이같이 남자 아기들을 살렸느냐 산파가 바로에게 대답하되 히브리 여인은 애굽 여인과 같지 아니하고 건장하여 산파가 그들에게 이르기 전에 해산하였더이다 하매"(출 1:18).

그들은 하나님께서 주신 지혜를 가지고 "히브리 여인들은 건강하여 자신들이 도착하기도 전에 건강한 어린아이들을 낳았다"고 말합니다. 이들로 인해 이스라엘 백성들은 더욱 번성하고 강해집니다.
그러자 하나님은 자기를 두려워하는 그들을 외면하지 않았습니다. 하나님께서는 산파들에게 고난이 오고 위기가 왔어도 지혜를 주셔서 애굽 왕이 더 이상 문책하지 못하게 하시고 그들의 가정을 축복하셨습니다. 그리고 무엇보다도 모세가 태어날 수 있는 길을 여는, 역사의 공헌자들이 될 수 있게 하셨습니다.

하나님을 두려워하지 않은 사울

우리가 가진 지식이나 권력, 기술, 은사를 가지고 사람을 두려워하는 데 집중하다 보면, 하나님께서 주신 당연한 법칙과 원리에 대적하여 하나님을 두려워하지 않을 수 있습니다. 그런 사람은 하나님이 더 이상 사용하지 않고 징계하셔서 파멸을 당합니다. 그리고 사람들에게도 업신여김을 받을 수 있습니다. 한 예가 사무엘상 13장 8절-14절에 나오는 사울 임금의 이야기입니다.

"사울은 사무엘이 정한 기한대로 이레 동안을 기다렸으나 사무엘이 길갈로 오지 아니하매 백성이 사울에게서 흩어지는지라 사울이 이르되 번제와 화목 제물을 이리로 가져오라 하여 번제를 드렸더니"(삼상 13:8-9).

임금이 제사를 주관하여 제물을 바치는 것은 훌륭하고 귀한 일로 보이기도 합니다. 그러나 구약 시대의 율법에 의하면 임금이 아무리 위기에 처해 있고 권한이 있고 준비가 되어도, 제사를 주관해서 드릴 수는 없게끔 되어 있습니다.

물론 느헤미야도 이런 비슷한 상황에 있었습니다. 거짓 선지자가 외소로 몸을 피하기를 권했을 때, 느헤미야는 생각하고 계산하지 않고 그곳은 자신이 들어갈 곳이 아님을 알았습니다. 예루살렘 성벽을 쌓은 위대한 지도자가 되었어도 그 영역은 자신의 영역이 아님을 알고 있었습니다. 느헤미야는 믿음의 분수를 지키고 신앙의 원칙에 따라 그곳에 가지 않고, 결국은 그것이 음모임을 깨달았습니다.

그러나 사울처럼 두려움을 부정적으로 해소하기 위해서 하나님을 대적하고 하나님의 뜻을 위반하면 두려움에서 벗어나기보다는 오히려 두려움의 노예가 됩니다. 마귀가 사용하는 사람이 되고 맙니다. 사울은 아말렉과의 전쟁에서 이긴 다음에 하나님의 사자 사무엘이 지시한 대로 제물을 바치지 않고 임금도 죽이지 않았습니다.

그러다가 결국은 하나님으로부터 문책을 받기 시작하고, 마지막에는 사무엘을 기다리지 않고 사무엘 대신 제사를 드리기까지 했습니다. 그러나 그 제사는 하나님께 영광을 돌리고 하나님께 기쁨을 드리며 감사의 의미로 한 것이 아니었습니다.

"번제 드리기를 마치자 사무엘이 온지라 사울이 나가 맞으며 문안하매 사무엘이 이르되 왕이 행하신 것이 무엇이냐 하니 사울이 이르되 백성은 내게서 흩어지고 당신은 정한 날 안에 오지 아니하고 블레셋 사람은 믹마스에 모였음을 내가 보았으므로"(삼상 13:10-11).

전투를 앞둔 사울에게 두려움이 엄습해 왔습니다. 사무엘이 빨리 와서 제사를 드려야 백성들이 하나님을 신뢰하고 사기가 올라갈 텐데, 그렇지 않았기 때문에 백성들은 여기저기 흩어졌습니다. 적군은 벌써 믹마스에 모여서 전열을 가다듬고 전쟁을 준비합니다. 그럴 때 전쟁터에 나가 있는 사령관으로서 사울은 현실이 다급했습니다. 그래서 하나님이 지시해 놓고 예정해 놓은 일의 선을 넘었습니다.

그러나 사울은 사무엘이 제 시간에 오지 않았다고 핑계를 댑니다. 그리고 그 상황에서 두렵고 겁이 나니까 제사라도 먼저 드려서 군사들을 한마음으로 모으고 적군을 대치하려 하였다고 변명했습니다. 그가 제사를 드린 것은 매우 합리적이고 합당한 지휘관의 판단이라고 생각되기도 합니다. 그러나 13-14절을 보면 사무엘이 사울에게 공격하는 말을 통해서 사울의 마음속에 교만이 있었음을 보여줍니다.

"사무엘이 사울에게 이르되 왕이 망령되이 행하였도다 왕이 왕의 하나님 여호와께서 왕에게 내리신 명령을 지키지 아니하였도다 그리하였더라면 여호와께서 이스라엘 위에 왕의 나라를 영원히 세우셨을 것이거늘 지금은 왕의 나라가 길지 못할 것이라 여호와께서 왕에게 명령하신 바를 왕이 지키지 아니하였으므로 여호와께서 그의 마음에 맞는 사람을 구하여 여호와께서 그를 그의 백성의 지도자로 삼으셨느니라 하고"(삼상 13:13-14).

잠언서에는 무례하고 교만한 자를 이름 하여 망령된 자라 칭합니다. 사울은 도를 넘고 예의를 벗어났습니다. 사울은 그때부터 하나님의 중심에서 떠나서 버림받은 자가 되었습니다. 그의 지도력은, 하나님 중심에 있는 지도력이 아니라 자기 욕망과 야망에 사로잡힌 지도력이었습니다. 다윗을 시기 질투하고 두려워하여 10여 년 동안 다윗을 쫓느라고 국력을 낭비하였습니다. 그리고 결국은 아들과 함께 비참한 결말을 맞았습니다.

"무릇 마음이 교만한 자를 여호와께서 미워하시나니"(잠 16:5).

"교만은 패망의 선봉이요 거만한 마음은 넘어짐의 앞잡이니라"(잠 16:18).

하나님을 두려워한 자와 그렇지 않은 자의 결말

두려워할 것을 두려워하지 않는 자, 참으로 두려워해야 할 것을 두려워하는 자는 극과 극의 결말이 나타납니다. 지금 당장은 눈에 보이지 않고 위험하더라도 시간과 때의 주인이시고 진실하신 하나님께서 답을 하십니다. 역사를 움직이시고 중심을 보시는 하나님의 음성이 하나님을 두려워한 자들을 도우실 것입니다. 하나님을 두려워해야 할 때 하나님을 두려워하지 않은 사울은 실패한 인생입니다.

그러나 애굽의 왕보다 생명을 주신 하나님을 두려워한 무명의 여인들은 하나님께서 은혜를 베푸신 성공한 인생을 살았습니다.

위기 가운데 나타나는 하나님의 영광

하나님의 영광은 위기 속에서 드러납니다. 믿음으로 위기를 극복하고 하나님을 참 신으로 받드는 참 신앙은 문제와 장애 앞에서 결정적으로 드러납니다. 하나님을 두려워하기보다 마귀의 전략을 두려워해서 실족하고 넘어진 자는 그가 이루어 놓은 일도 허사가 됩니다. 그의 모든 영향력도 바람에 나는 겨와 같습니다.

느헤미야는 52일 만에 140여 년 동안 하지 못했던 일을 했습니다. 그가 두려워할 것이 무엇이 있겠습니까? 그의 모든 것을 바쳐서 백성을 단결시켜 성벽을 완성한 사람인데 겁날 것이 무엇이 있겠습니까?

그러나 그는 절대적으로 자기의 선을 넘지 않았습니다. 자기의 지도력을 과신하여 하나님 중심이 아닌 자기 중심에 있지 않았습니다. 어떤 충동이나 유혹에서도 영적인 지혜를 가지고 자기 자신을 지켰습니다.

오늘날 많은 인기와 명예를 가진 영향력 있는 지도자들이 하루아침에 몰락하고 결국은 패망의 길로 추락하는 이유는 무엇일까요? 그것은 느헤미야와 같이 수많은 음모와 모함을 이겨 내지 못하고, 자신의 야망과 욕망에 사로잡혀서 하나님을 두려워하는 것이 아니라 사람과 마귀를 두려워했기 때문일 것입니다. 느헤미야는 "그들이 나를 두렵게 하려고 하였느니라. 그러나 하나님은 그들을 오히려 두렵게 하도록 하셨고 이 모든 일은 하나님이 하신 일이라"라고 지난 일을 회상하며 고백합니다.

하나님의 사명에 집중한 느헤미야

하나님의 영으로 살지 않는 사람은 마귀가 마음껏 들락날락해도 자기 자신이 마귀의 끈에 매여 있는 줄 모릅니다. 사람과 환경을 두려워하고 덜덜 떨면서 장애물을 헤쳐가지 못하고 좌절하여 주저앉습니다. 그래서 하나님이 주신 사명과 인생을 하나님과 동행하여 승리하지 못합니다. 말로만 늘 '마음은 원이로되 육신이 약하다' 라고 합니다. 우리가 하나님의 영광을, 승리의 나팔로 한 번도 드러내지 못하고, 하나님께서 주신 위로와 소망을 가지고 고난과 역경을 한 번도 헤쳐나가지 못하면, 그 인생은 무슨 쓸모가 있겠습니까?

느헤미야는 그런 상황에서도 두려움을 이겨낼 수 있는 용기와 평안이 있었습니다. 그것들은 자신 스스로의 노력과 단련을 통해서 얻어진 것이 아닙니다. 자기가 받은 소명과 사명에 집중했기 때문에 적이 주는 두려움에 걸려들지 않았습니다. 느헤미야는 하나님의 부르심을 통해 받은 사명을 자기 인생의 목표로 삼고 달려갔기 때문에, 장애물이 있더라도 그 자체가 크게 느껴지지 않았습니다.

사탄은 언제나 거짓된 두려움으로 아무것도 아닌 문제를 크게 부각시킵니다. 하지만 영의 지혜를 가지고 영에 눈을 뜨면 우리는 그것을 바로 볼 수 있는 판단력이 생깁니다.

멀리 바라보라

제가 처음 미국에서 운전을 배울 때입니다. 저를 가르쳐 준 사람은 중국에서 온 유학생이었는데 참 똑똑한 학생이었습니다. 시내 운전을 하다가 고속도로로 나갔습니다. 차도 없고 직선으로 차선이 뻗어져 있는 그런 길이었습니다. 고속도로에서 운전을 하자마자 운전대를 가만히 잡지 못하고 왔다 갔다 움직였습니다. 그래서 차가 심하게 흔들렸습니다.

그러자 그 학생이 저에게 말하기를, 앞의 몇 야드를 보지 말고 100야드, 이상을 보라고 했습니다. 100야드 200야드 떨어진 선을 보며 운전을 하라는 것이었습니다. 그 말을 듣고 제가 그렇게 운전을 하자, 정말 운전대가 좌우로 흔들리지 않고 평안하게 운전을 하게 되었습니다.

하나님이 주신 사명을 보고 달려가는 우리의 인생

우리의 사명을 통해 하나님께서 계획해 놓으신 인생의 승리, 하나님께서 예비해 놓으신 상급들을 목표로 하고 멀리 바라보면, 우리는 앞에 부딪친 조그만 장애물이나 작은 위기 앞에 두려워하지 않을 것입니다. 우리에게 맡겨진 사명을 바라볼 때, 우리는 장애물과 위기를 극복하면서 발전해 나갈 것입니다. 이것이 사냉사의 삶이고, 그리스도인의 삶이고, 책임 맡은 지도자의 삶입니다.

성도 여러분! 인생에는 언제나 장애물이 있습니다. 헨리 포드(Henry Ford)는 "장애물이란 당신이 목표 지점을 바라보지 않고 다른 곳으로 눈을 돌릴 때 나타나는 것"이라고 말했습니다. 앞에 있는 목표가 아닌 옆으로 눈을 팔면 오히려 장애물이 커져서 나타난다는 것입니다. 순간적으로 목표에 눈을 떼고 장애물과 문제에만 급급하면 안 됩니다. 그러한 것들은 사탄의 전법일 때가 많습니다.

우리는 영적 지각력과 지혜를 가지고 말씀과 기도로 훈련되어야 합니다. 그래서 위기와 문제가 나타나더라도, 그것은 목표를 달성하기 위한 작은 과정이라고 생각하는 담대한 마음을 가져야 합니다. 그러한 담대한 마음을 가질 때 용기가 솟아나고 그 장애물들은 자기도 모르게 사라질 것입니다.

우리는 목표를 향한 집중력을 위해서 기도해야 하고 예배드리고 말씀으로부터 지혜를 얻어야 합니다. 그래서 유명한 신학자 칼 바르트(Karl Barth)는 "용기는 기도하는 두려움"이라고 했습니다. 두려울 때 집중적인 기도를 통해서 용기를 얻을 수 있다는 것입니다. 그리고 그 일이 이루어졌을 때, 그것들은 하나님께서 이루신 역사라고 하나님을 찬양하며 감사하는 삶을 살아야 할 것입니다.

하나님 아버지, 감사합니다.
세상에는 우리를 억누르는 사탄 마귀의 교묘하고 아주 간사한 괴략들,
그럴듯한 유혹과 모함이 얼마나 많은지요.
하나님, 그럴 때마다 우리는 하나님의 소명과 사명 앞에
멀리 있는 목표를 바라보게 하시옵소서.
기도에 집중하고 하나님이 주신 그 신앙의 길에 더 집중함으로
두려움을 떨쳐 버리게 하옵소서.
그래서 두렵게 하려고 했던 대적들과 환경들이
하나님의 역사 앞에 두려워하게 하옵소서.
그래서 하나님께 감사하고 살아 계신 하나님께 영광 돌리는
우리의 인생이 되게 하옵소서.
예수님 이름 의지하여 감사하옵고 기도드리옵니다. 아멘.

IV. 지도자를 세워라

15. 지도자들을 세우다

느헤미야 7:1-4

¹성벽이 건축되매 문짝을 달고 문지기와 노래하는 자들과 레위 사람들을 세운 후에 ²내 아우 하나니와 영문의 관원 하나냐가 함께 예루살렘을 다스리게 하였는데 하나냐는 충성스러운 사람이요 하나님을 경외함이 무리 중에서 뛰어난 자라 ³내가 그들에게 이르기를 해가 높이 뜨기 전에는 예루살렘 성문을 열지 말고 아직 파수할 때에 곧 문을 닫고 빗장을 지르며 또 예루살렘 주민이 각각 자기가 지키는 곳에서 파수하되 자기 집 맞은편을 지키게 하라 하였노니 ⁴그 성읍은 광대하고 그 주민은 적으며 가옥은 미처 건축하지 못하였음이니라

대통령의 날 유래

대통령의 날(President's Day)은 2월 셋째주 월요일로, 국가 모든 기관들이 휴일로 지키는 날입니다. 그 유래는 미국의 국부인 조지 워싱턴(George Washington) 대통령의 생일을 기념하는 날로, 그의 생일

인 1732년 2월 22일과 가까운 2월 셋째주 월요일을 정하여 지키고 있습니다. 뿐만 아니라 1809년 2월 12일에 태어난 에이브러햄 링컨 대통령의 생일과도 가까워서 그날은 미국의 위대한 지도자의 날로 지킵니다.

7인의 위대한 미국의 대통령

얼마 전 반스 앤드 노블(Barnes & Noble)이라는 유명한 서점에 가서 대통령들에 관한 자료들을 어떻게 전시하고 판매하고 있는가를 살펴보았습니다. 많은 대통령 가운데 7명의 대통령에 대한 자서전과 책만을 모아 놓고 선전을 하고 크게 부각시키는 것을 보았습니다. 조지 워싱턴, 에이브러햄 링컨, 프랭클린 루스벨트(Franklin Delano Roosevelt), 존 F. 케네디, 로널드 레이건, 그리고 바락 오바마 (Barack Obama)였습니다.

미국의 역사 속에서 위대한 공헌을 했고, 국가의 위기에서 큰 지도력을 발휘하여서 국가를 든든히 세운 사람들의 목록입니다. 물론 현직 대통령에 대한 역사적 평가는 앞으로 두고 봐야겠지만, 그것들을 살펴보고 저는 많은 인상을 받았습니다.

이스라엘 민족을 재건한 세 사람의 지도자

이스라엘 백성들이 하나님 앞에 우상 숭배를 해서 큰 징계를 받아 다시 나라가 망했습니다. B.C. 722년 북이스라엘은 앗수르에게 포로로 잡혔습니다. 그리고 B.C. 587년 페르시아 바벨론이라고 하는 강대국이 남유다를 중심으로 한 예루살렘을 멸망시키므로 이스라엘 민족은 바벨론의 포로가 되었습니다. 솔로몬 이래 북이스라엘과 남유다로 나뉘었던 두 나라가 결국은 다 망한 것입니다.

북이스라엘은 귀환하지 못했습니다. 그러나 남유다는 사마리아 지역의 혼합 정책을 쓰는 바람에 유대의 정통성을 가지지는 못했지만 예언자들의 예언대로 바벨론 포로에서 벗어나고 귀환했습니다. 그리고 하나님께서는 귀환한 이스라엘 민족과 바벨론의 정치 상황을 통해서 국가를 다시 세웠습니다.

그때 민족을 재건한 이스라엘 민족의 지도자 세 사람이 있었습니다. 예루살렘 성전을 다시 세운 스룹바벨이 있었습니다. 그는 B.C. 538~515년에 허물어진 하나님의 제단을 다시 세우는 일을 했습니다.

그리고 하나님의 말씀으로 백성들을 깨우치고 말씀 앞에 다시 자신을 돌아보게 하는 영적 운동을 일으킨 에스라가 있었습니다. 에스라는 B.C. 458~457년 율법을 교육시키면서 민족 공동체의 영적 활성화를 시킨 사람입니다.

그다음에 140여 년 동안 허물어져 폐허가 된 예루살렘 성을 지도자들과 백성들의 힘을 합하여 52일 만에 세운 느헤미야가 있었습니다. 그는 탁월한 행정력과 순수한 영적 판단력, 민족에 대한 뜨거운 열정을 가지고 예루살렘 성벽을 완성시켜서, 적으로부터 성을 보호하고 민족 공동체 재건의 기초를 놓았습니다. 우리는 이 느헤미야를 계속적으로 공부해 오면서 우리가 처한 삶의 정황과 우리 교회가 당면하고 있는 상황 속에서 우리의 역사적 사명을 함께 생각해 보고 있습니다.

우리는 이민의 1세로서 척박한 이민자의 삶을 개척해 나가고 있습니다. 그리고 우리의 후손들에게 물려질 정신적, 영적 유산인 부모로서의 지도력을 느헤미야를 통해 생각해 보고 있습니다. 뿐만 아니라 주예수교회 공동체의 12년 역사를 돌아보면서 비전 2020년을 선포하고 다지며, 공동체적인 지혜를 느헤미야서를 통해서 듣고 깨달으면서 힘을 얻었습니다.

특별히 6장은 세 부분으로 나누어서 생각했는데, 느헤미야는 그 어렵고 힘든 산발랏, 도비야, 게셈의 대적 속에서도 52일 만에 밤낮을 횃불 들고 벽돌 들고 칼 들고 예루살렘 성벽을 쌓았습니다. 그런 느헤미야를 심리적으로 위축시키며 공격해 오는 적들 앞에 느헤미야는 자신을 지키고 자신의 업적에도 오만하지 않으면서 공동체에게 좋은 모습을 보여주었습니다.

어떠한 음모와 모함과 협박 속에서도 두려워하지 않고, 오히려 그를 두렵게 하고자 했던 적들이 하나님께서 하신 일에 대한 두려움을 느끼게 되었습니다. 우리는 그런 환경과 상황에서 느헤미야가 다시 한 번 지도력을 확고히 하면서 이스라엘 백성들과 함께 공동체를 세운 것을 보았습니다.

이제 7장에서는 느헤미야가 19년의 총독 생활을 하면서 때로는 본국에 가서 자리를 비울 때도 있었고, 또한 앞으로도 성벽을 중심으로 예루살렘 성전을 보호해서 민족 공동체가 하나가 되어야 하기 때문에, 계속해서 지도자를 세우는 일을 보게 됩니다. 그래서 오늘 본문의 제목은 "지도자들을 세우다"입니다.

좋은 지도자를 세운 미국의 축복

공동체는 지도자를 잘 세워야 합니다. 미국이 역사적인 위기 때마다, 국가가 앞으로 어떠한 제도와 형태를 갖추어야 할 것인가를 고민할 때마다, 위대한 지도자들이 있었기 때문에 막강한 민주 국가로 세워질 수 있었습니다. 그들은 바로 우리 버지니아가 사랑하는 토머스 제퍼슨(Thomas Jefferson)이나 미국의 사상가 일뿐 아니라, 발명가이고 생활 실천가로서 유명했던 벤저민 프랭클린(Benjamin Franklin), 조지 워싱턴과 같은 사람들입니다.

그리고 에이브러햄 링컨도 도덕적인 확고한 신념을 가지고 피나는 내전 가운데서도 나라를 하나로 만든 지도자입니다. 링컨이 있었기 때문에 미국은 이렇게 넓은 땅을 'United States of America' 라고 하는 합중국을 만들어서 세계 어느 나라와도 견줄 수 없는 굳건한 나라를 만들었습니다.

좋은 지도자를 갖는다는 것은 하나님이 주신 축복의 통로입니다. 특별히 대통령의 날을 앞두고 우리는 이 본문과 함께 잘 어울리는 지도자의 문제를 생각해 볼 수 있기를 원합니다.

세 종류의 지도자를 세운 느헤미야

문지기로서 노래하는 레위 사람들을 세우다

느헤미야 7장 1 - 4절을 보면 느헤미야는 성을 쌓고 성문만 단 것이 아닙니다. 이 성으로 주민들을 이주시키고 성을 적으로부터 보호하고 민족을 번성케 하고자 합니다. 그래서 이스라엘 민족을 막강한 나라로 재건시킬 일들을 위하여 세 종류의 지도자를 세웁니다.

"성벽이 건축되매 문짝을 달고 문지기와 노래하는 자들과 레위 사람들을 세운 후에"(느 7:1).

첫번째로 느헤미야는 이스라엘 열두 지파 가운데 레위 지파를 통해서 성문을 지키게 했습니다. 그들에게 하나님의 성전에서 노래하게 하면서 성전을 잘 유지하도록 하는 일을 주었습니다. 레위 지파는 사람들이 뽑거나 세운 것이 아닙니다. 하나님께서는 출애굽 이후 그들을 모세와 더불어 하나님의 일을 하는 제사장으로 세웠습니다. 레위 지파는 성전의 임무를 맡은 자로 기름 부음 받은 독특한 하나님의 족속입니다.

우리는 일반적으로 민주주의와 합리주의를 동원해서 사람을 뽑고 세웁니다. 그러나 그 이전에 하나님께서 직접 주관하시고 이용하시는 뜻이 있습니다. 하나님은 우리가 그 뜻을 깨닫고 그분의 섭리 속에서 인간이 만든 민주주의를 실천하기를 원하십니다. 가정이 세워졌으면 아버지는 하나님이 세운 그 가정의 제사장입니다.

교회가 세워졌으면 하나님께서는 그 교회를 설립하고 세우는 일에 사용하는 목사와 그 일을 돕는 장로님들과 제직들을 세우십니다. 이미 하나님께서 종을 부르시고 그 종을 향한 계획하신 뜻이 있습니다. 그리고 그 종을 통하여 승리하시는 일을 이루십니다. 레위 지파를 통해서 영문을 지키고 찬양하게 하는 것은 하나님의 섭리입니다.

오늘날 교회를 위하여 목사를 세우시고 가정을 위하여 가장을 세우신 것 또한 마찬가지입니다.

하나님은 언제나 위대한 역사를 이루시고 뜻하신 역사를 펴실 때 하나님이 세운 사람을 통해서 이끌려 가셨습니다. 그것은 하나님의 섭리이고 그 부르심 앞에 순종한 자들이 이룬 것입니다. 하나님께서는 당신의 소명을 자신의 인생 목적으로 받은 사명자를 통해서 일을 이루십니다. 그리고 우리는 하나님께서 주신 소명에 응답하는 사명자를 중심으로, 우리의 판단이나 만족이 중요한 것이 아니라 그것이 하나님의 뜻이기에, 순종하고 응답하고 함께해야 합니다.

이것이 하나님께서 지도자를 세우신 첫 번째 목적이므로 우리는 하나님의 오묘한 섭리 앞에 말씀의 지혜를 통해서 사명에 순종하며 하나가 되어야 할 것입니다.

성문을 지키고 백성들을 통제하는 하나니와 하나냐를 세우다

두 번째로 느헤미야는 성문을 지키고 백성들을 다스리고 통제할 수 있는 성주와 같은 사람을 세웠습니다. 그들은 하나니와 영문의 관원 하나냐입니다. 어떤 주석가는 하나니와 하나냐는 사실 동명이인일 수도 있다고 조심스럽게 말하기도 합니다. 그러나 하나님께서는 이들에게 자비와 은혜를 베푸셨기 때문에 그런 것들은 중요하지 않습니다. 성경에서는 백성들을 섬기고 다스려서 지도력을 행사하는 이 사람들의 특징을 충성스러운 사람이라고 말합니다. 그리고 하나님을 경외함이 무리 중에 뛰어난 사람이라고 했습니다.

하나니는 느헤미야의 동생이었습니다. 느헤미야 1장 2절을 보면 느헤미야가 이 역사적인 일을 시작하기 전에 하나냐라는 자기 동생으로부터 고국의 소식을 듣습니다. 그 소식을 전해 들은 느헤미야는 그의 마음에 불이 타는 기도를 하면서 일이 시작된 것입니다.

"내 형제들 가운데 하나인 하나니가 두어 사람과 함께 유다에서 내게 이르렀기로 내가 그 사로잡힘을 면하고 남아 있는 유다와 예루살렘 사람들의 형편을 물은즉"(느 1:2).

하나니는 자기 형이 이민자의 후손으로 바벨론에 가서 임금의 측근 중에 측근이 되어 성공했다는 소리를 들었습니다. 그리고 예루살렘 성이 140여 년 동안 허물어진 채 그대로 있고, 국가가 든든하지 못하고, 백성들의 마음이 흩어진 소식을 전하게 됩니다. 하나니로부터 전해진 소식은 스룹바벨, 에스라와 더불어 이스라엘을 재건하게 하기 위해 느헤미야의 탁월한 지도력을 사용한 하나님의 채널이었습니다.

하나니와 하나냐는 충성스러운 성품을 가졌고 하나님을 누구보다도 두려워하는 탁월한 신앙심을 가진 사람들입니다. 신앙심만 좋고 불충하고 자기 욕망이 넘치는 수단꾼이 아니었습니다. 충성스럽지만 신앙심이 없는 자기 인격에만 사로잡힌 사람도 아니었습니다. 인격의 바탕과 하나님에 대한 신앙이 조화를 이룬 좋은 인재였습니다.

하나니가 느헤미야의 동생이었기 때문에 그런 것이 아닙니다. 일을 시작하는 데 처음 소식을 전해 준 공로자이기 때문에 그런 것도 아닙니다. 하나님 앞에 두 사람의 인격과 신앙이 하나님 보시기에 민족을 재건하는 지도자로서 합당한 능력이 있었기 때문입니다.

저는 창립한 후 12년 동안 사심 없이 사람을 세웠습니다. 그러한 저를, 믿음이 부족한 사람이나 교회를 시기하는 사람 그리고 함께 일해 보지 못한 사람은 인간적으로나 세상적으로 오판할 수 있습니다. 그러나 하나님과 교회 앞에서 그리고 깊이 일을 같이 해본 사람일수록 제가 좌로나 우로나 치우침 없이 하나님의 일꾼을 세우는 일을 해오고 있음을 아실 것입니다.

사람의 눈으로 보면 세운 사람들이 여러분의 가족이나 친구, 가까운 사람이라고 볼 수 있습니다. 그러나 그것은 세상적으로 드러난 결과입니다. 중심을 보시는 하나님의 사명에 합당한 사람들을 세우기 위해 저와 여러분은 열심히 노력해 왔습니다. 우리는 그 세운 사람들이 정직하고 마음의 동기가 발라서, 그 누구보다도 주예수교회를 위해 충성하는 인재들임을 알고 있기 때문에 세운 것입니다.

우리는 우리의 헌신과 지혜를 유지해야 합니다. 그리고 하나님을 더 의뢰하고 하나님을 따라야 합니다. 편견을 가지고 잘못된 비평이나 판단, 자기 스스로의 오해에서 벗어나야 합니다. 사물을 볼 때 객관적으로 문제를 파악하거나 어떤 현상을 볼 때 균형 잡힌 의식으로 봐야 합니다. 자기의 수준과 경험, 관점에서만 보는 것은 지도자를 세우고 훈련시키는 일에 유용하지 않습니다.

저는 제직과 일꾼을 세워 봉사자들을 훈련시키며 양육해 나갈 때 그러한 중심을 지금도 놓지 않았다고 하나님과 여러분 앞에 자신 있게 답할 수 있습니다.

자기 집 앞을 지키도록 주민 모두를 세우다

마지막 세 번째 그룹은 자기 집 앞을 지키라고 당부한 주민들 모두입니다. 여러분! 세운 지도자들은 한 사람만이 아닙니다. 공동체를 함께 굳게 세우는 데 있어서, 예루살렘 성 안에 살면서 성벽의 보호를 받으며, 일상생활을 해야 할 주민들도 포함됩니다. 아직 성 안의 주민이 적고 주택이 다 건축되지 못했기 때문에, 자신들의 집앞에 마주 보는 성벽을 파수해야만 했습니다. 누구 한 사람도 예외가 되어서는 안 됩니다. 가정과 교회, 사명, 신앙을 지키는 우리 모두가 되어야 합니다.

하나님은 이렇게 하나님 앞에 부름 받은 대로 각자의 사명을 바로 인식해서 신실하게 질서를 지키고 두말없이 순종하는 우리가 되기를 원하십니다. 하나님은 누구에게나 각자의 책임과 의무를 감당하면서 공동체를 이루어 가는 역사를 통해서 위대하고 소중한 일들을 이루어 가십니다.

위대한 지도자들의 공통점

미국 역사의 최고 지도자였던 조지 워싱턴과 에이브러햄 링컨에게는 독특한 특징 두 가지가 공통적으로 있는 것을, 설교를 준비하면서 다시 한 번 확인했습니다. 평소에 어느 정도 부분적으로 알고 있었던 그들의 인격과 신앙이었습니다. 이것은 성경에서 말하고 있는 것과 똑같은 것입니다.

정직하고 바른 인격

첫 번째, 이 두 지도자들의 인격은 정직했습니다. 인격이 정직하고 바른 사람이 되어야 하는 것은 우리가 어렸을 때 도덕 교과서나 역사 교과서를 통해서 배운 것입니다.

먼저 조지 워싱턴을 살펴봅시다. 조지 워싱턴이 어렸을 때 마운트 버논(Mount Vernon) 생가에서 있었던 일입니다. 조지 워싱턴은 아버지가 그토록 사랑하고 아끼는 벚나무를 자기도 모르게 잘라 버리는 실수를 했습니다. 아버지는 노발대발했습니다. 큰 농장을 가진 워싱턴의 아버지는 모든 하인과 집안의 사람들을 불러놓고 추문하기 시작했습니다. 모두 두려워 떨었습니다. 만약에 노예가 그랬다면 그는 다른 곳에 팔리거나 엄중한 죗값을 치러야 할 상황이었습니다.

그러한 상황 가운데 조지 워싱턴은 자신의 실수를 정직하게 아버지에게 말했습니다. 그런 그를 본 그의 아버지는 불호령을 내리는 것이 아니라 오히려 칭찬하며 자랑스럽게 여겼습니다. 그때부터 그는 어떤 위기와 불리한 조건에서도 정직이 최고라는 것을 배웠습니다. 영국 속담에 "평생 행복하려면 정직하라"라는 말이 있습니다.

지금은 사회가 많이 변해서 주민등록번호조차도 잘 관리하지 못하면 위험할 수도 있지만, 30년 전만 해도 목사의 사인은 큰 힘을 발휘했습니다. 출생 증명 대신 세례 증서를 발부하거나, 교회에서 발급하는 서류에서 목사의 사인은 미국에서 법적으로 참고가 되는 정직한 평가를 받았습니다. 그러나 지금은 정직하게 서류를 만들고 추천서를 써도 예전만큼 신뢰를 받지 못하는 사회가 되었습니다.

조지 워싱턴은 어렸을 때부터 이렇게 정직한 사람이라는 평을 얻었습니다. 그리고 독립전쟁을 승리로 이끌어서 1, 2대 대통령직을 수행했지만, 그는 대통령직을 영구화하지 않는 제도를 만들고 본인이 먼저 실천했습니다. 그때는 지금과 다른 시대였습니다. 자신이 마음만 먹으면 세습적으로 대통령직을 물려줄 수도 있었습니다. 유럽의 왕정 체제처럼 될 수 있었지만 그는 그렇게 하지 않았습니다. 그는 이 나라는 민주주의 국가이며 자신은 미국의 독립 헌법의 정신에 위배되는 정치 지도자가 될 수 없음을 확고히 했습니다. 국민들이 민주주의적인 방법으로 지도자를 뽑고 위임하고 지도력까지 평하게 하는 나라를 세웠습니다. 그리고 대통령으로서 임기를 마치고 생가로 돌아가서 여생을 즐겼습니다.

에이브러햄 링컨은 가난한 환경에서 자라 제대로 배우지 못했습니다. 그런 그가 젊었을 때 잡화점 점원으로 일할 때였습니다. 어느 물건을 판 뒤 자신도 모르게 6불 25센트를 더 받고 판 것을 장부 정리를 통해 알게 되었습니다. 그래서 일을 마치고 5킬로미터를 걸어가서 잘못된 계산을 바로잡았습니다. 그리고 한번은 250그램 설탕을 잘못 달아서 금액보다 적은 설탕을 판 적이 있었습니다. 그것을 뒤늦게 안 링컨은 일이 끝나자마자 2킬로미터를 걸어서 금액에 맞는 설탕을 주고 돌아왔습니다. 그때부터 동네에서 그는 정직한 청년이라는 평을 얻었습니다.

그는 친구와 같이 사업을 하다가 크게 실패해서 빚을 떠안게 되었습니다. 그러나 부유한 집안의 여인과 결혼을 해서 사업을 다시 일으켜 가고 변호사가 되어서 점점 안정을 찾아가면서, 과거에 자신이 졌던 빚을 몇 년에 걸쳐 철저히 다 갚기도 했습니다. 그는 정치 지도자가 되기도 전에 이미 많은 사람들에게 신용을 얻었습니다. 그가 노예를 해방시키고 연방 공화국을 하나로 만들 수 있었던 올바른 정치적 안목은 하루아침에 된 것이 아닙니다. 젊었을 때부터 정직한 자신의 삶을 살아왔기 때문입니다. 수단과 방법을 가리지 않는 정치꾼(politician)이 되려고 하지 않고, 국민을 바로 살리고 노예의 인권을 바로 세워 준 존경 받는 정치인(statesman)이 되고 싶었던 그를 하나님은 미국의 위대한 지도자가 될 수 있도록 허락하셨습니다.

자기의 인격이 부정직하고 삶이 이중적이면 모든 사람에게 영향력을 주지 못합니다. 불의와 타협하고 정의를 멸시하는 사람도 마찬가지입니다. 미국은 이렇게 정직하고 바른 인격을 가진 조지 워싱턴과 에이브러햄 링컨과 같은 지도자를 얻었기 때문에 복을 받았습니다.

하나님만을 의지한 신앙심

그러나 이들이 인격적으로만 정직하고 바른 것은 아니었습니다. 공직자(public service man)는 사심에 사로잡히지 않아야 하고, 무엇보다도 중요한 것은 교만하지 않아야 합니다. 그리고 두려움이 몰아치고 자기를 비방하고 협박하는 음모와 모함에서도 굴하지 않아야 합니다. 이것은 느헤미야가 보여줬던 모습입니다. 링컨과 워싱턴도 느헤미야와 같이 똑같이 경험하고 극복했습니다. 하나님만을 의지한 신앙의 힘은 그들이 가지고 있는 두 번째 특징입니다.

링컨이 대통령에 당선된 후 스프링필드(Springfield), 일리노이(Illinois)에서 기차를 타고 1천 마일 가까이 되는 워싱턴까지 가려고 할 때, 자기 고향 사람들에게 작별 인사를 하는 연설문을 보면 알 수 있습니다. 워싱턴에서는 공화당의 후보로서 당론을 제치고 갑자기 승리한 무명의 링컨을 등한시했습니다. 그리고 남부에서는 사우스캐롤라이나(South Carolina)가 남부 13주 공화 연맹국을 탈퇴해서 남부 정부를 다시 세우려고 했습니다. 그러한 시점에 그는 대통령직을 수행하고자 떠나는 기차역에서 다음과 같이 연설합니다.

"언제 다시 올지, 아니 돌아올 수 없을지도 모르지만 저는 떠납니다. 조지 워싱턴이 맡았던 것보다 더 막중한 임무 때문입니다. 조지 워싱턴 대통령도 그분이 늘 의지한 하나님의 섭리가 아니었다면 성공하지 못했을 것입니다. 저 또한 워싱턴 대통령이 붙잡았던 하나님의 도움이 없으면 앞으로 성공할 수 없을 것입니다. 그 전능하신 분께 저를 맡깁니다. 친애하는 여러분, 제가 하나님의 도우심을 받도록 기도해 주셨으면 합니다."

백악관을 기도실로 만든 링컨 대통령은 공직자로서 교만하지 않았습니다. 그리고 많은 위기와 억압 속에서도 하나님을 의지했기 때문에 승리했습니다.

링컨은 일리노이에 있을 때 사랑하는 아들을 잃었습니다. 그리고 대통령 재임 시절에 또 하나의 아들을 백악관에서 잃었습니다. 4년 동안에 91만 명이 죽어나가는 미국의 남북전쟁을 이끌었습니다. 2만 6천 명이나 한 전투에서 죽어나간 전쟁터를 두고 보고 있었습니다.

여러분! 그에게 얼마나 많은 갈등이 있고 엄청난 중압감과 부담이 있겠습니까? 그런데 그런 조소와 질시, 협박, 때로는 힘든 중압감 속에서도 끝까지 그를 신뢰해 주는 사람들과 그 일을 감당할 수 있었던 것은, 하나님을 의지하고 하나님께 도우심을 간구했기 때문일 것입니다.

조지 워싱턴도 마찬가지입니다. 얼마 전에 어떤 교인이 저한테 그림을 하나 주었습니다. 제목이 <Pray of Valley Forge>라는 그림이었습니다. 조지 워싱턴이 펜실베이니아 밸리 포지(Valley Forge)에서 가장 어려운 전투를 앞두고 있을 때 말에서 내려 하나님께 무릎 꿇고 기도하는 장면입니다. 그러고는 연합군을 데리고 프랑스와 함께 영국을 물리쳐서 영국으로부터 독립하였습니다. 그 전투는 전에 있었던 어떤 전투보다도 중요했고 어려웠습니다.

그런 상황에 있는 그에게 두려움이 앞섰을 것입니다. 하지만 조지 워싱턴은 두려움을 물리치고 하나님께 이렇게 기도했습니다.

"하나님! 이 피할 수 없는 사령관의 임무는 제가 연방정부를 위해서 섬겨야 할 마지막 공직이라고 생각합니다. 당신이 도우셔서 전능하신 하나님이 이 일을 감당할 수 있도록 지켜 주시고 당신의 거룩함으로 이 백성들을 감독하여 주시옵소서."

그는 용맹한 군인의 기질과 단호한 군사 사령관의 기질을 가지고 있으면서도 결정적일 때마다 이렇게 하나님께 의지하는 기도를 드렸다고 합니다. 조지 워싱턴 역시 공직자로서 오만하거나 교만하지 않고 사람의 인기와 사람의 여론에 절대적인 힘을 얻지 않았습니다. 모든 것을 하나님으로부터 얻었습니다. 그러했기 때문에 미국은 이런 위대한 대통령을 통하여 정의롭고 민주적인 바른 제도에 따라서 훌륭한 나라로 세워질 수 있었습니다.

우리가 이민의 꿈을 안고 찾아온 이 미국의 역사 앞에서 하루아침에 우리의 지도력이 역사에 공헌을 할 수는 없습니다. 인격이 처음부터 끝까지 정직하고 신실해야 합니다. 거짓과 눈속임을 가진 자는 역사의 공헌자가 될 수 없습니다. 그런 사람은 결국 나라를 망하게 하고 교회를 대적할 것입니다. 하나님을 두려워하고 의지하고 기도하는 사람이 되어야 합니다. 하나님께서 도우셔야 맡겨진 일을 할 수 있다는 것을 알아야 합니다. 자신의 사명의 뿌리가 하나님께서 부르신 소명에서 왔다는 것을 확신해야 합니다.

성도 여러분! 여러분의 후손과 주예수교회 사역의 역사를 생각하면서 우리 한 사람 한 사람이 이러한 사명자가 되기를 바랍니다.

하나님 아버지, 감사합니다.
대통령의 날을 앞두고
느헤미야 7장에서 지도자를 세우신 모습을 살펴봅니다.
하나님 아버지!
성경의 말씀이 역사의 교훈과 더불어 흘러가는 지식이 아니라,
우리의 삶 속에 들어와 힘을 발하는 지혜이도록 도와주시옵소서.
이 공동체를 통해 역사하시는 하나님의 능력이도록 도와주시옵소서.
공동체 안에서 하나님께서 축복하시는
하나님의 그릇들로 사용되게 하옵소서.
예수님 이름 의지하여 감사하옵고 기도드립니다. 아멘.

16. 내 마음을 감동케 하사

느헤미야 7:5-73

⁵내 하나님이 내 마음을 감동하사 귀족들과 민장들과 백성을 모아 그 계보대로 등록하게 하시므로 내가 처음으로 돌아온 자의 계보를 얻었는데 거기에 기록된 것을 보면 ⁶옛적에 바벨론 왕 느부갓네살에게 사로잡혀 갔던 자들 중에서 놓임을 받고 예루살렘과 유다에 돌아와 각기 자기들의 성읍에 이른 자들 곧 ⁷스룹바벨과 예수아와 느헤미야와 아사랴와 라아먀와 나하마니와 모르드개와 빌산과 미스베렛과 비그왜와 느훔과 바아나와 함께 나온 이스라엘 백성의 명수가 이러하니라 ⁸바로스 자손이 이천 백칠십 이 명이요 ⁹스바댜 자손이 삼백칠십이 명이요 ¹⁰아라 자손이 육백오십이 명이요 ¹¹바핫모압 자손 곧 예수아와 요압 자손이 이천팔백십팔 명이요 ¹²엘람 자손이 천이백오십사 명이요 ¹³삿두 자손이 팔백사십오 명이요 ¹⁴삭개 자손이 칠백육십 명이요 ¹⁵빈누이 자손이 육백사십팔 명이요 ¹⁶브배 자손이 육백이십팔 명이요 ¹⁷아스갓 자손이 이천삼백이십이 명이요 ¹⁸아도니감 자손이 육백육십칠 명이요 ¹⁹비그왜 자손이 이천육십칠 명이요 ²⁰아딘 자손이 육백오십이 명이요 ²¹아델 자손 곧 히스기야 자손이 구십팔 명이요 ²²하숨 자손이 삼백이십팔 명이요 ²³베새 자손이 삼백이십사 명이요 ²⁴하립 자손이 백십이 명이요 ²⁵기브온 사람이 구십오 명이요 ²⁶베들레헴과 느바 사람이 백팔십팔 명이요 ²⁷아나돗 사람이 백이십팔 명이요 ²⁸벧아스마웻 사람이 사

십이 명이요 ²⁹기럇여아림과 그비라와 브에롯 사람이 칠백사십삼 명이요 ³⁰라마와 게바 사람이 육백이십일 명이요 ³¹믹마스 사람이 백이십이 명이요 ³²벧엘과 아이 사람이 백이십삼 명이요 ³³기타 느보 사람이 오십이 명이요 ³⁴기타 엘람 자손이 천이백오십사 명이요 ³⁵하림 자손이 삼백이십 명이요 ³⁶여리고 자손이 삼백사십오 명이요 ³⁷로드와 하딧과 오노 자손이 칠백이십일 명이요 ³⁸스나아 자손이 삼천 구백삼십 명이었느니라 ³⁹제사장들은 예수아의 집 여다야 자손이 구백칠십삼 명이요 ⁴⁰임멜 자손이 천오십이 명이요 ⁴¹바스훌 자손이 천이백사십칠 명이요 ⁴²하림 자손이 천십칠 명이었느니라 ⁴³레위 사람들은 호드야 자손 곧 예수아와 갓미엘 자손이 칠십사 명이요 ⁴⁴노래하는 자들은 아삽 자손이 백사십팔 명이요 ⁴⁵문지기들은 살룸 자손과 아델 자손과 달문 자손과 악굽 자손과 하디다 자손과 소배 자손이 모두 백삼십팔 명이었느니라 ⁴⁶느디님 사람들은 시하 자손과 하수바 자손과 답바옷 자손과 ⁴⁷게로스 자손과 시아 자손과 바돈 자손과 ⁴⁸르바나 자손과 하가바 자손과 살매 자손과 ⁴⁹하난 자손과 깃델 자손과 가할 자손과 ⁵⁰르아야 자손과 르신 자손과 느고다 자손과 ⁵¹갓삼 자손과 웃사 자손과 바세아 자손과 ⁵²베새 자손과 므우님 자손과 느비스심 자손과 ⁵³박북 자손과 하그바 자손과 할훌 자손과 ⁵⁴바슬릿 자손과 므히다 자손과 하르사 자손과 ⁵⁵바르고스 자손과 시스라 자손과 데마 자손과 ⁵⁶느시야 자손과 하디바 자손이었느니라 ⁵⁷솔로몬의 신하의 자손은 소대 자손과 소베렛 자손과 브리다 자손과 ⁵⁸야알라 자손과 다르곤 자손과 깃델 자손과 ⁵⁹스바댜 자손과 핫딜 자손과 보게렛하스바임 자손과 아몬 자손이니 ⁶⁰모든 느디님 사람과 솔로몬의 신하의 자손이 삼백구십이 명이었느니라 ⁶¹델멜라와 델하르사와 그룹과 앗돈과 임멜로부터 올라온 자가 있으나 그들의 종족이나 계보가 이스라엘에 속하였는지는 증거할 수 없으니 ⁶²그들은 들라야 자손과 도비야 자손과 느고다 자손이라 모두가 육백사십이 명이요 ⁶³제사장 중에는 호바야 자손과 학고스 자손과 바르실래 자손이니 바르실래는 길르앗 사람 바르실래의 딸 중의 하나로 아내를 삼고 바르실래의 이름으로 불린 자라 ⁶⁴이 사람들은 계보 중에서 자기 이름을 찾아도 찾지 못하였으므로 그들을 부정하게 여겨 제사장의 직분을 행하지 못하게 하고 ⁶⁵총독이 그들에게 명령하여 우림과 둠밈을 가진 제사장이 일어나기 전에는 지성물을 먹지 말라 하였느니라 ⁶⁶온 회중의 합계는 사만 이천삼백육십 명이요 ⁶⁷그 외에 노비가 칠천삼백삼십칠 명이요 그들에게 노래하는 남녀가 이백사십오 명이 있었고 ⁶⁸말이 칠백삼십육 마리요 노새가 이백사십오 마리요 ⁶⁹낙타가 사백삼십오 마리요 나귀가 육천칠백이십 마리였느니라 ⁷⁰어떤 족장들은 역사를 위하여 보조하였고 총독은 금 천 드라크마와 대접 오십과 제사장의 의복 오백삼십 벌을 보물 곳간에 드렸고 ⁷¹또 어떤 족장들은 금 이만 드라크마와 은 이천이백 마네를 역사 곳간에 드렸고 ⁷²그 나머지 백성은 금 이만 드라크마와 은 이천 마네와 제사장의 의복 육십칠 벌을 드렸느니라 ⁷³이와 같이 제사장들과 레위 사람들과 문지기들과 노래하는 자들과 백성 몇 명과 느디님 사람들과 온 이스라엘 자손이 다 자기들의 성읍에 거주하였느니라

내 하나님이 내 마음을 감동하사

느헤미야 7장 5-69절에서는 사람 수를 헤아리고 그 자손의 이름까지 세세하게 적고 있습니다. 66절에 보면 온 회중의 합계를 42,360명이라고 계수하고, 노비가 7,337명, 노래하는 남녀가 245명, 말이 736마리, 노새가 245마리, 낙타가 435마리, 나귀가 6,720마리라고 하며, 노비, 노래하는 자, 가축의 합계까지도 말하고 있습니다.

그리고 70-73절에는 하나님의 성전을 건축할 때 드린 예물에 대해서 말하고 있습니다. 그런데 이 모든 구절에서 가장 중요한 부분은 5절의 첫 머리입니다.

"내 하나님이 내 마음을 감동하사"(느 7:5).

이것은 7장 5절부터 73절까지를 함축하는 구절이기도 합니다. 느헤미야는 '나의 하나님께서 내 마음속에 감동을 심어 놓으시고 나의 마음을 움직이셨다' 라는 의미로 '내 마음을 감동하사' 라는 표현을 쓰고 있습니다.

하나님이 주신 감동이 나와 남을 변화시킨다

사람은 머리로 이해가 될 때 변화가 되기도 하지만 마음에 감동을 받아야 더 큰 변화가 있습니다. 사람을 움직여야 할 때는 마음에 감동이 있어야 합니다. 그런데 내가 남을 움직이는데 내 자신이 먼저 감동하지 않으면 남이 따라와 주지 않습니다. 자기가 받은 감동이 자기도 모르게 퍼져나가고 영향을 줄 때 다른 사람도 감동을 받아서 마음이 움직입니다.

그러면 어떻게 해야 내가 먼저 감동을 받을 수 있을까요? 오늘 성경에는 느헤미야의 마음을 감동케 하시는 것은 하나님이라고 표현했습니다. 하나님이 느헤미야의 마음을 감동시키고 그에게 지혜와 용기, 힘을 주셨다는 말입니다.

그러므로 먼저 하나님이 나를 감동케 하셔야 합니다. 마음에 감동이 일어날 때 우리의 생각들을 추진해 나갈 수 있습니다. 감동이라는 것은 참 중요합니다. 하나님께서 감동을 주셔서 내가 무엇을 해야 할지 가르쳐 주신다는 것은 하나님의 사람에게 있어서 최고의 축복입니다.

사명을 추구하며 사는 삶

사람들은 행복이란 파랑새를 좇아가서 잡는 것과 같다고 말합니다. 인생의 행복을 찾아서 파랑새를 좇듯이 좇아가다 보면 어느 순간 파랑새는 날아가 버리고 결국 내 손에는 아무것도 쥐어지지 않고 허망하게 끝나는 것처럼 우리의 인생도 그렇게 될 수 있다고 합니다.

사실 우리 인생은 그런 파랑새 같은 행복만을 추구하며 사는 것은 아닙니다. 행복만을 추구하며 살려고 해도 행복은 우리가 얻고자 하는 만큼 충만하지도 않습니다. 우리의 인생은 하나님의 창조주의 관점에서 볼 때 사명을 추구하며 살도록 되어 있습니다. 그리고 그 사명을 따라서 목적을 가지고 살도록 되어 있습니다. 그래서 릭 워렌 목사님의 《목적이 이끄는 삶》이라고 하는 책에, 기독교 인생관의 궁극적인 목적은 행복이 아니라 사명이라고 말합니다.

그리스도인들에게는 돈 버는 것 자체가 행복이 될 수 없습니다. 자녀의 성공이나 이민 생활의 성공을 통해 보람을 느끼는 것도, 목사가 교회를 부흥시키고 성장시켰다 하더라도 그 자체가 성공이나 행복이 될 수 없습니다. 우리가 하나님께서 주신 사명을 발견하고 그 사명을 따라 살아갈 때, 그 사명이 우리에게 주는 보람이 있습니다. 그럴 때 우리는 진정 행복할 수 있습니다. 사명을 따라서 내 삶을 집중해 나가고 단순화시켜서 목적에 따라 사는 인생이 바로 그리스도인의 삶입니다.

느헤미야가 성벽을 다 쌓고 이스라엘 민족을 재건하기 위한 모든 준비를 갖추었습니다. 그런데 하나님께서는 완공을 위한 축하행사

이전에 해야 할 일들을 느헤미야에게 가르쳐 주시고 그 일을 할 수 있는 지혜를 주셨습니다. 그것은 이스라엘 백성들의 인구 조사였습니다. 그래서 느헤미야는 과거 100여 년 전의 문서를 끄집어 내었습니다.

하나님의 감동으로 인한 비전

이스라엘 백성들은 스룹바벨을 따라서 100여 년 전에 와서 예루살렘 성전을 지었습니다. 그러나 그 성을 보호하는 성벽이 허물어졌기 때문에 백성들은 성 안에 살지 않고 대부분 지방으로 흩어져 살고 있었습니다. 그래서 이스라엘의 종교, 정치, 문화의 중심지인 예루살렘 성은 텅텅 비어가고 있었습니다.

성벽을 쌓았지만 성 안에 사람이 살지 않으면 그 성이 무슨 구실을 할 수 있을까요? 집을 지었는데 사람이 살지 않고, 모임에 회원이 없다면 그 집을 짓고 모임을 만든 의미가 없을 것입니다. 예배당을 멋지게 지어도 하나님께 예배드릴 하나님의 백성이 없다면 그 예배당은 무용지물이 되는 것은 당연합니다.

"그 성읍은 광대하고 그 주민은 적으며 가옥은 미처 건축하지 못하였음이니라"(느 7:4).

성은 52일 만에 기적적으로 완성되어 대적들 앞에서 승리의 나팔소리를 울리는 열매를 거두었습니다. 그러나 그 당시 40-50여 에이커가 되는 예루살렘 성 안에는 사람이 별로 살지 않았습니다. 성문을 달았지만 활발하게 그 성을 출입하는 사람이 없었습니다. 성전이 있었지만 절기 외에 평소에는 사람이 붐비지 않았습니다.

그래서 느헤미야는 성 안에 가옥을 건축하고 많은 사람이 살게 해야겠다는 비전을 갖게 됩니다. 하나님께서 느헤미야의 마음을 감동하셔서 그런 비전에 따른 행정 조치를 취하게 하셨습니다. 비전은 사람들이 의논하거나 토의하거나 공부해서 되는 것이 아닙니다. 비전은 하나님께서 주시는 사명이고 우리를 통해 이루실 하나님의 꿈입니다.

사탄의 충동을 받아 하는 일과 하나님의 감동으로 하는 일

성경 가운데는 이렇게 사람 수를 헤아리는 일을 하나님의 감동으로 하지 않고 자기 욕망과 사탄의 충동을 받아서 한 사람이 있습니다. 그 사람은 바로 다윗입니다.

그는 하나님의 마음에 합당한 자였고 모든 업적이 뛰어나고 나라를 잘 다스린 사람입니다. 그러나 쓸데없이 사람 수를 헤아리는 일을 했습니다. 성경에는 다윗이 마귀의 충동으로 그 일을 했다고 말합니다. 우리가 돈을 모아 놓고 저금통장을 헤아리고, 교인들을 모아 놓고 그 수를 헤아리는 일을 하는 것은 당연합니다. 그러나 성령의 감동하심으로 하나님이 내 마음을 감동하셔서 한 일도 있고 똑같은 일이지만 그렇지 않을 수도 있습니다. 하나님의 눈으로 볼 때 마귀의 충동을 받아서 그런 일을 할 수도 있다는 것입니다.

"사탄이 일어나 이스라엘을 대적하고 다윗을 충동하여 이스라엘을 계수하게 하니라 다윗이 요압과 백성의 지도자들에게 이르되 너희는 가서 브엘세바에서부터 단까지 이스라엘을 계수하고 돌아와 내게 보고하여 그 수효를 알게 하라 하니 요압이 아뢰되 여호와께서 그 백성을 지금보다 백 배나 더하시기를 원하나이다 내 주 왕이여 이 백성이 다 내 주의 종이 아니니이까 내 주께서 어찌하여 이 일을 명령하시나이까 어찌하여 이스라엘이 범죄하게 하시나이까 하나 왕의 명령이 요압을 재촉한지라 드디어 요압이 떠나 이스라엘 땅에 두루 다닌 후에 예루살렘으로 돌아와 요압이 백성의 수효를 다윗에게 보고하니 이스라엘 중에 칼을 뺄 만한 자가 백십만 명이요 유다 중에 칼을 밸 만한 자가 사십칠만 명이라"(대상 21:1-5).

다윗은 군 총사령관에게 인구가 몇 명이고 그 속에서 전쟁을 치를 만한 20세 이상의 사람이 얼마나 되는가를 확인해 보자고 합니다. 그러나 군 총사령관은 그런 다윗의 의도는 사탄이 충동해서 일어난 것이고 하나님을 대적하는 일이라고 합니다.

그렇다면 왜 사탄이 다윗을 충동하는 상황이 되었을까요? 다윗은 사울에게 핍박과 모함을 받아서 도망을 다니는 10년의 세월이 있었지만, 결국 왕이 되어 수많은 전쟁터에서 승리를 거두고 나라를 부강하게 만듭니다. 그는 어릴 때 벌써 물맷돌로 거인 골리앗을 무찌른 용사였습니다.

하지만 전쟁을 치를 때마다 승리하게 해주는 힘은 하나님이었기 때문에, 그는 언제나 하나님께 묻고 하나님의 뜻에 따라 전쟁을 치르고 승리했습니다. 전쟁이 끝나고 나라가 잘 정비되고 부강해졌습니다.

그러나 다윗은 자신의 백성 가운데 군인이 얼마나 되는지, 헤아려 침략해 오는 대적들을 물리칠 수 있는지 알아 보고자 했습니다. 그리고 자신이 이룬 업적으로써 거느린 백성의 수요가 얼마나 되는지 계수해 보기를 원했습니다. 이것은 전쟁이 하나님께 있는 것이 아니고 자기의 군사력에 있다고 믿는 것입니다. 백성들의 미래는 하나님이 아닌 자신의 지도력에 있다고 믿으며 사탄의 유혹에 넘어간 것입니다.

그래서 느헤미야와 같이 백성의 수를 헤아리는데도 다윗은 사탄의 충동에 의해서 그 수를 헤아린 것입니다.

하나님의 감동하심으로 충성하고 헌신하라

처음에는 우리가 사탄의 충동으로 일을 하는 것인지, 하나님이 감동하셔서 하는 일인지 쉽게 구별하지 못합니다. 목사가 어떤 일을 할 때 하나님께서 주신 영적 감동으로 하는 것인지 아니면 자기의 야망으로 하는지, 장로님이 하나님으로부터 받은 성령의 은혜로 하는 것인지 아니면 감추어진 인간적인 목적으로 하는지 알 수 없습니다. 그러나 결과로 우리는 알 수 있습니다. 하나님께서는 다윗을 질책하셨고 느헤미야는 축복하셨습니다.

성령의 감화 감동 없는 열정과 충성, 헌신은 하나님께서 인정하지 않으십니다. 목사라 하더라도, 헌신적인 성도라 하더라도, 하나님의 지혜를 얻고 하나님의 뜻을 따라야 합니다. 하나님의 동기 부여를 받아야 합니다. 그렇게 하려면 하나님이 먼저 나의 마음을 감동해 주셔야 합니다. 그것은 우리의 최고의 재산이자 힘이고 능력입니다. 하나님께서 감동하시지 않는데 자신이 어떤 과시를 하고 어떤 확인을 하려고 한다면 그것은 마귀가 충동하는 것입니다.

느헤미야가 돌아온 백성들의 족보를 살펴보며 숫자를 헤아리는 것은, 그가 총독으로서 그들 위에 군림하기 위한 것이 아닙니다. 또는 앞으로 그들에게서 세금을 받거나 전쟁을 하기 위해서 헤아린 것도 아닙니다. 오직 하나님의 감동으로 예루살렘 성에 백성들을 이주하게 해서 예루살렘 성을 활성화시키고 하나님께 영광 돌리기 위한 것이었습니다.

신령한 일은 신령한 것으로 분별한다고 했습니다. 하나님의 영을 모르는 사람은 그것이 하나님의 영에 감동된 것인지, 사람의 열정과 계획과 야망으로 이루어 놓은 것인지 모릅니다. 인생의 목적은 자신의 야망과 욕망을 채우기 위해 사는 것이 아니라 사명을 따르는 것입니다.

느헤미야에게는 사명이 있었습니다. 성벽을 쌓고 이스라엘을 중건해서 나라를 다시 세우는 사명이 있었기 때문에 자기의 모든 특권과 안정도 버리고 먼 길을 달려왔습니다. 그리고 산발랏, 도비야, 게셈의 온갖 모함과 음모, 협박을 이겨내고 52일 만에 백성들과 단결해서 성을 쌓았습니다. 하나님이 그의 마음속에 나라를 중건해야 되겠다는 순수한 동기를 주셨습니다. 그리고 계획하고 진행하도록 하셨습니다.

성도 여러분! 하나님이 우리를 감동하실 때 우리의 일에 보람이 있는 줄 믿습니다. 처음에는 무엇을 해야 할지 잘 모릅니다. 눈에 보이는 단기적인 목표만 가지고 살다 보면 우리는 자기 자신의 기쁨에서만 잠깐 머물 수 있습니다. 그리고 그러한 목표를 가진 사람은 신앙생활 가운데 헌신하고 봉사하며 충성한다 하더라도 인간관계와 환경, 자신의 욕망 가운데 헤어나지 못할 수도 있습니다.

믿음의 분량에 따라 하나님께서 주신 감동대로 하면 하나님께서 인도하십니다. 하나님이 원하시면 안 하고 싶어도 하나님의 뜻과 계획으로 내 마음을 움직여 주실 것입니다. 이것이 이 땅에서 살아갈 때 목적을 가지고 집중하여 성공하는 삶을 사는 사명자의 길인 줄 믿습니다. 그렇게 사는 사람들은 하나님의 영적 계보에 들어가게 됩니다.

백성들의 사명을 일깨워 주는 느헤미야

7절부터 69절까지 보면 B.C. 538년 귀환한 사람들에 대한 족보가 나옵니다. 이스라엘은 오랜 세월이 흘러도 가문의 족보가 있어야 이스라엘 민족인 것이 증명이 됩니다. 이 가운데는 제사장이 10분의 1이 되는데, 족보가 없는 제사장이 제사장 가문에 들어가서 군림하며 제사를 드리면 그들을 제사장 직분에서 내쫓으라고 합니다.

느헤미야는 레위인 제사장 느디딤, 솔로몬의 신복, 문지기들, 물을 긷는 자들, 노래하는 자들을 다 모아서 성전을 돌보고 성전을 관리하게 합니다. 또한 각 지방에 흩어진 이스라엘 백성 42,360명을 조사하고, 그 가운데 대략 10분의 1의 사람들이 예루살렘 성으로 들어와서 살게 했습니다.

이러한 느헤미야의 행정 조치를 통해서 예루살렘 성이 다시 살아났습니다. 성벽만 세워진 것이 아니고 성 안의 모든 것이 활발하게 되었습니다. 느헤미야는 돌아온 많은 사람들의 족보를 확인하고 그 족보에 따라서 그들의 사명을 각인시켜 주었습니다. 우리도 이 본문처럼 영적 회복 운동을 통하여 우리의 영이 살 뿐 아니라 공동체적인 사명을 가져야 합니다.

원수 된 자도 필요에 따라서 감동케 하시는 하나님

에스라 1장 1-3절을 보면, 에스라와 느헤미야는 같은 역사적 상황 가운데 있었습니다.

"바사 왕 고레스 원년에 여호와께서 예레미야의 입을 통하여 하신 말씀을 이루게 하시려고 바사 왕 고레스의 마음을 감동시키시매 그가 온 나라에 공포도 하고 조서도 내려 이르되 바사 왕 고레스는 말하노니 하늘의 하나님 여호와께서 세상 모든 나라를 내게 주셨고 나에게 명령하사 유다 예루살렘에 성전을 건축하라 하셨나니 이스라엘의 하나님은 참 신이시라 너희 중에 그의 백성 된 자는 다 유다 예루살렘으로 올라가서 이스라엘의 하나님 여호와의 성전을 건축하라 그는 예루살렘에 계신 하나님이시라"(스 1:1-3).

이스라엘 백성들이 바벨론 포로로 붙잡혀 가 있을 때 자신들의 정치적, 경제적 또는 신앙적인 열정과 재원으로는 고향에 돌아와서 예루살렘 성전을 다시 중건할 힘이 전혀 없었습니다. 그런데 바사의 정치적인 상황을 통해 하나님은 고레스 왕의 마음을 감동시키셨습니다. 잠언 기자는 말합니다.

"사람의 행위가 여호와를 기쁘시게 하면 그 사람의 원수라도 그와 더불어 화목하게 하시느니라"(잠 16:7).

하나님께서는 필요하다면 원수의 마음까지도 감동시키시는 역사적 상황을 통해서 일을 이루십니다. 그리하여 고레스 왕은 이스라엘 백성들을 귀환시키고 하나님의 성전을 짓도록 하였습니다. 직접적인 관계가 없었지만 하나님이 주신 감동으로 예루살렘 성전을 건축할 수 있는 정치적인, 경제적인 후원을 해주었습니다.

하나님의 곳간을 채워라

7장 70절과 73절에 보면 느헤미야는 돌아온 사람들이 성벽을 쌓고 성전에 예물을 드린 것을 말하고 있습니다. 자발적인 마음과 감사하는 마음으로 필요한 것을 채우는 마음이 예루살렘 성전의 곳간을 꽉 채웠습니다. 그들은 하늘나라의 곳간이 부족한데도 자신의 곳간만 채우는 것이 아니었습니다.

우리가 아무리 성공해서 돈을 수없이 벌더라도 마지막으로 우리의 인생에 남는 것이 무엇입니까? 우리가 살아가면서 하나님의 곳간에 채워 놓는 것들이 남습니다. 그리고 하늘나라에 쌓아온 상급이 내 인생에 보람과 행복을 줍니다. 오직 자식의 앞날과 자신의 안정을 위해 내 인생의 곳간을 채워서는 안 됩니다. 처음에는 손해 보는 것 같고 이 세상의 이치로는 맞지 않는 것처럼 보여도, 하나님의 곳간에 대해서 사명과 헌신, 정성을 다해야 합니다. 그러면 그 곳간이 가정과 교회를 살리고 내 인생의 목적에 사명감을 줄 것입니다.

잘못된 봉헌 생활

신명기 12장 11절을 보면 다음과 같은 말씀이 있습니다.

"너희는 너희의 하나님 여호와께서 자기 이름을 두시려고 택하실 그곳으로 내가 명령하는 것을 모두 가지고 갈지니 곧 너희의 번제 와 너희의 희생과 너희의 십일조와 너희 손의 거제와 너희가 여호 와께서 원하시는 모든 아름다운 서원물을 가져가라"(신 12:11).

하나님은 하나님의 전에 나올 때 예물을 드리면서 우리의 마음을 드릴 때 받으시겠다고 합니다. 십일조는 예수 믿는 사람의 모든 헌금의 기본입니다. 십일조를 떼서 감사하거나 선교 헌금, 구제 헌금을 하는 것은 자기 주관에 따른 잘못된 봉헌 생활입니다. 이스라엘 백성들이 드리는 십일조나 절기 때마다 하나님의 전에 드리는 예물은 하나님께서 필요로 하시며 사용하시고자 당신이 지정해 놓으신 것입니다. 어떤 사람들은 마치 그것을 자기 마음대로 할 수 있는 것처럼 착각합니다. 십일조를 떼어서 자기가 하고 싶은 대로 헌금하는 것은 기본을 하지 않고 자신의 기쁨을 채우는 신앙생활입니다.

봉헌 생활을 통한 하나님의 축복

우리가 하나님 전에 필요한 것을 채울 때 그것은 하나님만을 위한 것은 아닙니다. 말라기에서 말씀하셨듯이, 하나님께서는 시험해 보라고 하시면서 그 예물을 통해 나중에는 우리에게 축복의 열매를 주신다고 말씀하셨습니다. 때로는 그 축복의 열매가 오랜 시간이 걸릴 때도 있지만, 내가 하나님의 예물을 드리며 하나님의 말씀대로 끝까지 순종하다 보면 내 기업의 열매는 하나님께 있다는 것을 간증하게 될 것입니다.

그 가운데 대표적인 사람들이 20세기 최고의 부자인 록펠러(John Rockefeller)와 존 워너메이커(John Wanamaker)입니다. 록펠러는 어릴 때부터 어머니로부터 십일조를 철저히 배워서 실천했습니다. 미국 최고의 부자가 되어서도 십일조 생활을 철저히 하고 미국에 많은 교회를 세웠습니다. 그래서 삐쩍 말라서 물도 못 먹고 죽는다는 사람이 40년을 더 살면서 보람찬 인생을 살았습니다.

존 워너메이커는 백화점의 왕이라고 불립니다. 그는 십일조의 세계를 안 후부터 경제적으로도 크게 성공하고 신앙적으로도 훌륭한 유산을 남겼습니다. 그는 84세에 세상을 떠날 때까지 필라델피아의 한 교회에서 65년을 장로로 시무하고, 40년 이상을 한 목사님 밑에서 신앙생활 하면서 참 훌륭한 일을 많이 했습니다. 미국의 대부분의 YMCA를 그가 세웠고, 모스크바와 한국에도 YMCA를 세웠습니다.

그는 어릴 때 아버지를 여의고 정식 공부는 2년밖에 하지 못했지만, 미국의 대통령은 그를 체신부 장관으로 불렀습니다. 그러나 그는 정중히 사양했습니다. 그는 매 주일마다 교회에 가서 봉사를 해야 하기 때문에 주일날에는 각료 회의를 할 수 없고 다른 곳으로도 출타할 수 없다고 하였습니다.

그러나 대통령은 그에게 주일에 각료회의나 다른 업무를 하지 않아도 좋으니 체신부 장관을 맡아 달라고 요청했습니다. 그래서 그는 주일에는 워싱턴에서 필라델피아로 가서 주일학교 부장으로서 봉사를 충실히 감당하고, 월요일에 워싱턴으로 돌아오는 일을 4년의 임기 동안 했습니다.

그가 이렇게 일생을 살면서 경제적으로, 정치적으로 축복을 받을 수 있는 계기가 된 또 하나의 사건이 있습니다. 어릴 때 그가 나가던 교회 예배당 입구는 비만 오면 질퍽질퍽했습니다. 사람들은 비가 올 때마다 그러한 입구를 지나다니며 불만을 토로했습니다. 벽돌을 깔기 원했지만 누구 하나 실천하는 사람이 없었습니다.

그러나 그는 이런 교회의 고민거리를 듣고 아버지에게 주말에는 벽돌 공장에서 일하는 비용을 돈이 아닌 벽돌로 달라고 요청했습니다. 그러고는 조금씩 교회 입구를 벽돌로 깔기 시작했습니다.

처음에는 그 자리가 너무 미미하여 눈에 띄지 않았습니다. 그러나 1.2미터, 1.5미터를 깐 뒤에 목사님이 눈치를 채고, 누가 이런 일을 했는지 살펴보았습니다. 목사님이 발견한 사람은 다름아닌 12살의 존 워너메이커였습니다. 목사님은 그런 워너메이커를 보고 눈물을 흘리며, 불평과 불만만을 늘어놓은 자신과 어른들의 모습을 생각하며 회개했습니다. 그러고는 이렇게 축복합니다.

"존, 하나님은 너를 분명히 축복해 주실 거고, 하나님과 교회를 사랑하는 너의 마음을 하나님께서 아시고 어떤 어려운 일이 있더라도 버리지 않으실 것이다."

그는 그 후에 어떠한 어려움 가운데에서도 성공하여 백화점의 왕이라고 일컬음을 받는 최고의 부자가 됩니다.

십일조를 통한 하나님의 축복

우리는 가끔, 잠깐 동안 십일조를 하면서 시험 들었다 하고, 손해 보았다, 축복이 없다 하면서 불평을 늘어놓을 때가 있습니다. 그렇게 불평을 늘어놓기 전에 평생을 믿으며 십일조 생활을 해 보면, 하나님께서는 우리와 우리 후손에게 넘치도록 축복하실 것입니다. 존 워너메이커의 모습으로만 알 수 있는 것이 아닙니다. 저의 모습을 통해서나 저의 자녀들, 부모님 그리고 장로님들이나 우리 교인들의 모습을 볼 때도 알 수 있을 것입니다.

천하에 부족함이 없는 하나님께서 당신의 필요를 채우시기 위해서 우리에게 예물을 바치라고 하신 것이 아닙니다. 하나님께서는 우리를 축복하시고 하나님의 사랑을 확실히 깨달아서 사명 있는 삶을 사는 데 부족함이 없도록 하시려는 것입니다.

하나님 아버지! 우리가 인색하게 계산하고 머리 쓰며
사람을 통해서 무언가를 하려고 하는 것을 깰 수 있도록 도와주시옵소서.
성령의 감동하심으로 우리의 영이 감동하게 도와주시옵소서.
느헤미야는 조국의 소식을 듣고 3일 동안 금식기도 하면서
조국을 생각하는 마음속에 하나님의 주신 그 감동이 시작되어서
이 감동으로 성을 쌓고 이스라엘을 중건하는 일을 하지 않았습니까?
하나님, 우리도 금식 기도를 하고 새벽기도회를 드릴 때
우리가 하나님 앞에 간절히 금식하면서 기도하는 그 기도 제목들이
우리 가정과 교회를 통해 이루어지기 원합니다.
하나님의 영에 감동을 받을 수 있도록 하나님 앞에 금식하고,
하나님께 부르짖고,
하나님을 사모하는 당신의 백성들의 삶과
주예수교회 사역이 되게 하시옵소서.
주예수교회가 하나님의 영광을 드러내는 터전이 되게 도와주시옵소서.
예수님 이름 의지하여 감사하옵고 기도드리옵나이다. 아멘.

17. 말씀이 주는 기쁨

느헤미야 8:1-12

¹이스라엘 자손이 자기들의 성읍에 거주하였더니 일곱째 달에 이르러 모든 백성이 일제히 수문 앞 광장에 모여 학사 에스라에게 여호와께서 이스라엘에게 명령하신 모세의 율법책을 가져오기를 청하매 ²일곱째 달 초하루에 제사장 에스라가 율법책을 가지고 회중 앞 곧 남자나 여자나 알아들을 만한 모든 사람 앞에 이르러 ³수문 앞 광장에서 새벽부터 정오까지 남자나 여자나 알아들을 만한 모든 사람 앞에서 읽으매 뭇 백성이 그 율법책에 귀를 기울였는데 ⁴그때에 학사 에스라가 특별히 지은 나무 강단에 서고 그의 곁 오른쪽에 선 자는 맛디댜와 스마와 아나야와 우리야와 힐기야와 마아세야요 그의 왼쪽에 선 자는 브다야와 미사엘과 말기야와 하숨과 하스밧다나와 스가랴와 므술람이라 ⁵에스라가 모든 백성 위에 서서 그들 목전에 책을 펴니 책을 펼 때에 모든 백성이 일어서니라 ⁶에스라가 위대하신 하나님 여호와를 송축하매 모든 백성이 손을 들고 아멘 아멘 하고 응답하고 몸을 굽혀 얼굴을 땅에 대고 여호와께 경배하니라 ⁷예수아와 바니와 세레뱌와 야민과 악굽과 사브대와 호디야와 마아세야와 그리다와 아사랴와 요사밧과 하난과 블라야와 레위 사람들은 백성이 제자리에 서 있는 동안 그들에게 율법을 깨닫게 하였는데 ⁸하나님의 율법책을 낭독하고 그 뜻을 해석하여 백성에게 그 낭독하는 것을 다 깨닫게 하니 ⁹백성이 율법의 말씀을

듣고 다 우는지라 총독 느헤미야와 제사장 겸 학사 에스라와 백성을 가르치는 레위 사람들이 모든 백성에게 이르기를 오늘은 너희 하나님 여호와의 성일이니 슬퍼하지 말며 울지 말라 하고 ¹⁰느헤미야가 또 그들에게 이르기를 너희는 가서 살진 것을 먹고 단 것을 마시되 준비하지 못한 자에게는 나누어주라 이날은 우리 주의 성일이니 근심하지 말라 여호와로 인하여 기뻐하는 것이 너희의 힘이니라 하고 ¹¹레위 사람들도 모든 백성을 정숙하게 하여 이르기를 오늘은 성일이니 마땅히 조용하고 근심하지 말라 하니 ¹² 모든 백성이 곧 가서 먹고 마시며 나누어 주고 크게 즐거워하니 이는 그들이 그 읽어 들려 준 말을 밝히 앎이라

말씀을 통한 영적 부흥

느헤미야 8장 1-12절에는 이스라엘 백성들이 수문 앞 광장에 모인 장면이 나옵니다. 광장은 중요한 결정과 재판을 할 때 백성들이 모이는 곳입니다. 또 그곳에서 상거래가 이루어지기도 합니다. 그래서 유럽은 광장을 중심으로 해서 도시가 형성되고 커뮤니티가 형성되었습니다.

느헤미야는 52일 만에 성을 쌓고 100여 년 전에 먼저 귀환했던 조상들의 족보와 계보를 조사해서 예루살렘 성 안에 백성들을 정착시켰습니다. 민족을 재배치하고 국가의 행정 체계를 튼튼히 갖추었습니다. 이제 8장에 들어와서 느헤미야는 이스라엘 백성들과 함께 말씀을 통한 내적인 부흥과 소생을 일으키는 일을 합니다.

이스라엘 백성들이 성벽을 다 완성한 때는 엘룰 월 25일이었습니다. 오늘날 태양력으로 말하면 9월 15일입니다. 8장 2절에 나오는

일곱째 달 초하루라고 하는 것은 그 당시의 새해가 시작되는 우리나라의 설과 같은 날입니다. 태양력으로는 10월 8일입니다. 역사학자들의 추측에 의하면 느헤미야는 B.C. 444년 9월 15일에 성을 다 쌓고, 한 달 채 안 되어서 백성들을 재배치하고 예루살렘 성을 성다운 조직과 외형을 갖추게 합니다.

그리고 백성들은 B.C. 444년 10월 8일 수문 앞 광장에 모여 이제는 말씀 앞에 서고 말씀을 듣자고 합니다. 느헤미야와 이스라엘 백성들은 말씀을 통하여 새로운 힘을 얻고 말씀의 역사 속에서 민족을 내부적으로 단결하게 하고 부강하게 하고자 하는 운동을 펼칩니다.

여호와로 인하여 기뻐하는 것이 나의 힘

이들은 일곱째 달 첫째 날이라고 하는 나팔절에 모였습니다. 느헤미야와 백성들은 민족 공동체의 외적인 조건만 갖추는 것이 아니라 내면도 단단하게 하고자 합니다. 신앙을 찾고 영적으로 새롭게 각성해서 영적 부흥을 일으키고자 했습니다. 그런데 그러한 운동의 초점이 되는 말씀이 8장 10절에 나오는 말씀입니다.

"느헤미야가 또 그들에게 이르기를 너희는 가서 살진 것을 먹고 단 것을 마시되 준비하지 못한 자에게는 나누어주라 이날은 우리 주의 성일이니 근심하지 말라 여호와로 인하여 기뻐하는 것이 너희의 힘이니라 하고"(느 8:10).

느헤미야는 여호와로 인하여 기뻐하는 것이 백성들의 힘이라고 합니다. 대부분의 주석가는 이 말씀을 시편 기자와 잠언 기자가 말하듯이 '여호와를 기뻐하는 것이 나의 힘'(The joy of the Lord is my strength)이라는 말과 일맥상통하는 말로 번역했습니다. 말씀이 주는 기쁨이 앞으로 이스라엘 백성들 개인과 가정과 특히 민족 공동체의 힘이 된다는 것입니다.

이때 힘은 방파제와 견주어서 말할 수 있습니다. 쓰나미는 10미터이상의 높이로 몰려와서 육지의 모든 것을 휩쓸어가 버립니다. 그렇다고 누가 그처럼 큰 쓰나미가 몰려올 것이라고 예상하고 방파제를 그 이상으로 쌓겠습니까?

만약에 해안가마다 50미터, 100미터의 두껍고 높은 방파제를 쌓는다면 피해가 거의 없을 수도 있습니다. 힘이라는 것은 밀려오는 세상의 두려움과 적군의 위협과 마귀의 유혹 속에서 방파제와 같은 역할을 합니다. 세상의 쓰나미를 막는 역할을 하는 것이며, 하나님이 나를 통해서 기쁨을 얻을 때 주는 것이 힘이라는 말로 표현했습니다.

내가 쌓은 방파제는 한계가 많습니다. 자연의 변화에서도 볼 수 있듯이 우리는 밀려오는 거대한 파도에 어쩔 수 없이 정복당하고 맙니다. 성경에서는 방파제의 역할을 하는 그러한 힘은 인간 스스로는 만들 수 없다고 합니다. 그러나 우리의 노력으로는 한계가 있지만, 하나님께서는 환경과 사람을 움직이셔서 방파제의 역할을 하십니다.

그러면 우리가 어떻게 할 때 하나님이 나의 힘이 될 수 있을까요? 하나님이 우리를 통하여 기쁨을 누릴 때입니다. 우리가 하나님 안에서 기쁨을 느낄 때 그 기쁨은 우리의 방파제인 힘의 역할을 할 수 있습니다. 하나님의 기뻐하심이 우리에게 방파제가 될 수 있습니다. 8장 1-12절 말씀을 통해서 우리에게 정확하고 명확하게 보여주는 실제적인 교훈 세 가지를 살펴봅니다.

은사와 책임에 따라 사용하시는 하나님

첫째, 본문을 보면 말씀을 듣기 위해서는 말씀을 전달하는 사람이 있어야 함을 가르쳐줍니다. 이스라엘 백성들은 수문 앞 광장에 모였을 때 제사장 겸 학사 에스라에게 율법책을 가지고 와서 읽어주기를 요청했습니다.

에스라는 느헤미야와 동시대에 활동했던 사람입니다. 그는 느헤미야보다 먼저 2차 귀환 때 지도자로 이스라엘 백성들을 데리고 예루살렘 성에 왔던 사람입니다. 그때 그는 율법을 가지고 민족의 영적 부흥운동을 일으키다가 다시 바사로 소환되어 10여 년 동안 그곳에 있게 됩니다. 그리고는 느헤미야의 성벽 재건에 맞춘 3차 포로 귀환의 시기와 비슷하게 예루살렘에 다시 도착했다는 것이 역사학자들의 추측입니다.

하나님은 성을 쌓고 적들을 대적하기 위한 방어 진지를 구축하는 일은 총독이고 행정력이 탁월한 느헤미야에게 맡기셨습니다. 그러나 8장에 나오는 일은 느헤미야가 할 수 있는 일이 아니었습니다. 왜냐하면 그것은 영적인 일이고 율법에 탁월한 은사와 지식, 책임과 권위를 가진 사람이 해야 될 일이기 때문입니다. 그래서 이 일에는 에스라가 필요했습니다.

하나님은 당신의 역사를 이룰 때 우리를 각 은사와 그 사람의 책임에 따라서 적절히 사용하십니다. 그렇기 때문에 내면적인 영적 회복 운동을 일으킬 때는 두말할 것도 없이 말씀의 소명을 받은, 말씀 전하는 자를 통해서 역사를 일으키십니다.

중세의 흑암을 깨뜨린 마르틴 루터(Martin Luther)의 종교개혁은 그가 말씀을 독일어로 번역하면서 일어났습니다. 독일 국민들이 라틴어가 아닌 자기 나라 말로 말씀을 읽고 깨우치고 이해했기 때문입니다. 그리고 그 혁명의 불길은 온 유럽으로 퍼졌습니다. 계몽 이성주의에 물들어 있던 유럽을 20세기에 들어오면서 새로운 신학의 영적 물결과 사조를 일으킨 칼 바르트(Karl Barth)도 로마서라는 말씀을 주석함으로써 신학계에 새로운 지평을 열었습니다.

말씀은 말씀 자체가 가지고 있는 힘과 능력이 있고 폭발력이 있습니다. 하지만 말씀을 말씀대로 깨닫고 고백하고 적용할 수 있기 위한 도구가 필요합니다. 에스라는 하나님 앞에 그러한 도구로 사용되었고, 양 옆의 13명의 보조자, 그리고 회중 속에 레위인 13명이 들어가서 히브리어로 낭독한 말씀을 아람어로 통역해 주었습니다. 8장에 나오는 사람들의 이름은 그러한 일을 감당한 사람들의 이름입니다.

말씀을 전하는 자와 듣는 자는 성령의 끈으로 연결되어야 한다

하나님은 목회자를 세워서 말씀을 전하고 가르치게 합니다. 그리고 목사가 훈련시키는 소그룹의 지도자들, 교회학교 교사들, 부교역자들에게 말씀의 도구로서의 소명을 맡겼습니다. 그래서 우리는 말씀 전하는 자에게 존경을 표하고 격려와 협력을 해야 합니다.

그러나 말씀을 듣는 우리는 말씀을 전하는 자가 아니라, 그 말씀을 전하는 자를 통하여 하나님이 주시고자 하는 말씀이 무엇일까 하는 데 초점을 두어야 합니다. 이러한 초점을 가지고 말씀을 사모하고 묵상하면서 말씀을 공부할 때 그 말씀이 하나님의 말씀으로 와 닿을 것입니다. 아울러 말씀을 전하는 자는 그 말씀을 전하기 위하여 하나님 앞에 정결하며 혼신을 다하여 노력해야 합니다.

이렇게 말씀을 전하는 자와 듣는 자가 말씀 앞에서 성령의 끈으로 연결될 때, 우리는 그 말씀을 하나님의 감동으로 전해진 말씀으로 받을 수 있습니다.

말씀의 권위를 절대적으로 인정하라

둘째, 본문을 보면 말씀의 권위를 절대적으로 인정할 때 말씀이 말씀으로 와 닿습니다. 하나님의 말씀을 펼칠 때 모든 이스라엘 백성들은 자리에서 일어섰습니다. 오늘날도 이스라엘 백성들은 모세오경을 읽을 때는 이렇게 합니다. 그리스와 러시아에 가면 웅장한 예배당에 대부분 의자가 없습니다. 서서 예배를 드립니다.

제가 러시아에 갔을 때 사람들이 두세 시간 동안 서서 예배를 드리는 모습을 보았습니다. 이스라엘 백성들이 새벽 미명부터 정오까지 말씀을 펼칠 때마다 손을 들고 서서 아멘으로 화답하는 모습은 말씀의 권위를 절대적으로 드높이는 모습입니다. 그리고 말씀을 읽을 때 무릎을 꿇고 머리를 숙이는 것은 하나님의 말씀 앞에 절대적으로 존경을 표하는 것입니다.

말씀의 권위를 인정하고 받아들일 때 얻는 이점

오늘날 하나님의 말씀을 말씀 되게 하지 못하는 시대 사조가 우리에게 많은 악영향을 줍니다. 말씀은 말씀 자체가 좌우에 날선 검과 같이 생명력이 있기 때문에 우리가 알지 못하는 신비한 열매를 하나님께서 주시는 것입니다. 그래서 디모데후서 3장 14-17절에서 바울은 그의 후배이며 믿음의 아들이자 에베소 교회의 후임 목회자인 디모데에게 이렇게 말합니다.

"그러나 너는 배우고 확신한 일에 거하라 너는 네가 누구에게서 배운 것을 알며 또 어려서부터 성경을 알았나니 성령은 능히 너로 하여금 그리스도 예수 안에 있는 믿음으로 말미암아 구원에 이르는 지혜가 있게 하느니라"(딤후 3:14-15).

성경을 통해서 우리는 예수 그리스도가 길과 진리인 것을 깨닫고 그 길을 따라감으로 구원에 이르게 됩니다. 뿐만 아닙니다.

"모든 성경은 하나님의 감동으로 된 것으로 교훈과 책망과 바르게 함과 의로 교육하기에 유익하니"(딤후 3:16).

성경을 읽고 배우다 보면 자기도 모르게 자신의 인격이 점점 의로운 모습으로 변해 가고, 하나님께서 보실 때 참 인격으로 성숙되어 갑니다.

"이는 하나님의 사람으로 온전하게 하며 모든 선한 일을 행할 능력을 갖추게 하려 함이라"(딤후 3:17).

하나님의 일을 하기 위해서는 성경을 읽어야 하고, 하나님의 일을 위한 준비는 성경을 통해서 훈련된다는 것을 알 수 있습니다. 바울은 디모데에게 이것을 이야기했습니다. 디모데는 어려서부터 외조모와 어머니를 통해 하나님의 말씀을 배우다가 바울을 만나서 복음의 진수를 알게 됩니다. 말씀이 예수 그리스도의 길과 안내자라는 것을 알게 되고, 그 말씀은 그로 하여금 점진적으로 좋은 신앙인과 좋은 믿음의 사역자로 만들었습니다.

그러나 바울은 디모데처럼 어릴 때부터 말씀을 통해서 예수 그리스도를 구주로 믿게 된 사람이 아닙니다. 바울은 다메섹 도상에서 죽었다고 믿었던 예수 그리스도를 만남으로써 급격하게 변한 사람입니다. 그러한 그의 구원의 고백과 체험 속에서 율법을 다시 해석하고, 죄의 문제와 은혜의 문제를 정확하게 자기 고백을 통해서 증명했습니다.

그래서 우리는 바울식 변화와 디모데식 변화가 있다고 합니다. 바울처럼 어떤 독특한 환경과 상황에서 초월적인 경험을 하면서 복음을 받아들여서 거듭나는 경우가 있습니다. 디모데처럼 언제인지 몰랐는데 모태에서부터나 아니면 교회에서 평생 자라면서부터 성경 말씀과 함께 성장하다가 말씀이 영생의 길을 가르쳐 준 고백을 하게 되고, 그 길을 따라가다가 하나님의 일을 하는 사람으로 점점 능력을 갖추게 되는 경우도 있습니다.

배우고 확신한 일에 거하라

믿음의 길에 분명하게 들어선 후 신앙의 인격이 자라서 하나님의 일을 할 수 있는 준비를 갖추기 위해서, 우리는 절대적으로 말씀의 권위 속에서 말씀대로 성장해야 합니다. 그래서 바울은 '배우고 확신한 일에 거하라'라고 했습니다. 바울은 디모데에게 지금까지 말씀을 통해 배워오고 훈련받아 온 것들이 디모데로 하여금 좋은 목회자가 되고 좋은 믿음의 아들이 되게 했다고 말했습니다.

그렇기 때문에 우리도 기도와 함께 말씀의 균형을 잃지 말아야 합니다. 또 기독교 역사상 어떤 개인이나 교회, 민족이나 하나님의 구원사의 놀라운 부흥도 말씀에 대한 새로운 인식과 반응 때문에 일어날 수 있었습니다.

주예수교회는 얼마 전부터 '로마서 함께 읽기'를 시작했습니다. 저는 수요일과 목요일에 집중으로 준비해서 여러분에게 대여섯 장의 로마서 원고를 나누어주고 있습니다. 제가 지금까지 여러분과 소그룹을 통해 공부하던 중간 방법을 통하여 시대 배경과 그 의미를 생각하면서, 우리 생활에 적용하며 도전의 질문을 던지는 공동체적 말씀 읽기를 진행하고 있습니다.

어떤 장로님이 교인들에게 이렇게 광고하고 말씀을 전하는 것을 들었습니다. "저는 목사님과 오랜 세월 신앙생활 하고, 하나님이 주신 우리 목사님의 독특한 성경 공부 방법을 통하여 많은 은혜를 받고 자랐습니다. 그러나 이번에 시작된 로마서 함께 읽기는 목사님이 직접 집필하고, 지금까지 목사님이 로마서를 가르치고 설교했던 모든 것의 엑기스가 되어서 나오는 것입니다. 만약 이 기회를 놓치면 매우 손해일 것입니다. 그리고 나중에 이것이 책으로 되어 나온다고 할지라도 지금 매 과를 놓치지 않고 읽고 함께 공부하는 것은 목사님의 영적 지도와 말씀 은사의 엑기스를 먹는 것입니다."

로마서는 위대한 책입니다. 어느 신학자나 목회자든 로마서를 통해서 새로운 영적 각성에 대한 시각을 가졌습니다. 그리고 루터는 로마서를 통하여 그 어떠한 인간의 노력도 하나님의 구원의 은혜 없이는 될 수 없다는 분명한 해석을 했습니다. 그렇기 때문에 로마서는 우리의 감상적이고 주관적이던 신앙의 불균형을 잡아주면서 말씀으로 구원의 길을 정확하게 가르쳐 줍니다.

40주를 계획하고 계속해 나가는 '로마서 함께 읽기'가 여러분의 신앙의 균형을 잡아 주고, 신앙이 점점 영적으로 성숙하고 영적으로 능력 있는 믿음이 되게 할 것입니다. 그것을 통해서 결국 여러분 자신뿐만 아니라 교회 공동체에도 하나님의 놀라운 영적인 역사가 있을 것입니다.

말씀을 깨달음으로 기뻐하는 우리

셋째, 말씀을 깨달음으로써 우리는 기뻐하게 됩니다. 말씀의 권위를 우리가 절대적으로 인정하고 말씀 자체가 우리에게 말씀으로 와 닿기를 기대하다 보면, 어느새 우리는 그 말씀을 통해 깨달을 때가 있습니다. 그럴 때 우리에게는 기쁨이 있습니다.

우리에게는 환경적인 기쁨, 조건적인 기쁨, 물질적인 기쁨, 외형적인 기쁨, 여러 사회적이고 인간적인 기쁨이 많이 있지만, 그러한 기쁨들은 영적으로 얻는 기쁨과는 다른 기쁨입니다. 말씀이 주는 영혼의 기쁨은 세상의 어떤 쓰나미가 몰려오더라도 하나님께서 방파제를 그 이상의 높이와 두께로 쌓아 주시기 때문에 내 영혼의 방파제가 됩니다.

저는 어릴 때부터 성경 읽기를 열심히 하고 좋아했지만, 성경을 읽으면서 영혼과 마음의 기쁨을 얻고 머리가 맑아지고 제가 하는 일에 효율성이 나타난 때는 대학원에 복학할 때였습니다. 군에 가서 3년을 생활하고 다시 대학원에 와서 공부를 시작하려고 하니까 머리가 맑지 않아서 집중이 되지 않았습니다. 군대 생활이라는 것은 사회와 격리된 생활이고 우리의 정신운동을 단절시키는 곳이기에, 그곳에서는 내가 아무리 노력한들 영적인 활력을 얻지 못합니다. 그래서 저는 대학원에 복학하자마자 수업을 듣는 시간 외에 연구실에서 하루종일 열심히 성경을 읽었습니다.

성경을 읽다가 저도 모르게 깨닫게 된 두 가지가 있습니다. 첫째는 군대 생활에서 굳어졌던 머리, 학문에 대해서 날카롭지 못하고 둔해졌던 지혜가 점점 맑아지면서 저도 모르게 아주 지혜로워졌고, 제가 하는 일에 굉장히 효율적으로 집중되는 것을 느꼈습니다. 그래서 제가 대학원 때는 공부를 잘했습니다. 성경은 우리로 하여금 영과 머리를 맑게 해서 맑은 생각을 가져오게 합니다.

그리고 제가 두 번째로 얻은 축복이 있었습니다. 제가 읽은 그 성경은 얼룩지고 구겨진 장이 많습니다. 왜인 줄 아십니까? 성경을 읽다가 많이 울었기 때문입니다. 자유롭게 성경을 읽을 때 오는 기쁨에서 읽었습니다. 그런 환경을 주신 것을 감사하며 읽었습니다. 그리고 일생을 집중적으로 준비하며 읽은 성경이기 때문에 또 감사하며 읽었습니다.

이렇게 제가 기쁨과 감사의 눈물을 흘리며 깨달은 것은, 딱 한 가지입니다. '하나님이 나를 이토록 사랑하시는구나.' 저는 성경을 통해서 하나님의 사랑을 깊이 깨달았습니다. 너무 감사하고 행복한 순간이었습니다.

말씀이 주는 기쁨을 누려라

시편 기자는 시편 19편 8절에서 이렇게 말했습니다.

"여호와의 교훈은 정직하여 마음을 기쁘게 하고 여호와의 계명은 순결하여 눈을 밝게 하시도다"(시 19:8).

우리는 성경이 우리의 마음에 하나님의 사랑으로 다가올 때 기쁩니다. 또한 성경은 우리의 정신을 맑게 해서 하는 일에 집중하게 하고, 효율성 있게 하고, 그 일에 많은 열매를 가져오게 합니다. 그것은 "The joy of the Lord is my strength"라는 고백처럼, 성경 말씀을 통해서 하나님의 말씀 자체가 우리에게 오고 내가 하나님의 말씀 안에서 기쁨을 누립니다.

우리는 예배를 통해서 하나님께 기쁨을 드립니다. 무엇보다도 예배를 통해 말씀을 듣고, 전하고 나누는 것은 우리에게도 기쁨을 줍니다. 말씀이 주는 기쁨은 세상의 쓰나미가 우리를 무너뜨리려고 해도, 하나님이 우리를 붙드시고 방파제가 되어 막아 주시는 것과 같기 때문에 우리는 하나님의 말씀에 감사하고 기뻐하며 겸손한 것입니다. 그래서 우리는 말씀 전하는 자들의 수고를 귀히 여기고 말씀의 권위 앞에는 무릎 꿇고 기도하며, 말씀을 깨달음으로 죄와 용서 그리고 사랑을 깨닫게 됩니다.

하나님의 말씀이 주는 기쁨이 나를 샘솟게 하는 힘을 주셔서 세상의 어려움과 마귀의 유혹 같은 쓰나미가 몰려와도 우리를 막아 주고 지켜 주실 것입니다. 말씀이 주는 기쁨을 지금부터 더욱더 받아 누릴 수 있기를 바랍니다.

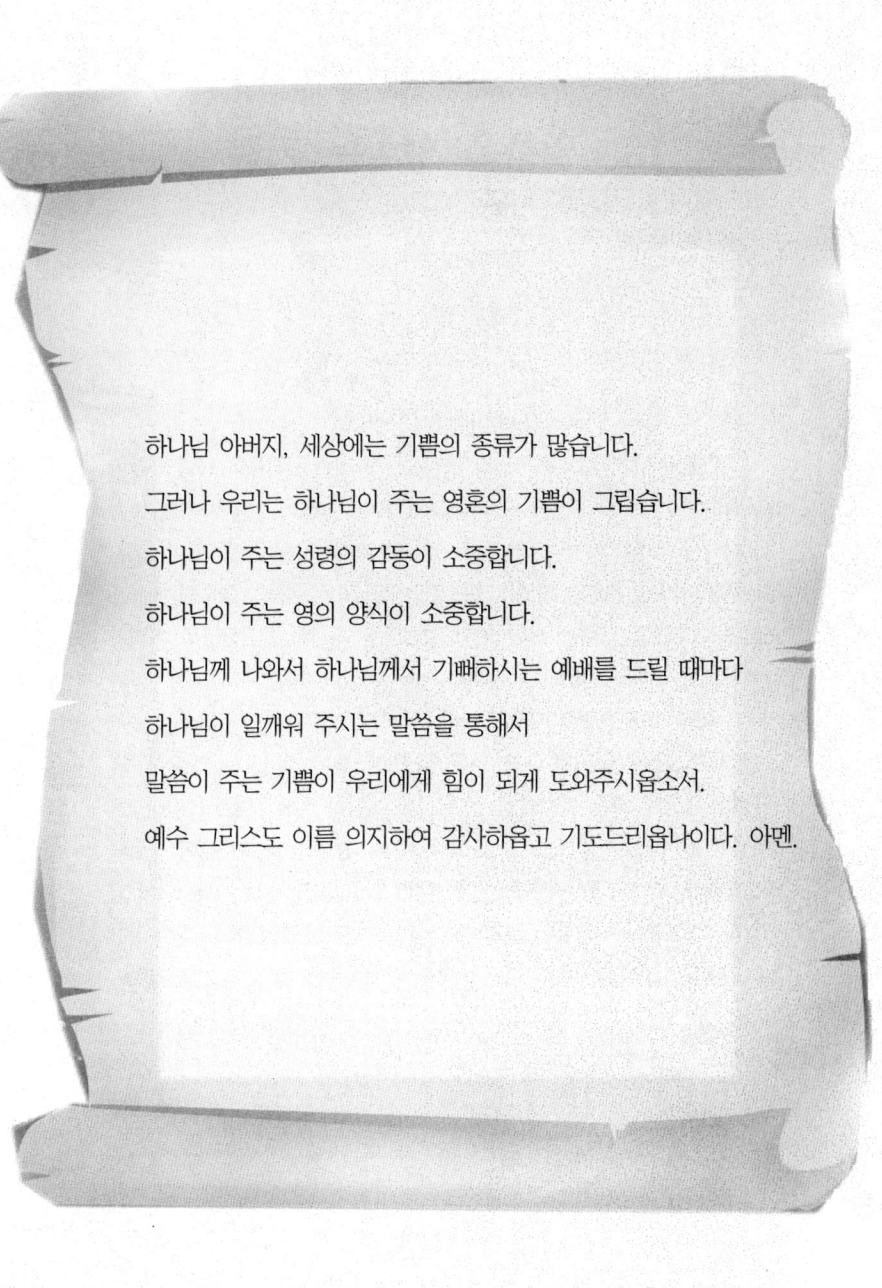

하나님 아버지, 세상에는 기쁨의 종류가 많습니다.
그러나 우리는 하나님이 주는 영혼의 기쁨이 그립습니다.
하나님이 주는 성령의 감동이 소중합니다.
하나님이 주는 영의 양식이 소중합니다.
하나님께 나와서 하나님께서 기뻐하시는 예배를 드릴 때마다
하나님이 일깨워 주시는 말씀을 통해서
말씀이 주는 기쁨이 우리에게 힘이 되게 도와주시옵소서.
예수 그리스도 이름 의지하여 감사하옵고 기도드리옵나이다. 아멘.

18. 말씀을 행하는 기쁨

느헤미야 8:13-18

¹³그 이튿날 뭇 백성의 족장들과 제사장들과 레위 사람들이 율법의 말씀을 밝히 알고자 하여 학사 에스라에게 모여서 ¹⁴율법에 기록된 바를 본즉 여호와께서 모세를 통하여 명령하시기를 이스라엘 자손은 일곱째 달 절기에 초막에서 거할지니라 하였고 ¹⁵또 일렀으되 모든 성읍과 예루살렘에 공포하여 이르기를 너희는 산에 가서 감람나무 가지와 들감람나무 가지와 화석류나무 가지와 종려나무 가지와 기타 무성한 나무 가지를 가져다가 기록한 바를 따라 초막을 지으라 하라 한지라 ¹⁶백성이 이에 나가서 나뭇가지를 가져다가 혹은 지붕 위에, 혹은 뜰 안에, 혹은 하나님의 전 뜰에, 혹은 수문 광장에, 혹은 에브라임 문 광장에 초막을 짓되 ¹⁷사로잡혔다가 돌아온 회중이 다 초막을 짓고 그 안에서 거하니 눈의 아들 여호수아 때로부터 그날까지 이스라엘 자손이 이같이 행한 일이 없었으므로 이에 크게 기뻐하며 ¹⁸에스라는 첫날부터 끝날까지 날마다 하나님의 율법책을 낭독하고 무리가 이레 동안 절기를 지키고 여덟째 날에 규례를 따라 성회를 열었느니라

선교를 위해 존재하는 교회와 우리

신학자 에밀 브루너(Emil Brunner)는 "선교하는 교회는 타는 장작과 같고, 선교하지 않는 교회는 불 꺼진 화로와 같다"고 말했습니다.

이것은 교회는 선교를 위해 존재한다는 것을 강조한 말입니다. 장작은 모아서 태울 때 불길이 더 뜨겁고 힘이 있게 됩니다. 그러나 아무리 좋은 화로에 장작이 있어도 그것이 타고 있지 않으면 그 화로는 아무 쓸모가 없습니다.

우리 중 어떤 사람은 땅 끝까지 복음을 전하는 일을 위하여 직접 선교사로 파송되어 사역하기도 하고, 어떤 사람은 그 선교사를 돕고 후원하는 일을 합니다. 하지만 이렇게 선교 사역을 위하여 헌금하고 기도하고 후원하는 일을 하는 사람들이나 선교 사역의 현지에 있는 분들이나, 각각 처한 환경과 맡은 임무는 다르지만 하나님이 주신 교회의 선교 사명을 위해 함께 협력할 때 그 선교의 불길은 장작불처럼 활활 타오르게 됩니다.

디아스포라 공동체인 주예수교회의 사명

저는 열흘 동안 싱가포르에서 열리는 '아시안 미션 파트너십'이라는 행사에 참여하고 돌아왔습니다. 그 행사는 동남아시아 화교를 대상으로 중국인 디아스포라를 복음화시키고 미래의 중국 본토의 교회 지도자를 양성하는 일을 위해 열린 것인데, 저는 그곳에서 함께 기도하고 나누고 전하는 일에 대해서 실제적인 경험을 하고 돌아왔습니다.

그리고 인도네시아의 선교지를 방문하여 우리 교회에서 오래 전부터 협력하고 후원하고 있던 김종국 선교사님과 김희명 선교사님을 방문했습니다. 그래서 선교사님들과 함께 예배도 드리고 선교 현지를 방문했습니다. 선교사님들을 만나고 교제하는 귀한 시간을 가지면서 우리의 선교 사명을 다시 한 번 되새기게 되었습니다. 그리고 주보에 나와 있는 사명 선언문을 다시금 생각하는 시간을 가졌습니다.

"주예수교회는 말씀으로 양육 훈련 받은 디아스포라 공동체로서 하나님과 이웃을 섬긴다."

디아스포라의 공동체인 주예수교회는 누구보다도 디아스포라 공동체 교회에 대한 이해가 남다릅니다. 그리고 디아스포라의 사회에 대한 이해와 문화적인 접근도 남다릅니다. 동남아는 듣던 대로 한류가 많은 문화적인 영향을 주고 있을 뿐만 아니라, 한국교회 선교 사역의 영향과 헌신은 갈수록 귀한 열매를 맺어가고 있는 것을 보았습니다. 여러분의 헌금과 기도와 후원을 통한 함께하는 마음들이 귀한 사역에 아름답게 사용되고 있는 것을 보면서, 우리의 사명을 다시 한번 각인하는 시간이었습니다.

교회 공동체는 단순히 무리가 모여서 기뻐하고 즐거워하고 은혜를 받는 곳이 아닙니다. 우리의 궁극적인 목적은 하나님의 나라를 완성하기 위해서 주님 오실 때까지 땅 끝까지 주의 복음을 직접적으로나 간접적으로 전하는 일입니다. 그래서 우리는 공동체를 이루고 함께 일을 하는 것입니다. 말씀을 통하여 받은 기쁨이 단순히 은혜로운 예배로 끝나는 것이 아니라, 그 말씀을 행하는 기쁨이 우리의 삶과 공동체 사역을 통해서 그리고 각자의 섬김의 손길을 통해서 나타나야 합니다. 그렇게 함으로써 결국 하나님께 영광이 되고 우리에게도 더 큰 기쁨이 되는 것입니다.

말씀을 행할 때의 기쁨

느헤미야 8장 1-12절을 통해서 우리는 말씀을 듣는 자의 기쁨을 생각했습니다. 이스라엘 백성들은 말씀을 통해서 하나님의 사랑과 인도하심을 보고 느꼈습니다. 그래서 하나님과의 관계를 두려워하고 걱정할 때, 여호와로 인하여 기뻐하는 것이 너희의 힘이라고 하는 말씀을 통해서 다시금 격려를 받았습니다.

우리는 말씀을 듣고 깨닫고 은혜를 받으면 기쁩니다. 그래서 세상의 염려와 불안, 사탄의 억압이 쓰나미처럼 밀려와도 하나님의 힘, 하나님의 방파제를 통해서 막아내고 이겨낼 수 있습니다. 이렇게 우리는 8장 전반부를 통해서 하나님의 말씀은 우리를 보호하고 인도하고 안전하게 지켜주는 역할을 한다는 것을 다시금 깨달을 수 있었습니다.

8장 후반부인 13-18절은 공동체적인 모임에서 말씀을 듣고 기뻐하는 데서 끝나지 않고, 말씀을 행할 때 오는 기쁨도 있다는 것을 보여줍니다.

"이스라엘 자손이 이같이 행한 일이 없었으므로 이에 크게 기뻐하며"(느 8:17).

말씀을 듣고 배우고 깨달아서 기뻐하는 것뿐만이 아니라, 그 깨달은 것을 그대로 실천하니까 개인과 모든 무리에게 즐거움이 밀려 왔다는 것입니다. 이것은 말씀이 역사한다는 것이고, 말씀을 체험했 다는 것이고, 말씀의 열매를 맛보았다는 것입니다. 사실 믿음이라는 것은 우리가 그냥 믿는 것으로만 족해서는 안 됩니다. 믿음은 행동 해서 확인할 때 그 믿음이 우리의 밑알이 되는 산 믿음이 됩니다. 사 람의 지식이라는 것도 배운 것으로만 끝난다면 그것은 완전한 자기 지식이 되지 않습니다. 그 배운 것을 실제적으로 사용하고 확인할 때, 그 지식은 확실한 진리가 되어서 흔들리지 않는 지식이 됩니다.

신앙도 마찬가지입니다. 본문 13절을 보면 이스라엘 백성들이 에 스라를 통하여 말씀을 다 읽고, 그 이튿날에 백성들의 족장들, 제사 장들 그리고 레위 사람들이 말씀을 더 밝히 알고자 하여 학사 에스 라에게 모였다고 말하고 있습니다. 이 말은 무엇입니까?

지도자들이 말씀을 더 깊이 연구하고 더 깊이 깨닫기 위해서 에 스라를 다시 찾아갔다는 것입니다. 그저 말씀을 낭독하고 말씀해석 의 강론에서 그치지 않고 다시 모여서 성경 공부를 집중적으로 한 것입니다. 그리고 14절을 보면 다음과 같이 기록합니다.

"율법에 기록된 바를 본즉 여호와께서 모세를 통하여 명령하시기 를 이스라엘 자손은 일곱째 달 절기에 초막에서 거할지니라 하였 고"(느 8:14).

그들이 말씀을 더 열심히 공부하고 더 자세히 하나하나 확인하다 보니 발견한 것이 있었습니다. 지도자들은 일곱째 달 절기가 초막절 이라는 것을 알고 그 절기를 지켜야 함을 깨달았습니다. 그리고 그 깨달은 것을 다른 사람들에게도 가르쳐 줍니다. 소그룹, 평신도 지도자들은 더 깊이 말씀을 배우고 연구한 것을 가지고 사람들에게 초막절 절기의 때와 지키는 방법을 알려 줍니다. 그래서 감람나무와 들감람나무, 화석류나무, 종려나무 등의 가지를 가져와 초막을 짓게 합니다.

초막절은 유월절, 오순절과 더불어 유대의 3대 절기입니다. 초막절은 이스라엘 백성들이 광야 생활 40년 동안 하나님의 보호와 인도 가운데 살아남은 것을 기념하면서 과거를 기억하는 절기입니다. 지나온 40년 동안 살아온 모습을 돌아보면서 하나님께서 함께하신 것을 기억하는 날입니다. 이스라엘 백성들은 과거를 기억하는 초막절을 지키면서 바벨론에서 포로되었다가 돌아온 것을 감사드립니다. 이스라엘 백성들은 말씀을 듣고 즐거워하고 기뻐한 것에 그치지 않고 그 말씀을 행하는 일을 하게 됩니다. 믿음을 행동으로 옮겼습니다. 순종한 것입니다

말씀을 행할 때 넘치는 기쁨과 즐거움

우리는 주일마다 예배당에 와서 하나님께 기쁨을 드리는 예배를 드립니다. 그리고 그 기쁨이 우리 가슴속에 말씀으로 통해 넘치는 말씀의 잔치가 주일이고, 예배이고, 설교이며 아침 성경 공부입니다. 그런데 말씀을 듣고 나누고 깨닫는 모임에서만 끝나는 것이 아니라, 그 모임을 통해서 듣고 배우고 깨닫는 말씀을 그대로 실천할 때 즐거움이 넘치게 됩니다. 이스라엘 백성들도 그 말씀을 행할 때 그런 즐거움을 누렸습니다.

초막절을 지을 때 사용되었던 종려나무와 감람나무는 이스라엘의 가장 상징적이고 중요한 나무들입니다. 감람나무는 적어도 30년이 지나야 열매를 맺습니다. 종려나무도 40년이 지나야 열매를 맺고, 120년이 지나면 죽는, 영화와 번영을 상징하는 나무입니다.

들감람나무는 열매가 없고 화석류나무는 들에 널려 있는 잎이 넓은 나무입니다. 이스라엘 백성들은 이런 나무들의 가지를 꺾어서 초막을 짓게 됩니다. 그런데 가지가 나무에 붙어 있을 때에는 나무마다 맺는 열매가 다름을 알 수 있습니다. 하지만 가지를 꺾어 초막을 지을 때는 종려나무이든 감람나무이든 아무 의미가 없습니다. 나무에서 꺾여져 나온 그 가지는 금방 시들어 버리고 죽기 때문입니다.

우리도 마찬가지입니다. 우리가 아무리 이 땅에서 각각 하나님의 다른 은사와 은총과 감사 속에서 산다 하더라도, 하나님이라는 그 나무에서 끊어지면 우리도 하루아침에 영의 관계에서 끊어집니다. 나무가 구실대로 열매를 맺지 못하고 말라 비틀어지면 무슨 소용이 있겠습니까? 각각 내세울 만한 인간적인 자랑거리도 하나님과의 관계에서 끊어지면 꺾어진 가지처럼 아무 소용이 없습니다.

그래서 이스라엘 백성들은 광야 40년을 지나면서 목이 꼿꼿했던 자기 조상들의 잘못을 다시 범하지 말아야 한다는 겸손한 마음을 갖게 됩니다. 그러면서 다시 귀환하여 성벽을 52일 만에 쌓고 민족을 재건하고 성전을 완성해서 하나님께 예배드릴 수 있게 된 것을 감사하는 마음으로 초막절을 즐깁니다. 든든한 성과 집에서 살던 모습을 잠시 잊고, 말라 비틀어져서 절기가 끝나면 결국은 쓰레기로 버려질 그 나뭇가지로 지은 집에 살면서 하나님의 섭리와 교훈을 되새기게 됩니다.

이렇게 들은 말씀을 실천함으로써 그들의 마음속에 그 믿음의 기쁨이 넘쳐 나기 시작했다는 것입니다.

여러분! 우리가 믿음 생활을 하고 신앙생활을 할 때, 헌신하고 봉사를 하면서 기쁨을 느끼면 얼마나 좋습니까? 하나님께서 기뻐하시고 나도 기쁘면 그 기쁨과 기쁨이 온 세상에 메아리치고, 우리는 더욱더 신이 나고 감사하는 생활을 할 수 있습니다. 그러면 사탄 마귀는 우리의 기쁨과 넘쳐나는 힘 때문에 감히 들어올 생각도 하지 못할 것입니다. 말씀에 순종할 때 이런 즐거움이 믿는 자들의 마음과 믿는 자들의 모임 속에 넘친다는 것입니다. 믿음은 이렇게 순종과 관계가 되어 있고, 기쁨은 결국 순종 때문에 일어납니다.

순종함으로 누리는 축복

요즈음 다락방에서 성경 공부 하는 느헤미야의 제목은 '순종의 초막절'입니다. 이 성경 공부 교재의 저자는 8장의 제목을 '순종의 초막절'이라 붙였습니다. 왜냐하면 이스라엘 백성들이 믿음의 행동으로 순종하고 그 절기를 그대로 지켰기 때문에 그들에게 오는 즐거움이 넘쳤다는 것입니다.

순종이란 무엇입니까? 순종에 관한 여러 가지 책이 있지만 미국의 저술가이자 강연가인 존 비비어(John Bevere)가 쓴 《순종》이라는 책이 있습니다. 원제목은 'Undercover'입니다. 'Undercover', 드러나지 않는다는 것입니다. 나는 지금은 다 알지 못하고 다 남에게 내놓을 수가 없지만 그대로 사명을 감당하면 그 사명이 성취됨과 동시에 감사와 즐거움이 넘칩니다. 하나님께서 역사하실 때는 이런

'undercover' 상황에서 우리에게 순종을 요구하신다는 뜻이 그 제목에 들어 있습니다. 그래서 그 책의 부제는 하나님의 권위에서 오는 보호와 자유야말로 'undercover' 라는 순종의 의미라고 말합니다.

그 책을 쓴 비비어 목사님은 책의 처음 부분에 자신의 경험을 그대로 간증한 내용을 넣었습니다. 그가 안수를 받고 목사가 되어 플로리다 올랜도에 있는 큰 교회의 고등부 담당 목사로 청빙을 받아 갔을 때의 일입니다. 중고등부 사역은 처음 해보는 사역이라 자신이 없어 열심히 연구하다, 루이지애나에 고등학생만 1,250명이 모인다는 교회를 알게 되었습니다. 그래서 그 교회에 가서 벤치마킹을 했습니다.

부흥하기 힘든 중고등부를 어떻게 부흥시켰는지 알아보니 비결이 하나 있었습니다. 그 교회는 금요일 저녁마다 친구들을 초대해서 각 지역에서 파티를 벌이고, 파티 끝에 가서는 간증도 해서 교회에 호감을 심어 주고, 주일날 교회로 전도해서 데려오기를 오랫동안 했습니다. 그 결과 중고등부가 부흥하고 학생들의 삶에도 많은 변화가 있었음을 알 수 있었습니다.

그래서 비비어 목사님도 자신의 교회에 와서 담임목사님께 허락을 받고 세 달을 준비해서 그 소그룹 운동을 행하려고 했습니다. 그러나 24명의 지도자들을 세우고 그 일을 행하려고 하는 바로 전 주에 담임목사님께서는 뜻밖의 말씀을 하십니다.

"성령님께서 저에게 말씀하시기를, 저희 교회는 앞으로 소그룹 운동을 통해서 사역하지 않고 하나님께서 주신 다른 사역 방법의 비전을 따라야 한다고 말씀하셨습니다."

존 비비어 목사님은 처음에는 담임목사님이 자신이 하려고 하는 소그룹 운동을 가지고 말씀하시는 것을 알지 못했습니다. 그러나 담임목사님의 중심을 안 뒤 항의를 하고 불평을 털어놓았지만, 담임목사님의 생각은 변하지 않았습니다. 존 비비어 목사님은 집에 와서 불평과 불만을 털어놓았지만, 부인은 오히려 하나님께서 말씀하시는 것이 있음을 말해 주게 됩니다. 그래서 존 비비어 목사님은 하나님께 기도하고 부르짖게 되었습니다.

여러분! 그럴 때 하룻밤을 잘 넘기는 것이 사탄에게 넘어가느냐, 아니면 내가 영적으로 바로 서느냐의 갈림길에 놓이게 됩니다. 사람들에게 위로받고 불평불만하고 내 의견에 동조하는 사람을 찾아다니면 안 됩니다. 목사님은 사람들을 찾아간 것이 아니라 하나님께 기도하며 고민을 털어놓았습니다. 그러자 마음에 평화가 오고 자신의 잘못을 회개하게 되었습니다. 그래서 담임목사님께 사과의 전화를 드렸습니다.

그러나 자기를 따르는 24명의 지도자 학생들에게는 변명할 구실이 없었습니다. 담임목사님을 핑계 대며 책임을 돌릴 생각도 했습니다. 그러나 그것은 영적 지도자로서의 바른 태도가 아님을 깨닫고 하나님께 지혜를 구했습니다. 하나님께서 주신 지혜로 그는 지도자들에게 지도자 양성에 대한 대안을 내어놓자, 아이들은 불평과 불만을 털어놓는 것이 아니라 오히려 기뻐하며 즐거워했다고 합니다. 그래서 목사님은 귀한 깨달음을 얻었다고 합니다.

비전은 하나가 되어야 한다

만약 그가 자신의 의견과 제안을 끝까지 고집했다면 분열이 일어났을 것입니다. 'Division'은 단어를 띄어서 써 보면 Di-vision입니다. 비전이 다르면 'division'인 것입니다. 꿈이 다르고 사명이 다르고 목적이 다르면 분열이 일어납니다. 비전은 하나가 되어야 합니다. 부부의 비전과 부모와 자녀, 지도자와 국민들의 비전이 다르면 분열이 일어납니다. 목사와 성도와의 관계에서도 마찬가지입니다.

그 후 존 비비어 목사님은 담임목사님의 지혜가 옳았다는 것을 경험하면서 12년 동안 그 교회에서 봉사하며 훈련받고, 국제적인 사역 단체를 거쳐서 그처럼 훌륭한 목회자가 되었습니다. 그분은 말하기를, 그때가 사역자로서 가장 중요한 위기였고 기회였다고 고백합니다.

순종에 대한 답은 하나님이 가지고 계신다

하나님께서는 우리가 말씀과 질서의 권위와 하나님이 세운 세상의 합당한 권위 앞에 우리 자신이 어떠한 자세를 취해야 할지 알려 주십니다. 하나님은 자신을 죽이고 기도하며 기다리는 사람에게 정확하고 분명한 답을 주십니다.

만약 존 비비어 목사님이 자신의 열정과 열심, 주관으로 끝까지 자신을 내세웠다면, 그 목사님은 훌륭한 사역자가 될 수 있는 기회를 놓쳤을 것입니다. 존 비비어 목사님은 믿음의 행위인 순종이야말로 말씀을 행할 때 하나님이 기뻐하시는 가장 중요한 열매라고 말합니다.

그러나 우리가 순종했다고 해서 너무 자만하거나 자랑할 필요까지는 없습니다. 가끔 우리는 자신의 순종에 대해서 자신의 의에 사로잡힐 때가 있습니다. 하지만 제아무리 순종을 잘해도 그 순종에 대한 답은 하나님께서 가지고 계신 것입니다. 그것은 하나님의 은혜입니다. 그리고 열매는 하나님이 맺게 하시는 것이지 내가 순종한 것 자체가 결정적인 답은 아닙니다.

사도 바울의 순종 그리고 겸손

바울은 사도가 되었을 때 베드로 앞에서 당당하게 자신이 사도됨을 소리쳤던 사람입니다. 그리고 자신은 뱃속에서부터 이방인의 사도로 부름받았다고 하며 자신의 사도성에 대해 확신을 가지고 주장하던 사람입니다.

그런 사도 바울이 1차 전도 여행을 시작해서 3차 전도 여행으로 20~30년의 세월을 보내면서 순차적으로 다른 고백을 하는 것을 볼 수 있습니다. 사역의 10여 년의 세월이 지난 다음에 고린도전서 15장 9-10절에 "나는 사도 중에 지극히 작은 자라"고 말합니다. 그러다가 그 후 5년이 지난 62년경에 에베소서 3장 8절에 말하기를 "나는 성도 중에 지극히 작은 자라"고 말합니다.

그러다가 마지막 하나님께서 그를 부르실 때가 다 되었다고 생각한 65년경, 디모데전서 1장 15절에서 "나는 죄인 중에 괴수라"는 고백을 하였습니다. 이 말은 무엇입니까? 사도 바울이 그가 사역을 하는 후반부터 점점 시시한 사도가 된 것일까요? 아니면 사도에서 떠나서 이제 성도 중의 한 사람으로 전락한 것일까요? 그리고 마지막 사역을 마치고 하나님의 부름을 받았을 때에는 결국 죄인으로만 남은 것일까요?

아닙니다. 오히려 사역자로서의 모습은 정반대입니다. 그의 신앙 인격을 보았을 때 그의 고백과는 전혀 다른 모습을 보인 것이 그의 모습이었습니다.

처음과 달리 사도 바울은 오히려 많은 순종을 하면서도 교만하지 않고 겸손한 모습을 보여줍니다. 순종이 그로 하여금 더 겸손하게 만들었습니다. 순종의 행위를 하면서 점점 성숙하고 원숙하게 온전히 주를 위해 바치는 사역을 할수록 겸손하게 되었습니다. 그래서 그는 사역자의 모형이요 봉사자의 모델이요 신앙인의 표상입니다.

성도 여러분! 말씀을 행할 때의 기쁨과 즐거움은 욕망과 아집과 탐욕의 추구를 통해서 이루어지는 것이 아닙니다. 오히려 순종함으로 믿음의 열매를 맺고, 그 믿음의 순종이 점점 겸손하게 자기를 바라보게 합니다. 나 같은 죄인에게 아름다운 주님의 사명을 주신 것을 깨닫고 감사하며, 믿음의 능력을 체험하여 기쁨으로 신앙생활할 수 있기를 바랍니다.

하나님 아버지, 감사합니다.
때때로 우리는 우리의 아집과 야망으로 인해
우리의 신앙생활이 즐겁지 못할 때가 있습니다.
그것은 우리의 불순종 때문일 것입니다.
하나님! 이 시간 우리의 내면을 돌이켜보고
단순하게 순종할 수 있도록 우리를 주장하시고 인도하여 주시옵소서.
순종의 열매로 나타나는 결실을 통해서
믿음의 기쁨과 믿음의 성숙이 있게 하시옵소서.
그리고 그런 것을 점점 체험하면서 겸손한 믿음 생활,
더 하나님 앞에 감사하고 기뻐하는 믿음 생활 하게 도와주시옵소서.
또한 우리가 사명을 감당할 때 그런 과정을 통해서
하나님께 영광이 되고 기쁨이 되고
우리도 함께 즐거워하는 공동체가 되게 도와주시옵소서.
예수님 이름 의지하여 감사하옵고 기도드리옵니다. 아멘.

19. 자복의 기도

느헤미야 9:1-36

¹그 달 스무나흘 날에 이스라엘 자손이 다 모여 금식하며 굵은 베 옷을 입고 티끌을 무릅쓰며 ²모든 이방 사람들과 절교하고 서서 자기의 죄와 조상들의 허물을 자복하고 ³이날에 낮 사분의 일은 그 제자리에 서서 그들의 하나님 여호와의 율법책을 낭독하고 낮 사분의 일은 죄를 자복하며 그들의 하나님 여호와께 경배하는데 ⁴레위 사람 예수아와 바니와 갓미엘과 스바냐와 분니와 세레뱌와 바니와 그나니는 단에 올라서서 큰 소리로 그들의 하나님 여호와께 부르짖고 ⁵또 레위 사람 예수아와 갓미엘과 바니와 하삽느야와 세레뱌와 호디야와 스바냐와 브다히야는 이르기를 너희 무리는 마땅히 일어나 영원부터 영원까지 계신 너희 하나님 여호와를 송축할지어다 주여 주의 영화로운 이름을 송축하올 것은 주의 이름이 존귀하여 모든 송축이나 찬양에서 뛰어남이니이다 ⁶오직 주는 여호와시라 하늘과 하늘들의 하늘과 일월 성신과 땅과 땅 위의 만물과 바다와 그 가운데 모든 것을 지으시고 다 보존하시오니 모든 천군이 주께 경배하나이다 ⁷주는 하나님 여호와시라 옛적에 아브람을 택하시고 갈대아 우르에서 인도하여 내시고 아브라함이라는 이름을 주시고 ⁸그의 마음이 주 앞에서 충성됨을 보시고 그와 더불어 언약을 세우사 가나안 족속과 헷 족속과 아모리 족속과 브리스 족속과 여부스 족속과 기르가스 족속의 땅을 그의 씨에게 주리라 하시

더니 그 말씀대로 이루셨사오매 주는 의로우심이로소이다 ⁹주께서 우리 조상들이 애굽에서 고난 받는 것을 감찰하시며 홍해에서 그들의 부르짖음을 들으시고 ¹⁰이적과 기사를 베푸사 바로와 그의 모든 신하와 그의 나라 온 백성을 치셨사오니 이는 그들이 우리의 조상들에게 교만하게 행함을 아셨음이라 주께서 오늘과 같이 명예를 얻으셨나이다 ¹¹또 주께서 우리 조상들 앞에서 바다를 갈라지게 하사 그들이 바다 가운데를 육지 같이 통과하게 하시고 쫓아오는 자들을 돌을 큰 물에 던짐 같이 깊은 물에 던지시고 ¹²낮에는 구름 기둥으로 인도하시고 밤에는 불 기둥으로 그들이 행할 길을 그들에게 비추셨사오며 ¹³또 시내 산에 강림하시고 하늘에서부터 그들과 말씀하사 정직한 규례와 진정한 율법과 선한 율례와 계명을 그들에게 주시고 ¹⁴거룩한 안식일을 그들에게 알리시며 주의 종 모세를 통하여 계명과 율례와 율법을 그들에게 명령하시고 ¹⁵그들의 굶주림 때문에 그들에게 양식을 주시며 그들의 목마름 때문에 그들에게 반석에서 물을 내시고 또 주께서 옛적에 손을 들어 맹세하시고 주겠다고 하신 땅을 들어가서 차지하라 말씀하셨사오나 ¹⁶그들과 우리 조상들이 교만하고 목을 굳게 하여 주의 명령을 듣지 아니하며 ¹⁷거역하며 주께서 그들 가운데에서 행하신 기사를 기억하지 아니하고 목을 굳게 하며 패역하여 스스로 한 우두머리를 세우고 종 되었던 땅으로 돌아가고자 하였나이다 그러나 주께서는 용서하시는 하나님이시라 은혜로우시며 긍휼히 여기시며 더디 노하시며 인자가 풍부하시므로 그들을 버리지 아니하셨나이다 ¹⁸또 그들이 자기들을 위하여 송아지를 부어 만들고 이르기를 이는 곧 너희를 인도하여 애굽에서 나오게 한 신이라 하여 하나님을 크게 모독하였사오나 ¹⁹주께서는 주의 크신 긍휼로 그들을 광야에 버리지 아니하시고 낮에는 구름 기둥이 그들에게서 떠나지 아니하고 길을 인도하며 밤에는 불 기둥이 그들이 갈 길을 비추게 하셨사오며 ²⁰또 주의 선한 영을 주사 그들을 가르치시며 주의 만나가 그들의 입에서 끊어지지 않게 하시고 그들의 목마름을 인하여 그들에게 물을 주어 ²¹사십 년 동안 들에서 기르시되 부족함이 없게 하시므로 그 옷이 해어지지 아니하였고 발이 부르트지 아니하였사오며 ²²또 나라들과 족속들을 그들에게 각각 나누어 주시매 그들이 시혼의 땅 곧 헤스본 왕의 땅과 바산 왕 옥의 땅을 차지하였나이다 ²³주께서 그들의 자손을 하늘의 별같이 많게 하시고 전에 그들의 열조에게 들어가서 차지하라고 말씀하신 땅으로 인도하여 이르게 하셨으므로 ²⁴그 자손이 들어가서 땅을 차지하되 주께서 그 땅 가나안 주민들이 그들 앞에 복종하게 하실 때에 가나안 사람들과 그들의 왕들과 본토 여러 족속들을 그들의 손에 넘겨 임의로 행하게 하시매 ²⁵그들이 견고한 성읍들과 기름진 땅을 점령하고 모든 아름다운 물건이 가득한 집과 판 우물과 포도원과 감람원과 허다한 과목을 차지하여 배불리 먹어 살찌고 주의 큰 복을 즐겼사오나 ²⁶그들은 순종하지 아니하고 주를 거역하며 주의 율법을 등지고 주께로 돌아오기를 권면하는 선지자들을 죽여 주를 심히 모독하였나이다 ²⁷그러므로 주께서 그들을 대적의 손에 넘기사 그들이 곤고를 당하게 하시매 그들이 환난을 당하여 주께 부르짖을 때에 주께서 하늘에서 들으시고 주의 크신 긍휼로 그들에게 구원자들을 주어 그들을 대적의 손에서 구원하셨거늘 ²⁸그들이 평강을 얻은 후에 다시 주 앞에서 악을 행하므로 주께서 그들을 원수들의 손에 버려 두사 원수들에게 지배를 당하게 하시다가 그들이 돌이켜 주께 부르짖으매 주께서 하늘에서 들으시고 여러 번 주의 긍휼로 건져내시고 ²⁹다시 주의 율법을 복종하게 하시려고 그들에게 경계하셨으나 그들이 교만하여 사람이 준행하면 그 가운데에서 삶을 얻는 주의 계명을 듣지 아니하며 주의 규례를 범하여 고집하는 어깨를 내밀며 목을 굳게 하여 듣지 아니하였나이다 ³⁰그러나 주께서 그들을 여러 해 동안 참으시고 또 주의 선지자들을 통하여 주의 영으로 그들을 경계하시되 그들이 듣지 아니하므로 열방 사람들의 손에 넘기시고도 ³¹주의 크신 긍휼로 그들을 아주 멸하지 아니하시며 버리지도 아니하셨사오니 주는 은혜로우시고 불쌍히 여기시는 하나님이심이니이다 ³²우리 하나님이여 광대하시고 능하시고 두려우시며 언약과 인자하심을 지키시는 하나님이여 우리와 우리 왕들과 방백들과 제사장들과 선지자들과 조상들과 주의 모든 백성이 앗수르 왕들의 때로부터 오늘까지 당한 모든 환난을 이제 작게 여기지 마옵소서 ³³그러나 우리가 당한 모든 일에 주는 공의로우시니 우리는 악을 행하였사오나 주께서는 진실하게 행하셨음이니이다 ³⁴우리 왕들과 방백들과 제사장들과 조상들이 주의 율법을 지키지 아니하며 주의 명령과 주께서 그들에게 경계하신 말씀을 순종하지 아니하고 ³⁵그들이 그 나라와 주께서 그들에게 베푸신 큰 복과 자기 앞에 주신 넓고 기름진 땅을 누리면서도 주를 섬기지 아니하며 악행을 그치지 아니하였으므로 ³⁶우리가 오늘날 종이 되었는데 곧 주께서 우리 조상들에게 주사 그것의 열매를 먹고 그것의 아름다운 소산을 누리게 하신 땅에서 우리가 종이 되었나이다

이스라엘 백성의 회개와 참회의 기도 운동

우리는 느헤미야 8장을 통해서 말씀을 들을 때 기쁘고, 말씀을 행할 때 기쁘다는 것을 깨달았습니다. 8장에 이어 느헤미야 9장은 말씀과 더불어 신앙생활의 양대 산맥이라고 할 수 있는 기도에 대해 말하고 있습니다.

느헤미야 9장 5-37절 자체가 기도문입니다. 이스라엘 백성들은 성을 쌓고 말씀 앞에서 깨달았습니다. 그리고 그 말씀대로 초막절을 지키는 즐거움을 누렸습니다. 그러는 동안 그들은 마음속 깊은 곳에서 조상들로부터 지금까지 내려오는 죄의 유산에 대해 생각하게 되었습니다. 그래서 9장 1-4절, 그리고 16-37절에서 자복의 기도를 드리는 모습이 나옵니다. 이것은 이스라엘 백성 가운데 회개하고 참회하는 기도 운동이 일어났다는 말입니다.

이때 이스라엘 백성이 기도하는 자세를 9장 1-4절에서 말하기를, 금식하며 굵은 베옷을 입고 티끌을 무릅쓰고 기도드린다고 했습니다. 금식한다는 것은 하나님 앞에서 우리 스스로의 욕망과 아집을 끊고 겸손하게 하나님의 말씀 앞에 자신을 낮추는 것을 말합니다.

그리고 굵은 베옷을 입는다는 것은 하나님 앞에 자기를 쳐서 복종하여 순종하자는 뜻입니다. 마지막으로 티끌을 무릅썼습니다. 이것은 더러운 것을 태우고 날려버리며 정결한 마음으로 기도한다는 뜻입니다.

지금 우리는 3월 1일부터 4월 말까지 주일을 뺀 52일 동안 아침 금식을 하며 릴레이 기도를 합니다. 하나님의 사역과 공동체 그리고 하나님께서 주신 사명을 감당하기 위하여 함께 마음을 모아서 금식하고 릴레이로 기도하는 것입니다. 이것은 느헤미야가 52일 만에 예루살렘 성벽을 중수하고 그것을 통하여 민족을 재건하듯이, 우리도 우리의 영적 소생과 신앙 공동체의 영적 부흥을 위하여 기도하는 것과 같습니다.

조상들과 자기들의 죄를 자복하는 이스라엘 민족

앞에서도 말했듯이 9장 본문에 나오는 대부분의 기도 내용은 자복의 기도입니다. 자복한다는 것은 죄를 뉘우치고 참회하는 것을 말합니다. 그렇다면 왜 이스라엘 백성들은 이렇게 뉘우치고 참회하는 기도를 하였을까요? 16절부터 31절에 그 이유가 나옵니다.

그들은 천 년 전에 조상들이 하나님의 능력으로 출애굽을 하고도 광야 생활에서 하나님 앞에 목이 굳어 불순종하던 모습을 생각했습니다. 가나안 땅에 들어가고도 하나님을 잊어버리고 그 지방의 잘못된 우상을 동시에 섬기는 조상들을 생각했습니다. 예언자들의 예언을 듣지 않고 하나님 앞에 죄지었던 것도 생각했습니다. 그리고 천 년이 지난 지금도 자기들은 바벨론의 포로가 되었으나 선지자들의 예언의 때가 되어서 다시 고향으로 돌아와 예루살렘 성전을 짓고 성벽을 다시 완성할 수 있었던 것을 돌아보면서 기도했습니다. 그들은 자기들의 모습이 천 년 전의 자기 조상들의 모습과 같지는 않을까 생각하면서 조상들의 죄를 생각하고 자기들의 죄도 생각했습니다. 16절을 보면 이렇게 말하고 있습니다.

"그들과 우리 조상들이 교만하고 목을 굳게 하여 주의 명령을 듣지 아니하고"(느 9:16).

과거 그들의 조상들은 교만하고 고집이 세서 하나님 말씀을 듣지 않았다고 말하고 있습니다.

"다시 주의 율법을 복종하게 하시려고 그들에게 경계하셨으나 그들이 교만하여"(느 9:29).

선조들이 하나님이 주신 율법을 듣고 순종하지 않고 상황과 형편대로 자기들의 욕심을 채우고 성공과 승리를 자랑하면서 교만했다는 것입니다. 그 교만한 모습이 다시 천 년을 지낸 이후 바벨론 포로 생활을 하고, 예루살렘 성벽을 쌓고 국가를 재건하는 이 시점에서 자기들이 지은 죄와 일맥상통한다는 말입니다.

역사는 반복하고 순환합니다. 이스라엘 백성들은 출애굽했을 때 조상들의 교만한 태도가, 바벨론 포로가 되었다가 돌아와 조국을 일으키는 자기들의 모습과도 같을 수 있다고 말하고 있습니다. 그래서 그들은 조상들과 같이 교만하지 말아야겠다고 다짐합니다. 교만의 죄를 지으면 같은 역사를 다시 반복한다고 생각했습니다. 역사의 교훈을 바라보면서 자기들 스스로 경각심을 가지고 조상들이 지었던 죄도 다시 한 번 하나님께 회개했습니다.

더불어 자기들이 지은 죄도 뉘우쳤습니다. 우리는 때로는 내가 지은 죄만 가지고 회개하고 하나님 앞에 용서받기가 급급할 때가 있습니다. 그런데 이스라엘 백성들은 천 년 전에 있었던 자기 조상들의 죄와 잘못도 함께 회개하고 있는 것입니다.

기독교는 역사적 종교입니다. 영적 계승과 영적 유산이라는 것은 역사적으로 이어져 가고 있습니다. 때로는 수백 년, 수천 년의 세월이 지나도 그 정신적, 영적인 흐름이 계속되고 있다는 것을 보여주며 그 영향이 얼마나 큰지를 보여줍니다. 그래서 이들은 교만한 조상들을 생각하며, 자기들도 교만해서 선지자의 말을 듣지 않고 같은 죄를 짓고 있지나 않을까 하면서 교만하지 않기 위한 회개 운동을 벌이는 것입니다.

기독교인들은 자신들의 죄를 가지고 눈물 흘리며 회개하고 통회합니다. 그리고 내 이웃이나 가까운 혈연이나 친구들을 위해서도 그들의 죄를 가지고 눈물 흘리며 자복할 때도 있습니다. 뿐만 아니라 우리는 세상의 죄와 민족, 인류 사회의 죄를 보고 답답하고 통회하는 마음으로 하나님 앞에 간절히 회개의 기도를 드리고 하나님의 자비를 구하기도 합니다.

6·25한국전쟁이 일어났을 때 우리 기독교인들은 국가를 위한 기도를 많이 했습니다. 한국 기독교의 기도원 운동의 시초라고 할 수 있는 용문산기도원은 기도원 정상에 첨성대처럼 단을 쌓아놓고 24시간 민족의 발전과 국가의 안녕을 위하여 기도할 수 있도록 했

습니다. 그래서 많은 사람들이 24시간 끊이지 않고 드나들면서 국가와 민족을 위하여 기도를 많이 했습니다.

현대 한국 기독교의 잘못된 모습과 그것을 바라보는 한국 사회의 비판

저는 최근 한국에서 들려오는 우리 기독교에 대한 사회적인 평가를 보면서, 목사로서 마음이 괴로울 때가 많습니다. 그래서 요즘은 한국 교회를 위하여 기도하는 시간이 더 많아졌습니다.

세계 기독교의 기적을 이룬 한국 기독교는 요즘 들어 부패한 모습이 많이 드러나고, 이민 교회에도 주는 교훈과 여파가 있습니다. 기독교를 핍박하고 배척하는 사람들은 여러 매스컴을 통해서 공개적으로 기독교의 비리를 파헤치고 세상에 알리고 있습니다. 마치 이단 집단에 대한 매도와 같이 아주 낮은 수준으로 한국 기독교를 배척하고 있습니다.

그 가운데 최근 대통령 부부를 국가 조찬 기도회에서 무릎 꿇게 한 사건을 가지고, 한국 기독교는 사회에 많은 시빗거리를 제공하고 있습니다. 하나님 앞에 무릎 꿇고 기도하는 것은 세상의 어떤 위대한 사람이라도 할 수 있는 일입니다. 그것은 우리 기독교의 기도의 교리이고 성경이 말하는 기도자의 자세입니다. 그러나 그것을 가지고 매스컴에서 비판했을 때 그것을 처리하는 방법이 미숙하고 비성서적이었기 때문에 오히려 더 큰 약점을 드러내고 말았습니다. 미숙한 판단력을 가지고 변명하는 한국 교회의 모습은 신앙의 확신이 없는 것처럼 보였습니다.

이 사건을 통해서 한국 기독교는 사회로부터 오만하다는 소리까지 듣게 되었습니다. 그런 일들이 사회적으로 크게 이슈가 되자 저는 마음이 괴로워, 멀리 떠나온 조국이지만 목사로서 참 안타까운 마음을 갖고 있습니다.

얼마 전에 우리 한국 기독교의 윤리 개혁 운동을 일으키는 손봉호 교수님이 한국 기독교를 걱정하는 모습으로 인터뷰를 하는 신문 기사를 보았습니다. 평신도 지도자요 신학자이면서, 종교 철학자요 기독교 윤리학자인 그가 사랑하는 마음을 가지고 말씀하시는 내용이기 때문에, 여러 사람들과 공유하면서 많은 생각을 하게 되었습니다.

그가 말한 내용을 한마디로 표현하면 "한국 기독교가 물질 중심주의에 병들었다"는것입니다. 종교가 보이는 것에 집착해서 물질을 숭상하면 종교는 그때부터 부패하게 되어 있습니다. 아무리 고등 종교며 역사적인 공헌을 했던 기독교라 해도 그렇습니다. 그런데 한국 기독교가 왜 물질 중심주의에 병들었습니까? 그것은 너무 부유하고 번영했기 때문입니다.

한국 기독교는 이제 돈이 많고 교세가 대단해졌습니다. 국회의원의 40.5퍼센트가 개신교인이고 큰 교회 목사님들이 국회의원의 당락에 영향을 주고 있습니다. 은행 지점장의 인사권까지 영향을 줄 정도가 되었습니다. 한국 기독교에 큰 영향력을 미치고 있는 훌륭하신 목사님들이 역설적으로 그런 악영향을 주고 있는 것입니다.

왜 이런 사태들이 벌어졌을까요? 한국 기독교가 처음부터 오만했을까요? 한국 기독교의 지도자들이 처음부터 그렇게 교만했을까요? 아닙니다. 너무 부유해지고 가진 것이 많아지니까 약자의 소리를 듣기보다는 권세자의 소리에 귀를 기울이고 있기 때문입니다. 약자의 아픔을 알기보다는 권세자의 영향에 관심이 많아졌기 때문입니다. 정말 안타까운 모습이 아닐 수 없습니다.

얼마 전에 어느 책을 보니까 저자가 이런 주장을 하는 것을 보고 공감을 얻었습니다.

"한국 교회가 살려면 이민 교회를 배워야 한다. 한국 교회 목사들이 바로 목회하려면 이민 목사들의 목회를 배워야 한다."

물론 이민 목회라고 해서 다 건강하고, 이민 목회자들이라고 해서 다 건강하진 않습니다. 그렇지만 이민 교회는 교인 한 사람 한 사람과 교회 전체를 위해 섬기고 헌신하는 모습이 습관이 되어 있고 그런 삶을 살기 위해 노력하고 있습니다.

현재 한국 교회 그리스도인들은 너무 많은 축복을 받고 부족함이 없을 정도로 가진 것이 많아서 교만해졌습니다. 무척 걱정스러운 모습입니다.

한번은 부산대학 한문학과의 교수라는 지성인이 어느 신문에 글을 실은 것을 보고 안타까운 마음을 금할 길이 없었습니다. 그 교수는 초등학교 동창들이 모여서 밥을 먹고 한잔 하며 한 이야기를 "아무개 친구 목사에게"라는 제목으로 올려놓았습니다. 그 글의 내용은, 대부분의 동창들은 이제 직장도 그만두고 나이가 들어서 다 물러났는데 아직까지 건재하고 앞으로도 건재할 목사 친구를 비판하는 글이었습니다. 질투심에, 시기심에 목사를 비평하고 비난하는 모습이었습니다.

세상 사람들은 강남의 큰 교회들만 보며 그런 말들을 쉽게 합니다. 하지만 현실적으로 대한민국의 70퍼센트에 가까운 교회가 자립을 하지 못하고 있습니다. 세상 사람들과 그 교수는 자신의 주관대로 기독교 신앙의 이념을 욕하고 지도자들을 나무라는 실수를 범하고 있었습니다. 더 안타까운 것은, 그런 글에 많은 사람들이 동조하고 동의하는 사회가 되었다는 것입니다. 우리가 이제껏 무엇을 한 것일까요?

저는 부족하지만 30여 년 동안 목사의 사명과 삶을 가지고 때로는 유혹과 모함을 이겨내며 생명 걸고 이 길을 걸어왔습니다. 너무도 부유해진 한국 교회, 지난 30년 동안 세계가 부러워한 돈을 가진 한국 교회 몇몇 지도자들의 무책임하고 오만한 자세 때문에 우리가 이런 비참한 아픔을 겪어야 한다니 너무 마음이 아픕니다.

느헤미야와 이스라엘 백성들은 조상들의 교만의 죄를 기억하고 기도하며 자기들도 교만하지 않도록 기도하였습니다. 우리도 한국 교회의 교만한 지도자들을 위하여 기도하고, 우리 또한 그런 잘못에 빠지지 않도록 기도해야 합니다. 그리고 역사적으로 그런 오점을 남긴 것을 보면서 미래의 역사적인 교훈으로 삼아 바른길을 가야 합니다.

저는 그런 글을 보며 안타까운 심정을 가지고 기도하며 곰곰이 제 자신을 뒤돌아보는 시간을 가졌습니다. 그리고 내 자신부터 이민 교계 목사로서, 교인으로서, 그리고 교회로서 자기를 바로 세우는 것이 중요하다는 것을 깨달았습니다.

하나님이 미워하시는 영적인 교만

교만해지면 유혹도 옵니다. 교만은 패망과 멸망의 선봉입니다. 교만하면 높아지는 것이 아니라 결국은 낮아진다는 것을 우리는 알고 있습니다. 잠언 6장에 보면 하나님께서 가장 미워하시고 싫어하시는 것 가운데 하나가 교만의 눈이라고 했습니다.

"여호와께서 미워하시는 것 곧 그의 마음에 싫어하시는 것이 예닐곱 가지이니 곧 교만한 눈과 거짓된 혀와 무죄한 자의 피를 흘리는 손과 악한 계교를 꾀하는 마음과 빨리 악으로 달려가는 발과 거짓을 말하는 망령된 증인과 및 형제 사이를 이간하는 자이니라"(잠 6:16-19).

가장 먼저 나온 말이 교만의 눈입니다. 라인홀드 니버(Reinhold Niebuhr)는 "죄의 뿌리는 교만"이라고 말했습니다. 그는, 사람은 두려움을 통해서 교만의 죄를 짓게 되고 그것이 결국 인류를 타락시키는 죄의 뿌리가 되기도 한다고 말합니다. 그래서 니버는 권력을 통한 교만, 지식을 통한 교만, 도적적인 교만이 있지만 가장 무서운 교만은 영적인 교만이라고 합니다.

그는 창조주이시고 우리의 인생을 섭리하시고 모든 것을 이루시는 하나님의 절대적인 권위와 섭리와 능력보다도, 자기를 더 중시하고 자기를 드러내고 자기를 절대화시키면 결국은 교만해진다고 했습니다. 그래서 영적인 오만과 영적인 오류가 모든 교만들을 몰아가는 최고의 교만이라는 것입니다.

하나님의 의(義)만이 우리의 살길

사도 바울은 영적인 교만을 자기의 의(self-righteousness)라고 했습니다. 하나님께서는 그리스도를 통해서 우리를 구원하셨습니다. 그렇기 때문에 우리는 상대적인 어떠한 노력과 헌신과 희생이 있더라도, 예수 그리스도 없이는 절대적으로 구원을 얻을 길이 없습니다. 아무리 상대적으로 우리가 받은 축복과 은사와 헌신과 충성이 있다고 하더라도 결국은 하나님과 그리스도를 생각해야 합니다. 내가 하나님 앞에 정결하고 헌신과 충성한다 하더라도 그럴수록 깨달아야 하는 것은 '나는 없고 주님뿐입니다' 라는 고백입니다.

우리는 절대자이신 하나님 앞에 무릎을 꿇고 가슴을 열고 그를 바라봐야 합니다. 하나님의 의가 우리를 의롭게 하시고 그 의로 우리가 살아날 수 있습니다.

이 세상에 자수성가한 사람은 아무도 없다

미국의 목회자인 찰스 스윈돌 목사님은 그의 일생의 역작인 신약 시리즈를 주석해 가는 가운데, 로마서에서 이런 말을 했습니다.

"나는 자수성가했다는 사람에 대해서는 큰 점수를 주고 싶지 않다."

이 말의 의미는, 스스로 노력해서 성공하고 신앙을 얻었다는 사람은 자신에게 있어서는 별로 중요한 사람이 아니라는 말입니다. 그는 이런 말을 아주 담대하고 분명하게 했습니다.

어떻게 보면 위험하고 편견적인 말일 수 있습니다. 하지만 로마서를 통해 하나님의 의의 법에서 해석한 것을 보면 그 밑바탕에는 이런 생각이 깔려 있기 때문입니다. '세상에 자수성가한 사람은 없으며, 하나님께서 도와주지 않으시면 아무도 성공할 수 없다.' 그렇기 때문에 그는 자수성가했다고 말하는 사람은 지도자로 쓰지 않는 다고 말합니다. 자수성가했다고 내세우는 것은 하나님이 미워하시는 교만한 모습이고, 그것을 자랑처럼 여기는 것은 옳은 모습이 아니기 때문입니다.

저는 이 글을 보며 위대한 말씀이라고 생각했습니다. 우리는 이민 생활의 어려운 삶 속에서 자수성가했다고 말하는 사람이 많습니다. 우리는 이민 목회의 어려운 목회 과정을 통해서 자수성가한 사람이 많다고 생각합니다. 그래서 우리 자신은 그만한 노력의 대가를 받을 만한 자격이 있고, 수고를 했으며, 그것을 자녀들에게 강조해야 한다고 생각하고 있습니다.

하지만 자수성가라는 말은 자기 자신에게는 합당할지 몰라도 하나님이 볼 때에는 아닙니다. 하나님께서는 당신이 허락하고 돕지 않았는데 그런 성공적인 삶을 살았다고 인간 스스로가 말하는 것은 분명 잘못된 것이라고 말씀하실 것입니다.

저는 책을 덮고 곰곰이 제 자신을 생각했습니다. 우리 모두는 하나님 앞에 교만하지 않아야 합니다. 이 세상에 자수성가할 수 있는 사람은 어떤 영역에서도 아무도 없습니다. 우리는 인생의 주인이시고 천지를 다스리는 하나님께서 허락하지 않으시면 아무것도 할 수 없고 이룰 수 없습니다. 그렇게 때문에 하나님 앞에 겸손할 수밖에 없습니다.

영적인 교만으로 비롯된 잘못된 태도

교만은 하나님을 뒤로하고 내가 하나님 없이 이런 성공적인 삶을 살고 있다고 자신하는 것입니다. 이런 교만이 들어가면 우리는 패망의 길을 걷게 될 것입니다.

"여호와여 내 마음이 교만하지 아니하고 내 눈이 오만하지 아니하오며 내가 큰 일과 감당하지 못할 놀라운 일을 하려고 힘쓰지 아니하나이다"(시 113:1).

마음이 교만하면 교만한 눈이 됩니다. 마음을 나타내는 창인 눈이 교만할 때 남을 멸시하고 비평합니다. 그래서 미국의 유명한 종교 개혁가인 조나단 에드워즈(Jonathan Edwards)는 영적인 교만에 대해 하박국 2장을 이용해서 이렇게 경고했습니다.

"자기의 믿음을 가지고 남의 믿음을 쉽게 의심하고 비평하는 것은 교만이다. 다른 사람이 알아주도록 믿음의 형식만을 갖추어 가는 삶을 사는 사람은 사실 영적인 교만이 들어 있다. 그리고 영적으로 교만해지면 언제나 다른 사람과는 분리해서 자신의 영적인 것을 주장한다. 그리고 영적인 교만에 들게 되면 화목과 사랑과 화해보다는 유아독존과 남을 시기하는 그런 삶과 관계를 맺고 남을 자기도 모르게 경멸조로 대한다."

우리는 영적 교만으로 인하여 가까운 사람들에게 이러한 실수를 범할 때가 있습니다. 공동체 안에서 이런 영적인 교만은 남에게 큰 상처를 줄 수도 있습니다. 우리가 영적으로 깨우쳐서 남을 권고하고 위로하는 것은 영적인 교만에 빠진 마음과 눈을 가지고 상대를 대하는 것과 다릅니다.

사도 바울은 궁극적인 판단자는 하나님이라고 했습니다. 그는 자신을 괴롭히고 시비를 거는 유대인들과 동족들에게 "너희들이 내 잘못을 찾고 나를 모함하나 나 스스로에게 생각해 볼 때 그럴 만한 이유가 없다고 생각한다. 그러나 나를 궁극적으로 판단하실 이는 하나님이시다"(고전 4:1-5)라고 말했습니다. 그는 자기 의에 빠져서 교만하거나 자기 연민의 늪에 빠지지 않았습니다.

자복의 기도를 통해 교만으로부터 탈출하라

인류는 아담과 하와 이후로 지금까지 이 교만의 문제와 늘 씨름하고 있습니다. 저도, 여러분도, 누구도, 이 교만의 끈에서 완전히 해방된 사람은 없습니다. 우리가 교만의 늪에 빠져서 오만한 눈을 가지고 부족하고 모자랄 것 없는 자세를 취하면 우리는 역사 앞에 채찍질 받을 것입니다. 사순절 기도, 52일 릴레이 금식 기도를 통해서 부활을 준비하는 이 절기 동안에, 우리는 인생의 주인이 내가 아님을 깨달아야 합니다.

내가 빈손으로 와서 자수성가하고 안정을 얻었다 하더라도, 천지를 지으시고 만물을 주장하시는 하나님이 인도하시고 축복하지 않으시면 우리는 이렇게 될 수 없었음을 깨달아야 합니다. 하나님의 은혜와 사랑과 축복을 잊어버리면 그때부터 우리는 교만의 늪에 빠지게 됩니다. 이스라엘 민족처럼 자복의 기도를 통해서 패망의 길로 들어서는 교만의 끈에 얽매이지 않도록 해야 할 것입니다.

하나님 아버지, 이스라엘 백성들은 52일 만에 성벽을 중수하고
말씀으로 듣는 기쁨과 행하는 기쁨을 누렸습니다.
그리고 통회하며 자복하는 기도를 드리면서
조상들의 교만과 그들의 교만을 뉘우쳤습니다.
하나님 아버지, 오늘날 한국 기독교가 사회로부터 받는 지탄을 바라보며
부유하고 번영하고 부족함이 없는 몇몇 한국 교회와 지도자들이
미래에 한국 교회를 어떻게 이끌어 갈 것인지 심히 안타깝습니다.
성경의 역사적 교훈은 오늘날 우리에게도 똑같이 해당됩니다.
우리의 삶이 하나님이 보시기에, 세상 사람이 보기에,
축복받고 안정되고 번영을 누린다고 하더라도,
교만한 늪에 빠진다면 우리도 또다시 역사의 악순환을 겪을 것입니다.
하나님 아버지, 당신이 허락하지 않으시면
우리는 아무것도 이룰 수 없고, 될 수도 없습니다.
그것이 우리의 인생이고 공동체의 사명입니다.
그런데 왜 그리스도인들은 오만하고 교만하여
세상으로부터 손가락질을 받고 있습니까?
이제 당신 앞에 우리 스스로 옷깃을 여미고, 하나님의 진리 앞에서는
담대하고 굳건하게 용단하는 신앙인들이 되게 도와주시옵소서.
한국 기독교의 지도자들이 겸손하게 하나님 앞에
두렵고 떨리는 마음이 되게 하시고,
이민의 삶을 살아가는 우리도 역사와 현실의 교훈을 통해서
결코 교만의 올무에 매이지 않게 도와주시옵소서.
예수님 이름 의지하여 감사하옵고 기도드리옵나이다. 아멘.

V. 공동체와 함께하라

20. 언약 공동체

느헤미야 9:37-10:27

³⁷우리의 죄로 말미암아 주께서 우리 위에 세우신 이방 왕들이 이 땅의 많은 소산을 얻고 그들이 우리의 몸과 가축을 임의로 관할하오니 우리의 곤란이 심하오며 ³⁸우리가 이 모든 일로 말미암아 이제 견고한 언약을 세워 기록하고 우리의 방백들과 레위 사람들과 제사장들이 다 인봉하나이다 하였느니라

¹⁰:¹그 인봉한 자는 하가랴의 아들 총독 느헤미야와 시드기야, ²스라야, 아사랴, 예레미야, ³바스훌, 아마랴, 말기야, ⁴핫두스, 스바냐, 말룩, ⁵하림, 므레못, 오바댜, ⁶다니엘, 긴느돈, 바룩, ⁷므술람, 아비야, 미야민, ⁸마아시야, 빌개, 스마야이니 이는 제사장들이요 ⁹또 레위 사람 곧 아사냐의 아들 예수아, 헤나닷의 자손 중 빈누이, 갓미엘과 ¹⁰그의 형제 스바냐, 호디야, 그리다, 블라야, 하난, ¹¹미가, 르홉, 하사뱌, ¹²삭굴, 세레뱌, 스바냐, ¹³호디야, 바니, 브니누요 ¹⁴또 백성의 우두머리들 곧 바로스, 바핫모압, 엘람, 삿두, 바니, ¹⁵분니, 아스갓, 베배, ¹⁶아도니야, 비그왜, 아딘, ¹⁷아델, 히스기야, 앗술, ¹⁸호디야, 하숨, 베새, ¹⁹하립, 아나돗, 노배, ²⁰막비아스, 므술람, 헤실, ²¹므세사벨, 사독, 얏두아, ²²블라댜, 하난, 아나야, ²³호세아, 하나냐, 핫숩, ²⁴할르헤스, 빌하, 소벡, ²⁵르훔, 하삽나, 마아세야, ²⁶아히야, 하난, 아난, ²⁷말룩, 하림, 바아나이니라

하나님의 언약을 견고하게 세우고 인봉함

이스라엘 민족은 자복의 기도를 드린 뒤 견고한 언약을 세워 기록하고 방백들과 레위 사람들과 제사장들이 그것을 인봉했다고 합니다. 그리고 10장 1절부터 인봉한 사람의 이름을 나열하고 있습니다. 그렇다면 이 본문에서 말하는 언약이란 무엇일까요? 그리고 인봉한다는 것은 무슨 뜻일까요?

여기서 말하는 언약이란 하나님께서 하나님의 백성들에게 하나님 스스로 주신 약속입니다. 하나님 스스로 세우신 약속입니다.

하지만 하나님의 백성인 이스라엘 백성들은 하나님과의 약속을 잘 지키지 못했습니다. 수많은 시간 동안 교만한 모습으로 하나님 앞에 범죄하였고, 예루살렘 성벽을 허물어진 채로 두고 바벨론 포로가 되었다가 돌아왔습니다. 그러나 이제 그들은 그 모든 죄를 회개하는 기도에 이어서 같은 잘못을 되풀이하지 않기 위해 약속을 하고, 그 약속한 것을 가지고 사인을 하고 도장을 찍었습니다. 하나님께서 주신 견고한 언약을 다시 확인하고 봉인을 하였다는 말입니다.

아브라함으로부터 내려온 하나님의 언약

그렇다면 이스라엘 백성들의 언약은 누구에게서부터 그 전통이 왔을까요? 하나님의 백성으로 부름 받은 믿음의 자손인 우리는 누구로부터 이 언약이라고 하는 하나님과의 약속을 받았을까요? 그 사람은 바로 아브라함입니다.

창세기 12장 1절에서 하나님은 아브라함을 통해서 새로운 구속의 역사를 이루시고자 아브라함을 갈대아 우르에서 불러내셨습니다. 그리고 인류를 구원하시고 믿음의 조상으로 삼으셨습니다. 하나님께서는 아브라함을 민족의 큰 지도자로 삼으시고 땅을 기업으로 주시며 큰 민족을 이루시겠다고 약속하셨습니다. 이러한 것들이 바로 언약(covenant)입니다.

그 언약은 오늘날 예수 그리스도를 통하여 우리를 피로 값 주고 사신 것이고, 교회를 세우신 것입니다. 그리고 몸과 피를 기념하는 성찬과 세례를 통해서 계속 이어지는 것입니다. 하지만 이 언약은 혼자에게만 세우신 것이 아니라 공동체적이라는 것이 특징입니다.

이스라엘 백성의 사조(思潮)인 헤브라이즘은 처음부터 공동체적입니다. 이와 반대로, 헤브라이즘과 더불어 서양 사상을 형성해 온 헬레니즘은 개인적이고 사변적입니다. 그래서 유대인들은 한 사람이 죽어도 유대 국가 전체가 상처 입는 것같이 슬퍼합니다. 유대 국가에게 문제가 생기면 모든 국민에게 문제가 생긴 것과 같다고 생각하기 때문에 그들은 세계에서 가장 단결심이 강한 위대한 민족이라 불립니다. 그러나 그것은 정치적이고 사회적인 책략에 의해서 조작된 것이 아니고, 하나님께서 아브라함을 부르시고 언약을 맺으실 때 아브라함의 후손들은 다 그 언약의 후손이 되기 때문에 그렇습니다.

아브라함의 이름과 인생관을 바꾼 하나님의 언약

믿음의 후손으로 영적 유산을 계승받은 예수 그리스도를 믿는 우리는 아브라함의 후손입니다. 그러면 이 언약이 어디서 시작되었는지 창세기 17장 1-8절을 통하여 알아봅시다.

창세기 17장 1-8절에는 아브라함과 하나님이 맺은 약속, 즉 언약에 대해서 강조합니다. 그 언약은 아브라함의 이름을 바꾸고 인생관을 바꾸었습니다. 그리고 아브라함에게 삶의 목적과 방향을 확실하게 각인시켜 주셨습니다.

"아브람이 구십구 세 때에 여호와께서 아브람에게 나타나서 그에게 이르시되 나는 전능한 하나님이라 너는 내 앞에서 행하여 완전하라 내가 내 언약을 나와 너 사이에 두어 너를 크게 번성하게 하리라 하시니 아브람이 엎드렸더니 하나님이 또 그에게 말씀하여 이르시되 보라 내 언약이 너와 함께 있으니 너는 여러 민족의 아버지가 될지라 이제 후로는 네 이름을 아브람이라 하지 아니하고 아브라함이라 하리니 이는 내가 너를 여러 민족의 아버지가 되게 함이니라 내가 너로 심히 번성하게 하리니 내가 네게서 민족들이 나게 하며 왕들이 네게로부터 나오리라 내가 내 언약을 나와 너 및 네 대대 후손 사이에 세워서 영원한 언약을 삼고 너와 네 후손의 하나님이 되리라 내가 너와 네 후손에게 네가 거류하는 이 땅 곧 가나안 온 땅을 주어 영원한 기업이 되게 하고 나는 그들의 하나님이 되리라"(창 17:1-8).

하나님께서는 아브라함을 부르셔서 언약을 맺으시고 우리의 믿음의 조상이 되게 하셨습니다. 이스라엘 백성들은 성을 쌓고 말씀을 듣고 회개한 다음에 아브라함에게 주신 이 하나님의 언약을 견고하게 했습니다. 느헤미야 9장 37절 38절을 보면 견고하게 다시 언약을 세우고 인봉을 했다고 했습니다.

민족 공동체적인 하나님의 언약

그러나 여기서 주의 깊게 살펴보아야 하는 것은, 이스라엘 백성이 하나님으로부터 받은 언약이 민족 공동체적이라는 것입니다. 오늘날로 말하면 교회 공동체적이자 가정 공동체적이라는 것입니다. 하나님은 이 땅에 하나님 스스로 세우시고 만드신 공동체가 있습니다. 그것은 가정과 교회입니다. 하나님은 당신의 자녀를 부르실 때 이 언약 속에서 부르신 것입니다. 가정은 가족 구성원이 모여서 만들어진 공동체입니다. 교회는 교인 한 사람 한 사람이 그리스도 안에서 형제로 공동체를 이룬 것입니다.

이스라엘 백성들은 사람들의 이름을 기록하면서 하나님의 언약에 사인을 하게 됩니다. 총독 느헤미야, 지도자들 그리고 제사장 반열의 지도자, 레위 지파의 지도자들의 이름을 거론하면서까지 사인을 한 것은, 이스라엘 백성이 지금부터는 하나님의 언약 속에 들어가는 공동체라는 뜻입니다. 그리고 하나님이 아브라함과 언약을 세울 때 아브람에서 아브라함의 이름을 새롭게 주신 것처럼, 이제 이스라엘 백성들도 거듭나고 새로워진다는 뜻이 들어 있습니다.

'아브람'이라는 이름은 한 가정의 지도자입니다. 그런데 '아브라함'이라는 이름은 민족의 지도자입니다. 폭이 넓어지고 가치관이 커졌습니다. 사명이 넓고 위대해졌습니다. 우리 또한 이렇게 언약을 다시 확인하고 세움으로써 우리의 가치와 사명, 인생의 목적이 새롭게 거듭나는 것입니다.

아브라함의 인생 여정을 통한 하나님의 언약의 성취

그런데 이 언약은 그냥 만들어진 것이 아닙니다. 아브라함이라고 하는 사람의 인생 여정을 통해서 이루어졌습니다. 여러분! 아브라함이 어떤 사람입니까? 그는 75세에 하나님께 부름 받았습니다. 그리고 175세에 하나님 나라로 갔습니다. 100년 동안 믿음 생활을 했습니다. 인생의 중반기 후반기를 지나 하나님 앞에 나갔던 사람이고, 100년 동안 하나님과 동행했습니다.

그 가운데 특히 하나님으로 부름 받은 이후의 25년이 아브라함에게는 중요한 믿음의 여정이었습니다. 하나님께서는 아브라함이 100세가 되기 전까지 훈련시키시고 연단시키셨습니다. 그리고 아브라함은 그 25년간의 연단과 훈련과 고난의 여정을 통해서 믿음이 단단해졌습니다. 인생의 연륜을 더해 가면서 그의 믿음이 단단해진 것입니다.

이것이 중요한 관점입니다. 우리가 처음부터 믿음을 가졌거나 이민 와서 뒤늦게 믿음을 가졌거나, 혹자는 부모로부터 믿음의 유산을 받았다고 하더라도 믿음의 연륜을 쌓아가는 동안에 그 믿음은 점점 단단해져야 합니다.

성경은 아브라함의 믿음을 바랄 수 없는 중에 바란 믿음이라고 했습니다. 하나님의 언약은 아브라함의 힘든 인생 여정 속에서는 보이지 않았습니다. 그래서 아브라함은 하나님께서 약속하신 아들을 주시지 않자 이스마엘을 하나님의 언약의 징표로 삼으려고도 했습니다. 그것은 그가 믿음의 길에 들어선 지 11년 후의 일이었습니다.

이때는 아직 믿음이 성숙하지 못하고 굳건하지 못했습니다. 아브라함은 조금만 위험에 처하고 어려워져도 아내를 내세워서 그 위기를 모면하려고 했습니다. 하나님이 원하시는 방법이 아닌 자신의 생각대로 행했습니다. 이렇게 아브라함은 10여 년 동안 실수를 하면서 믿음의 내리막길을 걸었습니다.

그러나 하나님께서는 그를 버리시지 않으시고 아브라함이 99세가 되던 해에 다시 찾아오셨습니다. 이스마엘을 얻고 난 13년 후에 찾아오신 것입니다. 하나님께서는 언약을 이루는 약속의 씨앗을 주신다고 말씀하시지만, 처음에 아브라함은 자신의 처지를 생각하며 웃어넘깁니다. 그러나 하나님께서는 아브라함에게 당신이 이루시지 못할 일은 없다고 말씀하셨습니다.

하나님은 아브라함의 실수투성이인 믿음으로는 하나님의 약속을 성취할 수 없었기에 다시 그에게 찾아오신 것입니다. 하나님의 약속은 이스마엘이 아니라 이삭이었습니다. 하지만 하나님께서는 왜 이렇게 하셨을까요? 이스마엘이라는 실수의 씨앗 때문에 벌어지는 아브라함의 가정의 불화가 답답해서 그러신 것일까요? 아니면 아브라함이 살아가는 방법이 축복의 방법이 아니었기 때문에 그러신 것일까요? 아브라함에게 답이 있는 것이 아닙니다. 하나님에게 답이 있습니다. 하나님께서 아브라함을 부르실 때 언약을 주셨기 때문입니다. 하나님께서 아브라함을 부르실 때 축복한다 약속하시고 그 약속을 보장해 놓으셨기 때문입니다.

오늘 아침 목장 시간에 '약속의 성취를 이룬 아브라함의 믿음' 이라는 제목으로 로마서 4장 17-25절 말씀을 공부했습니다. 그리고 로마서 4장 1-16절을 통해서 아브라함의 믿음이 어떤 과정을 거쳐서 발전하고 성숙해 갔는지 우리의 모습과 반추해 보기도 했습니다. 아브라함은 하나님의 언약 때문에 다시 오뚝이처럼 일어설 수 있었습니다. 하나님의 언약 때문에 흔들리지 않고 꾸준히 전진해 나갈 수 있었습니다.

그래서 로마서 4장 18절은 그런 아브라함을 보고 "아브라함이 바랄 수 없는 중에 바라고 믿었으니"라고 말했습니다. 아브라함이 절망 속에서도 희망을 잃지 않고 하나님의 약속을 믿었기 때문입니다. 물론 아브라함은 그 가운데 자신의 방법대로 행하여 가정의 불화를 몰고 오기도 했습니다. 그러나 그는 그러한 갈등 속에서 많은 뉘우침과 깨달음을 얻었을 것입니다.

하나님의 언약을 믿고 순종하는 아브라함

하나님은 25년 만에 당신의 약속을 이루기 위해서 이삭을 주셨습니다. 아브라함은 이삭을 통해서 하나님의 약속이 성취됨을 알게 되고 기뻐했을 것입니다. 자신의 부족함 속에서도 하나님의 약속은 반드시 이루어짐을 알고 의심하지 않는 신앙생활을 했습니다.

하지만 10년이 지난 뒤 하나님께서는 아브라함을 시험하시기 위해 그를 다시 부르십니다. 독자인 이삭을 제물로 바치는 테스트를 하신 것입니다. 하지만 아브라함은 그것을 불평불만하거나 다른 사람들과 그 일을 의논하지 않았습니다. 하나님의 말씀을 듣자마자 아침 일찍 일어나 묵묵히 3일 길을 걸어 모리아 산상으로 갔습니다.

자신의 사랑하는 독자를 바치라는 하나님의 시험 앞에 아브라함이 어떻게 그렇게 할 수 있었을까요? 하나님께서는 우리에게도 이민생활 가운데 성공을 했다 하더라도 마음껏 그것을 즐기도록 두시지는 않습니다. 그것을 가지고 테스트를 하실 때가 있습니다. 하나님께서는 언약을 이루실 때 마지막 점검을 하십니다.

아브라함의 순종으로 인한 축복의 계승

만약 아브라함이 받은 축복과 기쁨으로 누리는 믿음의 열매를 가지고 하나님의 영광을 위해서가 아니라 자신과 후손을 위해 그것들을 즐기기만 한다면 아브라함은 결코 믿음의 조상이 될 자격이 없습니다. 그의 믿음은 겨우 '하나님께서 약속해 주신 이삭을 가지고 있었다' 정도였을 것입니다. 믿음은 온전해져야 합니다.

하나님께서는 아브라함의 온전한 믿음을 원하셨습니다. 아브라함을 통한 온전한 믿음의 열매를 보여주시고자 했습니다. 그러한 하나님의 시험 앞에 아브라함은 두말없이 순종합니다. 왜냐하면 내가 비록 실수하여 하나님의 언약을 다른 방법으로 성취하려 했으나 하나님의 언약, 하나님의 방법은 변치 않으시다는 것을 알았기 때문입니다.

아브라함의 지난 믿음의 훈련은 헛되지 않았습니다. 아브라함은 이삭을 볼 때마다 조금도 의심할 필요가 없는 하나님을 알게 되었습니다. 이제 아브라함은 하나님께서 미리 예비해 놓으시고 계획해 놓으시고 승리해 놓으시는 목적에 들어갈 수 있는 믿음의 정상에 우뚝 섰습니다.

하나님께서는 그러한 아브라함의 믿음에 감격하시고 온전한 믿음으로 인정해 주셨습니다. 그리고 그 후에는 아브라함을 시험하지 않으시고 이삭을 제물로 받친 대가를 충분히 갚아 주셨습니다. 창세기 25장에서는 아브라함의 그 행동 때문에 이삭에게 축복이 갔다고 말했습니다. 이삭이 믿음 생활을 잘하기 이전에, 이미 아브라함의 믿음의 유산이 이삭에게 전해졌다고 했습니다. 축복의 계승이 이루어졌습니다.

우리의 이삭을 하나님께 바쳐라

사랑하는 성도 여러분! 하나님께서는 우리를 그냥 믿음의 이민 1세로 부르지 않으셨습니다. 하나님께서는 우리가 알지 못하는 신비한 방법으로 사명감을 주시고, 인생의 목적을 주시고, 우리가 하나님의 영광의 그릇으로 사용되는 단계까지 가길 원하십니다. 그래서 우리가 믿음의 정상에 우뚝 서기를 원하십니다. 그것이 하나님께서 우리를 부르신 목적이고 아브라함과 세우신 언약의 목적입니다.

그러면 우리가 넘어야 할 이삭의 고비는 무엇이며, 우리가 걸어가야 할 모리아 산의 길은 어디입니까? 누구에게나 이삭은 있습니다. 우리에게 이삭과 같은 존재는 돈과 자식, 학위, 건강일 수 있습니다. 인간관계나 권력일 수도 있습니다. 하지만 누구도 그 이삭을 바치지 않고서는 믿음의 정상에 설 수 없습니다. 아브라함은 지난 25년의 믿음의 여정 과정 훈련을 통해서 헛되지 않는 말씀을 깨달았고 헛되지 않는 하나님의 신뢰를 보았기 때문에 믿음의 정상에 설 수 있는 순종을 한 것입니다. 우리도 그러한 아브라함을 본받아야 합니다.

언약 공동체인 교회의 사명

5월은 가정의 달입니다. 우리 교회는 가정의 달을 맞이하여 교육부서와 함께 3부 예배를 같이 드리는 시간을 갖습니다. 어린아이부터 대학생이 된 우리 자녀들과 예배를 드리면서, 가정의 영적 유산을 생각하고 하나님으로부터 물려받은 이 기업을 영적으로 키우는 사명감을 가지려고 합니다. 하나님께서 주시는 언약의 영적 축복과 계승은 가정을 통해서만 이루어지지 않습니다. 공동체적인 교회를 통해서도 우리에게 중요한 교훈을 주고 열매를 거두게 합니다.

우리는 자녀들과 함께 드리는 예배를 통하여 '건강한 교회, 건강한 가정'이라는 슬로건을 걸었습니다. 건강한 가정이 건강한 교회를 만드는 것이 아니라, 이번에는 건강한 교회 생활을 통해서 건강한 가정 생활을 하자는 것입니다. 건강한 교회에서 양육 받고 훈련 받는 자녀들은 건강한 가정을 이루는 믿음의 자녀로 자랄 것입니다. 건강한 교회의 1세들이나 2세들이 함께하는 믿음의 공동체는 누구든지 건강한 믿음을 이루는 가정을 이루고 결혼 생활 할 수 있을 것이라고 믿습니다.

언약 공동체인 교회와 가정을 통해서 우리의 신앙이 온전한 신앙으로 나아가야 합니다. 그래서 결국 믿음의 정상에 우뚝 서기를 원합니다. 하나님이 약속해 놓으신 축복의 그릇으로 하나님께 영광 돌리면서 믿음의 축복을 나눌 수 있는 여러분이 되시기를 축원합니다.

하나님 아버지, 감사합니다.

하나님께서는 언제나 때와 절기에 맞추어서 우리에게 말씀해 주십니다.

그리고 그 절기대로 우리의 가정과 교회를 인도하심을 감사드립니다.

아버지 하나님, 하나님의 언약은 공동체적입니다.

교회적이며 가정적입니다. 가정적이며 교회적입니다.

하나님께서는 아브라함을 통하여

언약을 이루신다는 믿음으로 우리를 부르셨습니다.

그 언약을 가지고 우리 교회에 오는

모든 어린아이와 어른, 미래의 후세들까지

신앙의 그 청교도적 뿌리를 내려서

사명을 감당해 갈 수 있도록 도와주시옵소서.

먼저 우리들에게 하나님의 약속에 대한 삶을

교회적으로, 가정적으로 살 수 있게 도와주시옵소서.

예수님 이름 의지하여 감사하옵고 기도드리옵나이다. 아멘.

21. 하나님이 세우신 공동체

느헤미야 10:28-39

²⁸그 남은 백성과 제사장들과 레위 사람들과 문지기들과 노래하는 자들과 느디님 사람들과 및 이방 사람과 절교하고 하나님의 율법을 준행하는 모든 자와 그들의 아내와 그들의 자녀들 곧 지식과 총명이 있는 자들은 ²⁹다 그들의 형제 귀족들을 따라 저주로 맹세하기를 우리가 하나님의 종 모세를 통하여 주신 하나님의 율법을 따라 우리 주 여호와의 모든 계명과 규례와 율례를 지켜 행하여 ³⁰우리의 딸들을 이 땅 백성에게 주지 아니하고 우리의 아들들을 위하여 그들의 딸들을 데려오지 아니하며 ³¹혹시 이 땅 백성이 안식일에 물품이나 온갖 곡물을 가져다가 팔려 할지라도 우리가 안식일이나 성일에는 그들에게서 사지 않겠고 일곱째 해마다 땅을 쉬게 하고 모든 빚을 탕감하리라 하였고 ³²우리가 또 스스로 규례를 정하기를 해마다 각기 세겔의 삼분의 일을 수납하여 하나님의 전을 위하여 쓰게 하되 ³³곧 진설병과 항상 드리는 소제와 항상 드리는 번제와 안식일과 초하루와 정한 절기에 쓸 것과 성물과 이스라엘을 위하는 속죄제와 우리 하나님의 전의 모든 일을 위하여 쓰게 하였고 ³⁴또 우리 제사장들과 레위 사람들과 백성들이 제비 뽑아 각기 종족대로 해마다 정한 시기에 나무를 우리 하나님의 전에 바쳐 율법에 기록한 대로 우리 하나님 여호와의 제단에 사르게 하였고 ³⁵해마다 우리 토지 소산의 맏물과 각종 과목의 첫 열매를 여

호와의 전에 드리기로 하였고 ³⁶또 우리의 맏아들들과 가축의 처음 난 것과 소와 양의 처음 난 것을 율법에 기록된 대로 우리 하나님의 전으로 가져다가 우리 하나님의 전에서 섬기는 제사장들에게 주고 ³⁷또 처음 익은 밀의 가루와 거제물과 각종 과목의 열매와 새 포도주와 기름을 제사장들에게로 가져다가 우리 하나님의 전의 여러 방에 두고 또 우리 산물의 십일조를 레위 사람들에게 주리라 하였나니 이 레위 사람들은 우리의 모든 성읍에서 산물의 십일조를 받는 자임이며 ³⁸레위 사람들이 십일조를 받을 때에는 아론의 자손 제사장 한 사람이 함께 있을 것이요 레위 사람들은 그 십일조의 십분의 일을 가져다가 우리 하나님의 전 곳간의 여러 방에 두되 ³⁹곧 이스라엘 자손과 레위 자손이 거제로 드린 곡식과 새 포도주와 기름을 가져다가 성소의 그릇들을 두는 골방 곧 섬기는 제사장들과 문지기들과 노래하는 자들이 있는 골방에 둘 것이라 그리하여 우리가 우리 하나님의 전을 버려두지 아니하리라

어머니날의 유래

5월 둘째 주일은 어머니날입니다. 이날은 1905년 5월 9일 웨스트 버지니아에서 안나 자이비스(Anna Jarvis)라는 여성이 평생 주일학교에서 어린아이들을 가르치던 어머니를 기억하고 사랑하는 마음으로 카네이션을 교인들에게 나누어 줌으로써 시작된 날입니다.

이러한 모습을 보고 평생을 한 교회에서 장로로 시무하고 체신부 장관을 맡으면서도, 워싱턴에서 필라델피아까지 기차를 타고 다니며 직분을 감당하던 백화점 왕 존 워너메이커가 후원하여 1907년 5월 12일, Andrews Methodist Episcopal Church(Grafton, WA)에서 함께 예배드리는 것을 미국 사회가 주시하게 되었습니다. 그러다가

1914년 미국은 국회를 통하여 5월 둘째 주일을 어머니를 기억하는 어머니날로 공표했고, 국가적인 기념일이 되었습니다. 이처럼 어머니날은 예배를 통하여 시작되었습니다.

100여 년 전에 이런 일들이 시작되어 이제는 전 세계 각곳에서 기독교인이든 기독교인이 아니든, 최고의 희생과 숭고한 사랑을 지닌 육신의 어머니를 기립니다. 그리고 교회는 이날을 어버이주일로 삼고 자녀와 부모가 함께 예배드립니다. 기독교 문화가 세속 문화에 좋은 영향을 주고 기독교 신앙이 세속의 가치관을 이끌어 가던, 100여 년 전의 좋은 전통입니다. 그러므로 어머니날과 예배는 뗄 수 없는 상관 관계에 있습니다.

예배로 어머니날을 축하하는 교회

오늘날 시대가 많이 바뀌었습니다. 이제 어머니날은 세속의 가치관으로 상업화되고 사람들은 점점 영적 유산과 그 신앙적 뿌리를 잊어버리고 있기 때문에 안타까운 일이 아닐 수 없습니다. 감사하게도 지금 우리는 예배를 드리면서 어버이주일을 지키고 있습니다. 특별히 이날에는 영어권 2세 자녀들과 함께 예배드리면서 어머니날을 함께 찬양하고 말씀을 생각할 수 있는 특권을 얻었습니다.

그리스도인들은 세속적으로 선물을 주며 축하하는 것이 아니라, 예배를 통한 말씀과 기도로써 하나님께서 주신 어머니라고 하는 신앙의 선생 그리고 자녀라고 하는 하나님의 기업이 함께 예배를 드릴 수 있는 특별한 은총을 얻었습니다. 감사하고 귀한 것입니다.

저주의 맹세를 하는 이스라엘 백성들

느헤미야 10장 28-39절 말씀은 어버이주일과 일맥상통하는 정신과 의미가 담겨 있습니다. 우리는 10장 27절 이전 말씀을 통하여 '언약의 공동체'라는 제목으로 말씀을 생각해 보았습니다. 하나님께서는 아브라함을 통하여 믿음의 후손인 이스라엘 백성을 언약 공동체로 약속하시고 계획하셨습니다. 그리고 종래에는 하나님께서 모든 것을 이루시는 것을 보았습니다. 우리는 아브라함이 걸어온 인생 여정과 신앙 여정을 보면서 어떻게 살아야 할 것인가를 생각해 보는 시간을 가졌습니다.

10장 28-39절 말씀에는 느헤미야를 통하여 새로운 국가와 민족을 재건했던 이스라엘 백성들이 서약하고 맹세하는 장면이 나옵니다. 이 맹세는 소망과 축복의 맹세가 아닙니다. 10장 29절에 보는 대로 저주로 맹세하는 맹세입니다. 이 말은 무슨 뜻입니까? 왜 이들은 민족과 자녀와 가정, 성전을 축복해야 하는데 저주의 맹세를 하고 있는 것일까요?

그 답은 이렇습니다. 그들은 지금부터 조상들과 가족들, 백성들은 하나님께 서약하고 배운대로 하나님의 말씀을 다시 새겨 들어야 한다고 말합니다. 그리고 공동체로 약속한 것을 지키지 않으면 하나님의 저주가 임한다는 것을 말하고 있습니다. 하나님의 말씀대로 행하지 않으면 하나님의 저주가 공동체와 가정에 임하므로 저주의 맹세로 맹세했다는 것입니다. 처절한 고백이자 결단입니다.

가정 공동체와 교회 공동체

이스라엘 백성들은 공동체 자체가 예배 공동체이자 가정 공동체의 모습이었습니다. 우리가 아는 대로 초대 교회는 가정 교회였습니다. 3·4세기 교회가 제도와 건물을 갖추기 전에 가정 중심으로 모여서 예배드리던 것이 초대 교회입니다.

교회는 언제나 혼자 믿는 것이 아니라 공동체적이었고 신앙은 언제나 가족들과 더불어 함께했습니다. 그래서 하나님께서 세우신 교회와 가정은 상관관계에 있는 하나의 공동체입니다. 그래서 본문 말씀의 제목을 '하나님이 세우신 공동체'라고 정해 보았습니다. 10장 27절은 이전의 언약 공동체를 좀더 구체적이고 실제적으로 우리에게 가르쳐 주고 있습니다.

저는 이 본문을 통해서 세 가지 내용으로 나누어서 정확하게 설명하고자 합니다. 본문 28-30절에서는 결혼 문제를, 31-33절에서는 안식년의 문제를, 34-39절에서는 십일조, 헌물을 하나님의 전에 가지고 오는 문제를 본문 내용대로 설명하려고 합니다. 우리가 부모로서, 또 부모를 섬기는 자녀로서, 디아스포라 사명을 가진 교회 공동체로서 우리에게 적용시키고자 합니다.

믿지 않는 자와 결혼 관계를 맺지 마라

첫째로, 28-30절에서는 결혼을 통해 가정을 이루는 문제에 대해 설명하고 있습니다.

이방사람들과 결혼한 가정들에 대한 경고이자 앞으로 이방 민족에게는 절대로 딸을 주지 않겠다는 맹세입니다. 그렇다면 오늘날 다른 민족, 다른 인종과 결혼하는 것은 하나님 앞에 큰 죄란 말일까요? 오늘날의 국제 결혼이 하나님 앞에 저주받는다는 말입니까? 아닙니다.

신명기와 레위기를 통해서 하나님은 이스라엘 백성들에게 이미 가르쳐 주신 것이 있습니다. 하나님께서는 이스라엘 백성에게 약속의 땅 가나안에 들어가거든 절대 다른 민족과는 결혼하지 말라고 말씀하셨습니다. 다른 민족에게 딸이나 아들을 주지 말고 유대인끼리 결혼해서 혈연 관계를 맺고 공동체를 유지하라고 말씀하셨습니다. 하나님께서는 결혼 문제에 대해서 그렇게 배타적이고 민족적으로 말씀하셨습니다. 그렇다면 전 인류가 다민족, 다문화로 살아가고 특히 미국에서 자녀를 키우고, 우리의 후세들이 이 땅에서 살아가야 하는데 어떻게 해야 할까요?

하나님께서는 왜 이스라엘 민족에게 다른 이방 민족에게 딸을 주지 말고 다른 민족과 결혼 관계를 맺지 말라고 했습니까? 그 이유가 있습니다. 하나님께서는 다른 민족이 섬기는 우상을 이스라엘 민족으로 끌어들이지 않기를 원하신 것입니다. 다른 민족이 섬기는 잡신을 유대인에게 가져오면 그때부터 이스라엘 민족은 망한다는 것입니다. 믿지 않는 사람들의 가치관과 문화, 모든 삶의 목적을 믿는 가정에 끌고 와서 믿는 가정이 그것에 따라가면 그 가정은 나중에는 망한다는 것입니다.

그래서 한국의 김양재 목사님은 자기 자신의 가정 경험과 삶을 통해서 느헤미야서를 가지고 '가정아, 일어나라'라고 하는 주제로 강해를 했습니다. 그 말씀의 처음부터 끝까지 강조하는 주제는 이것이었습니다. '불신자와는 결혼을 하지 마라. 안 믿는 자에게 딸을 주지 말고 안 믿는 며느리를 가정에 두지 마라.'

그렇다면 우리는 이렇게 질문을 할 것입니다. '아니, 그렇다면 어떻게 전도하고 오늘날 우리 그리스도인의 자녀들이 어떻게 결혼 생활을 해야 할까요?' 사실 그분은 개인적인 경험과 가정사를 통해서 고백하기를, 믿지 않는 자가 며느리나 사위로 들어와서 믿음의 전통을 이어가거나 가문을 영적 공동체로 만드는 것은 힘들다는 것이었습니다. 처음에는 믿을 것처럼 말하고 결혼하면 신앙생활 잘하겠다고 다짐하지만 다 입에 발린 소리라는 것입니다.

그분은 사위를 들일 때 돈이나 사회 지위만 보지 말고 신앙을 꼭 보라고 말합니다. 신앙 없는 며느리를 들일 때는 결혼시키기 전에 철저히 신앙 훈련을 시켜서 믿음 생활에 들어서게 하든지, 아니면 가정을 이루는 것을 허락하지 말라고 말합니다. 믿지 않는 자와의 잘못된 결혼은 믿음이 약한 가문을 망치고 그 자녀까지도 믿음의 뿌리를 내리지 못한다는 말씀을 하셨습니다.

수많은 사람들이 듣기 싫고 마음에 부담이 되는 그 설교를 들으면서도 변화되는 가정의 역사가 일어나고 있습니다. 우리에게도 많은 의문점이 있는 말씀이고 부담이 되는 말씀이지만 원리는 다르지 않습니다.

솔로몬은 위대한 국가를 아버지로부터 물려받고도 1천여 명이나 되는 많은 후궁들을 두었습니다. 그래서 그때 들어온 것이 우상 숭배였습니다. 솔로몬의 후궁들은 과거에 자기가 섬기던 자기 고향의 우상들을 가까이하기 시작했습니다. 성전은 지어졌지만 솔로몬의 왕국에는 잡신으로 차고 넘쳤습니다. 그래서 솔로몬 이후 이스라엘은 북이스라엘과 남유다로 갈라져서 싸우다가 바벨론의 포로가 되었습니다.

결혼을 통한 우리 가정의 성공 여부

결혼이라는 것은 나에게서만 끝나는 것이 아니라 내 자녀를 통해 후세로 내려가면서 가문을 형성합니다. 특히 이민자로 살면서 개척자의 가정을 꾸려가는 우리에게 2세, 3세, 4세의 미래를 바라볼 때, 이것은 한 개인의 문제가 아니라 가정적인 문제이고 가문을 이루는 문제입니다. 우리의 영적 유산을 계승해서 가정 공동체를 건강하게 세운다는 것을 생각한다면 결혼이라는 것은 단순하지 않습니다.

우리가 눈에 보이는 지위나 돈, 안정, 사랑만을 따라가는 자녀들에게 속수무책일 때 부패한 세속 가치관과 이상, 우상들로 우리 가정은 망할 수 있습니다. 그래서 이스라엘 백성들은 이러한 심정을 가지고 저주의 맹세까지 하면서 지난날을 기억하고자 했습니다. 하나님의 백성인 이스라엘 백성은 하나님의 가정을 세워야 하나님께서 자녀를 책임져 주신다는 것을 알고 저주의 맹세까지 하는 것이었습니다.

만약 지금까지 우리가 부모로서 책임을 깨닫지 못하고 그런 문제를 심각하게 생각해 보지 않았다면, 우리의 모습을 한번 돌이켜 보아야 합니다. 만약 우리가 자녀로서 우리 부모에게 그런 심각한 도전을 받지 않았다면 다시 생각해 보아야 합니다.

주일을 생명처럼 지켜라

둘째로, 31-33절에서는 안식일의 문제와 안식년의 문제를 말하고 있습니다.

우리는 예수님이 부활하신 다음에 주일을 안식일로 지키고 있습니다. 사실 미국에서 주일을 지키는 것은 굉장히 쉽고 편리합니다. 과거에 우리가 힘들고 어려웠을 때, 종교의 자유로부터 압박받았을 때와는 달리, 이곳은 신앙의 자유가 있고 주일을 지킬 수 있는 문화입니다. 그런데 우리는 왜 하나님 앞에 나가는 날을 생명 걸고 지키지 않습니까? 가장 우선적으로 최선을 다해야 하는데 바쁘고 피곤하고 또 놀고 싶으면 하나님의 날을 뒤로 미루는 것입니다. 하나님께서는 당신을 우선순위로 놓지 않으면 질투하신다고 하셨습니다.

주일 성수를 통한 하나님의 축복

리치먼드에는 지난 수십 년 동안 주일날에는 문을 닫는 '유크롭'(Ukrop's)이라고 하는 식료품 체인점을 기독교 신자가 경영하는 귀한 기업이 있었습니다. 지금도 그 기업은 지역 사회에 무슨 일이 있을 때마다 많은 기부를 하고 있습니다. 현재 상황이 바뀌어서 그곳이 '마틴'이라는 식료품 스토어로 바뀌었지만, 유크롭 부모와 형제들은 3대를 내려오면서 주일에는 가게 문을 닫고 사업을 했습니다. 그래서 그들은 지금까지 가문을 일으키고 오늘날까지 독특한 신앙의 모범을 보이고 있습니다.

우리 교우 중에서 워싱턴에 있다가 이곳에 와서 새로 사업을 시작하면서 지난날의 경험과 깨우침을 바탕으로 새로운 가게를 연 분이 있습니다. 그분도 주일날에는 문을 닫았습니다. 그리고 가게 문에 "우리는 전적으로 하나님을 신뢰한다"(FROG: Fully Rely On God /Sweet Frog)라고 써놓았습니다. 그런데 극장 앞 요구르트 가게가 주일날 문을 닫는 것이 얼마나 손해가 많겠습니까? 하지만 1년이 되지 않아 가게의 지점은 열 개가 넘었습니다.

한국의 전도왕이라고 했던 과천교회 김기동 집사는 이제 신학을 하고 목사가 되어서 LA에서 개척 교회를 합니다.

준수한 외모를 가진 의지력이 강한 그분은 자기 부인이 교회에 나갈 때마다 많은 구박을 했습니다. 그가 어느 날 교회 간다고 온 식구를 차에 태우고 교회 앞을 지나가다가, 방향을 돌려서 다른 곳으로 갔습니다. 교회에 가자는 부인의 말도 무시한 채 하나님을 깔보며 대관령으로 스키를 타러 갔습니다. 그는 그것이 예배드리는 것보다 가족을 즐겁게 하는 일이라고 생각했습니다. 그러나 스키장으로 가는 길에 온 식구가 모두 죽을 뻔한 큰 교통사고를 당했습니다. 그래서 그는 하나님께로 돌아선 사람이 되었고, 많은 사람을 주님 품으로 인도하였습니다.

예배는 하나님을 하나님답게 하는 최고의 행위이다

주일을 지키는 것을 소홀히 하면 안 됩니다. 주일 예배 시간을 소홀히 여기는 신앙생활을 해서도 안 됩니다. 하나님을 기쁘시게 하고 하나님을 하나님답게 하는 것은 하나님께 예배드리는 것입니다. 우리가 아무리 열심히 선교하고 봉사하고 열심히 선을 행한다 하더라도, 하나님의 전에서 하나님을 경배하지 않는다면 아무 소용이 없습니다. 하나님을 위한 것보다 먼저 하는 것이 있다면 그것은 우상 숭배입니다. 하나님께서 싫어하시는 일입니다.

생명처럼 지켜서 하나님께 나와야 할 날이 주일입니다. 만약 우리 이민자들이 이 미국 땅에 와서 주일 예배를 드리지 않았고 신앙 공동체가 없었다고 생각해 보십시오. 우리의 자녀들이나 우리의 삶이 얼마나 피폐해졌겠습니까? 우리가 돈과 자식만을 보고 살아왔다면 우리는 아름다운 신앙 유산을 물려줄 수 없을 것입니다.

물려줄 수 있는 가장 아름다운 신앙의 유산은 예배이다

우리가 물려줄 수 있는 가장 아름다운 신앙의 유산은 하나님께 예배드리는 것입니다. 자녀는 부모의 신앙과 삶을 보고 배웁니다. 말만 한다고 해서 듣고 따라가지 않습니다.

지금도 80세를 넘으셨지만 일주일에 며칠씩 교회에 가서 철야하며 교회와 목사님을 위해 기도하시는 저희 어머님은, 젊은 시절에 사업이 잘되고 확장되어서 지점을 내거나 공장을 할 때 늘 말씀하신 것이 있습니다.

"주일날 절대 가게 문을 열지 마라."

젊은 시절 사업이 어려울 때는 그것이 우리 가족에게도 부담이 되는 말이었습니다. 하지만 세월이 흘러 오늘날 6남매가 신앙생활을 잘하고 다 하나님 안에서 각각 맡은 일에 잘 정착하고 가정적으로도 행복한 생활을 하는 것을 보면서 어머니의 그런 지조와 결단은 이제 감사한 일이 되었습니다.

우리는 신앙을 맹목적으로 가질 수 없습니다. 신앙을 비문화적으로 가질 수 없습니다. 우리는 신앙의 본질과 정신을 사사롭게 생각하고 신앙 인격을 유지하지 못하는 사람이 되지 말아야 합니다. 영적 품위를 지켜야 합니다.

하지만 이러한 것은 하루아침에 되는 것이 아닙니다. 가문과 가정의 부모로부터 내려옵니다. 물론 그 품위를 지키다 보면 문제점과 여러 가지 역경이 있습니다. 하지만 세월이 흐른 지금 알 수 있는 것은, 하나님께서는 살아 계시고 하나님 말씀대로 순종하는 신앙의 절개는 헛되지 않는다는 것입니다.

최고의 것으로 하나님의 성전을 섬겨라

셋째로, 34-39절을 보면 십일조를 얘기하고 만물을 얘기하며 초태성을 얘기합니다. 이스라엘 백성들은 하나님 앞에 십일조를 드리고, 가장 먼저 난 것을 바쳐서 하나님의 전을 버려두지 말라고 말합니다. 하나님의 전을 정성으로 섬기라고 합니다. 이 말은 오늘날 하나님의 성전과 사역을 위하여 헌신하며 헌금하고 정성을 바치라는 말과 같습니다.

우리가 힘들고 어려운 이민 사회에서 정착하다 보면 우리도 모르게 인색해져서 언제나 내 것은 최고로 좋은 것으로 하고 남는 것을 하나님의 전에 가져올 때가 많습니다. 그래서 저는 개척하고 몇 년쯤 되었을 때 이런 얘기를 했습니다.

"가게에서든 집에서든 가장 좋은 물건을 교회에 가져오십시오."

우리는 가정에는 좋은 것들로 채워 놓길 원합니다. 하지만 하나님의 전에는 그렇게 하지 못할 때가 있습니다. 신앙의 자세는 이런 모습에서 나옵니다. 처음에는 하나님의 전을 위하는 것이 손해 보는 것 같고 맹목적인 것 같고 어리석은 것 같습니다. 그러나 하나님께서는 다 보고 확인하고 계십니다. 우리가 하나님의 성전과 일에 우리의 모든 것을 아끼지 않는다면, 하나님께서는 분명 칭찬하시고 축복하실 것입니다. 그리고 우리 후손에게 그 축복의 계승이 이어질 것입니다.

하나님의 전을 위해 자녀들에게 바른 것을 가르쳐라

부끄럽지만 제 가정의 이야기를 하겠습니다. 저는 2남 4녀 중 맏아들입니다. 그런데 저희 어머님은 저희 가문에 시집 오고 저를 잉태할 때부터 아들이면 하나님이 원하는 대로 귀하게 쓰기로 서약하셨습니다. 그래서 제가 목사가 되었습니다. 어머님은 방학 때마다 저를 기도원에 보내고 미션스쿨에 입학하게 하여 교회를 내 집처럼 살도록 하셨습니다. 지난 세월 돌이켜보니, 모든 것이 하나님의 뜻 가운데 어머님을 통하여 이루어진 일입니다.

어머님은 맏아들인 저에게 모든 기도와 영적 후원을 하셨습니다. 저는 평생 어머님을 통해 하나님 앞에 귀하고 먼저 난 깨끗한 것을 바쳐야 한다는 것을 보고 배웠습니다. 헌금도 깨끗한 돈으로 하고, 교회 갈 때는 양복도 깨끗하게 입었습니다. 하나님의 전에 들어올 때는 무엇이든지 더럽고 떨어진 것을 줍고 하나님의 전은 무엇이든지 앞서야 한다는 것을 알았습니다.

교회는 여러분이 불평을 하고 여러분이 자녀를 내세우면서 뭐든지 요구만 하는 곳이 아닙니다. 평생 요구만 하고 평생 교회에 대해 불평을 가진 부모를 둔 자녀는 건강한 교회 생활을 할 수 없습니다. 건강한 지도자가 될 수 없습니다. 우리는 하나님께서 주신 교회 건물과 시설들을 사용할 때 감사하며 귀히 여겨야 합니다. 성도들과 교회 지도자들은 자녀들이 마음껏 뛰어놀게 하되, 하나님의 전을 위한 바른 자세도 똑바로 가르쳐 주어야 합니다.

과거에 저희는 멀리 계신 부모님께 효도를 한다고 하지만 문화가 안 맞고 서로 이해하지 못하는 것이 많다는 것을 느낄 때가 있었습니다. 왜냐하면 저희 집이나 저의 집사람 가정의 형제, 자매들 중 저희 외에 어느 누구도 이민 와서 살아본 사람이 없기 때문입니다. 가끔 말도 안 되는 문제를 가지고 고민하는 저를 이해하지 못합니다.

그러나 주예수교회를 창립할 때 저와 여러분의 눈물도 있었지만 가슴을 치며 하나님께 회개한 사람들은 저희 부모님과 형제들이었습니다. 어머님은, 하나님은 절대 저를 버리지 않으실 것이라며 격려해 주셨습니다. 팔순이 되셨지만 어머님께 자주 가지 못하는 저를 이제 이해해 주시며 축복해 주시는 부모님과 형제, 자매들에게 감사하는 마음을 가지고 있습니다.

나의 최고의 것을 바칠 때 주시는 하나님의 축복

나의 귀한 것을 하나님께 바치는 것은 쉽지 않습니다. 나의 자녀, 보물 그리고 나의 독특한 은사나 삶의 주춧돌이 될 수 있는 자랑거리를 하나님께서 요구하실 때 내어놓는 것은 쉬운 일이 아닙니다. 하지만 아브라함은 이삭을 모리아 산상에 바침으로써 믿음의 정상에 우뚝 섰습니다. 지난 세월의 신앙 훈련이 헛되지 않게 누구와의 의논도 없이 결단을 내리고 최고의 것을 바치는 순종을 한 사람이 아브라함입니다.

하나님께서는 그때부터 그를 최고의 믿음을 가진 자로 인정하십니다. 그리고 그 후 아브라함은 시험 없이 믿음의 정상에서 축복의 그릇이 되었고, 자식에까지 그 축복을 넘겨 주었습니다. 이삭이 거부가 된 것은 이삭 스스로의 인격과 노력과 열심으로 된 것이 아닙니다. 창세기 25장은 분명히 말하기를, 아브라함 때문에 이삭에게 축복이 이어졌다고 말했습니다.

성도 여러분! 돈에만 집착하는 부모의 모습을 자녀들이 보게 하겠습니까? 자존심과 체면이 상하면 하나님도 물리치는 부모의 옹졸한 신앙의 모습을 보게 하겠습니까? 저는, 지난 15년 전에는 맏아들이자 큰오빠의 역할을 제대로 하지 못해서 원망하는 소리도 많이 들었습니다. 그러나 주예수교회 사명을 받고 난 후 오히려 저를 전적으로 후원하며 기도하는 가족들의 모습을 보았습니다. 오히려 저에게 감사하다고 합니다. 이렇게 우리는 하나님의 섭리 안에서 서로 이해되어졌고 하나님의 사명 안에서 서로 협력되었습니다.

《엄마를 부탁해》라는 소설을 쓴 신경숙 씨는 이 책을 통해 한국의 문화와 정서를 전 세계에 전파하고 있습니다. 저는 이 책 외에 《외딴방》, 《어디선가 나를 찾는 전화벨이 울리고》라는 책들도 모두 읽어 보았습니다. 신경숙 씨는 이러한 책들을 통해 가족이야기를 다루고 있습니다. 그리고 모든 중심에는 그녀의 어머니가 있었습니다.

하지만 한국 최고의 여성 작가인 그녀의 어머니는 무학자였습니다. 시골에서 중학교를 나와 그녀를 구로 공단에 보내서 야간 고등학교를 다니게 하고, 예술전문대학을 다니게 한 그녀의 어머니는 글을 읽지 못했습니다. 그녀의 어머니는 늦게나마 글을 배워서 사도신경과 주기도문을 외우셨다고 합니다. 신앙의 유산과 믿음이 앞으로 얼마만큼 그 가문과 자녀들에게 이어갈지는 모르지만, 그녀의 어머니가 그리스도를 통해서 하나님의 품에 안긴 것만은 분명하다고 책을 통해 고백하고 있습니다.

록펠러 어머니의 자녀에게 주는 10가지 계명

신앙의 유산은 그저 1~2년에 끝나는 것이 아닙니다. 신앙의 유산은 위대한 힘을 가지고 있습니다. 하나님이 택한 건강한 교회를 통하여 하나님의 전을 살리고 가꾸어 사명을 감당할 때 그 가정의 믿음은 흔들리지 않을 것입니다. 그 가정은 하나님이 책임져 주시는 아름다운 가문을 이룰 것입니다.

미국의 큰 부자였고 미국의 산업 문화를 일으킨 록펠러(John D. Rockefeller)는 어머니로부터 물려받은 신앙과 교회에 대한 철학이 분명했습니다. 그의 어머니는 하나님 품으로 돌아갈 때 그에게 10가지의 유언을 남겼습니다. 그 말씀대로 살아간 록펠러는 지금까지도 미국에 많은 영향을 끼치고 있습니다. 그의 어머니가 남긴 자녀에게 주는 10가지 계명을 살펴봅시다.

"첫째, 하나님을 친아버지처럼 섬겨라." 이것은 하나님과 가까이 하면서 하나님을 인생의 아버지로 섬기라는 말입니다. '

"둘째, 목사님을 하나님 다음으로 섬겨라." 목사를 절대적으로, 맹목적으로 따르라는 것이 아니라, 하나님의 종을 통해서 나오는 하나님의 사랑을 놓치지 않기 위해서 목사님을 가까이 사랑하고 섬기라는 뜻입니다.

"셋째, 주일 예배는 본 교회에서 드려라." 특별히 하나님의 사명을 가지고 여행하지 않는 한, 본 교회에서 예배드리는 것을 소중히 하라고 합니다. 떠돌이 신앙을 가진 교인은 아름다운 신앙의 유산을 남겨주지 못합니다.

"넷째, 오른쪽 주머니는 십일조 주머니로 차라." 그는 어릴 때 용돈을 받으면서부터 늘 십일조 주머니를 찼습니다. 십일조 신앙은 하루아침에 되는 것이 아닙니다. 월급이 많아지고 사업이 잘된다고 갑자기 십일조를 할 수는 없습니다. 어릴 때부터 그런 훈련을 받아야 합니다. 그리고 십일조를 떼서 다른 것을 하는 것은 올바른 헌금 생활이 아닙니다.

"다섯째 아무도 원수로 만들지 마라." 그의 어머니는 인생을 사는 동안에 원수 문제를 가지고 끌려가지 않기를 원했습니다.

"여섯째, 아침에 목표를 세우고 기도하라.' 그녀는 아침부터 하루를 기도로 시작하라고 합니다.

"일곱째, 잠자리에 들기 전에 하루를 반성하고 기도하라." 여러분! 이렇게 아침저녁으로 기도하는데 왜 영이 안 맑겠습니까? 자기 전의 기도는 우리의 잠자리를 편안하게 할 것입니다.

"여덟째, 아침에는 하나님의 말씀을 읽어라." 아침저녁에 말씀과 기도로 시작하는 것은 우리의 인격과 삶을 주장할 것입니다.

"아홉째, 남을 도울 수 있으면 힘껏 도와라." 있을 때 베풀어야 합니다. 시간과 건강, 돈, 재능이 있을 때 하나님을 위해, 인류를 위해 그리고 선을 위해 그것들을 사용해야 합니다.

"열째, 예배 시간에 항상 앞에 앉아라." 예배 시간에 제 시간에서 와서 정성을 다해 예배드리는 것이 중요합니다. 그렇게 하면 하나님께서 분명히 축복하실 것입니다.

당장은 공감이 되지 않고 아무런 열매가 없는 것 같지만 몇 십 년을 두고 실천해 보면 하나님의 진리를 깨닫게 될 것입니다. 성도 여러분! 하나님이 세우신 교회 공동체와 가정 공동체가 이 말씀대로 순종하여 열매 맺기를 축원합니다.

하나님 아버지 감사합니다.
오늘 어머니날, 어버이주일을 맞이하여
우리에게 주시는 이 느헤미야 말씀대로 살게 하옵소서.
가정을 신앙의 공동체로 이루고
주일을 세상의 무엇보다 먼저 지키고
하나님 앞에 귀하고 먼저인 것을 하나님의 전과 선을 위하여 바칠 수 있는
우리들의 마음이 되게 도와 주시옵소서.
이것을 한 귀로 듣고 한 귀로 흘리는 것이 아니라
내 자녀와 우리 부모, 후손들을 생각해서 변치 않게 도와주시옵소서.
주예수교회 사명을 생각할 때 하나님의 말씀대로 살아가고
노력하게 도와주시옵소서.
예수님 이름 의지하여 감사하옵고 기도드리옵니다. 아멘.

22. 하나님의 공동체

느헤미야 11:1-36

¹백성의 지도자들은 예루살렘에 거주하였고 그 남은 백성은 제비 뽑아 십분의 일은 거룩한 성 예루살렘에서 거주하게 하고 그 십분의 구는 다른 성읍에 거주하게 하였으며 ²예루살렘에 거주하기를 자원하는 모든 자를 위하여 백성들이 복을 빌었느니라 ³제사장들과 레위 사람들과 느디님 사람들과 솔로몬의 신하들의 자손은 유다 여러 성읍에서 각각 자기 성읍 자기 기업에 거주하였느니라 예루살렘에 거주한 그 지방의 지도자들은 이러하니 ⁴예루살렘에 거주한 자는 유다 자손과 베냐민 자손 몇 명이라 유다 자손 중에는 베레스 자손 아다야이니 그는 웃시야의 아들이요 스가랴의 손자요 아마랴의 증손이요 스바댜의 현손이요 마할랄렐의 오대 손이며 ⁵또 마아세야니 그는 바룩의 아들이요 골호세의 손자요 하사야의 증손이요 아다야의 현손이요 요야립의 오대 손이요 스가랴의 육대 손이요 실로 사람의 칠대 손이라 ⁶예루살렘에 거주한 베레스 자손은 모두 사백육십팔 명이니 다 용사였느니라 ⁷베냐민 자손은 살루이니 그는 므술람의 아들이요 요엣의 손자요 브다야의 증손이요 골라야의 현손이요 마아세야의 오대 손이요 이디엘의 육대 손이요 여사야의 칠대 손이며 ⁸그다음은 갑배와 살래 등이니 모두 구백이십팔 명이라 ⁹시그리의 아들 요엘이 그들의 감독이 되었고 핫스누아의 아들 유다는 버금이 되어 성읍을 다스렸느니라 ¹⁰제사장 중에는 요야립

의 아들 여다야와 야긴이며 ¹¹또 하나님의 전을 맡은 자 스라야이니 그는 힐기야의 아들이요 므술람의 손자요 사독의 증손이요 므라욧의 현손이요 아히둡의 오대 손이며 ¹²또 전에서 일하는 그들의 형제니 모두 팔백이십이 명이요 또 아다야이니 그는 여로함의 아들이요 블라야의 손자요 암시의 증손이요 스가랴의 현손이요 바스훌의 오대 손이요 말기야의 육대 손이며 ¹³또 그 형제의 족장된 자이니 모두 이백사십 명이요 또 아맛새이니 그는 아사렐의 아들이요 아흐새의 손자요 므실레못의 증손이요 임멜의 현손이며 ¹⁴또 그들의 형제의 큰 용사들이니 모두 백이십팔 명이라 하그돌림의 아들 삽디엘이 그들의 감독이 되었느니라 ¹⁵레위 사람 중에는 스마야이니 그는 핫숩의 아들이요 아스리감의 손자요 하사뱌의 증손이요 분니의 현손이며 ¹⁶또 레위 사람의 족장 삽브대와 요사밧이니 그들은 하나님의 전 바깥 일을 맡았고 ¹⁷또 아삽의 증손 삽디의 손자 미가의 아들 맛다냐이니 그는 기도할 때에 감사하는 말씀을 인도하는 자가 되었고 형제 중에 박부갸가 버금이 되었으며 또 여두눈의 증손 갈랄의 손자 심무아의 아들 압다니 ¹⁸거룩한 성에 레위 사람은 모두 이백팔십사 명이었느니라 ¹⁹성 문지기는 악굽과 달몬과 그 형제이니 모두 백칠십이 명이며 ²⁰그 나머지 이스라엘 백성과 제사장과 레위 사람은 유다 모든 성읍에 흩어져 각각 자기 기업에 살았고 ²¹느디님 사람은 오벨에 거주하니 시하와 기스바가 그들의 책임자가 되었느니라 ²²노래하는 자들인 아삽 자손 중 미가의 현손 맛다냐의 증손 하사뱌의 손자 바니의 아들 웃시는 예루살렘에 거주하는 레위 사람의 감독이 되어 하나님의 전 일을 맡아 다스렸으니 ²³이는 왕의 명령대로 노래하는 자들에게 날마다 할 일을 정해 주었기 때문이며 ²⁴유다의 아들 세라의 자손 곧 므세사벨의 아들 브다히야는 왕의 수하에서 백성의 일을 다스렸느니라 ²⁵마을과 들로 말하면 유다 자손의 일부는 기럇 아르바와 그 주변 동네들과 디본과 그 주변 동네들과 여갑스엘과 그 마을들에 거주하며 ²⁶또 예수아와 몰라다와 벧벨렛과 ²⁷하살수알과 브엘세바와 그 주변 동네들에 거주하며 ²⁸또 시글락과 므고나와 그 주변 동네들에 거주하며 ²⁹또 에느림몬과 소라와 야르뭇에 거주하며 ³⁰또 사노아와 아둘람과 그 마을들과 라기스와 그 들판과 아세가와 그 주변 동네들에 살았으니 그들은 브엘세바에서부터 힌놈의 골짜기까지 장막을 쳤으며 ³¹또 베냐민 자손은 게바에서부터 믹마스와 아야와 벧엘과 그 주변 동네들에 거주하며 ³²아나돗과 놉과 아나냐와 ³³하솔과 라마와 깃다임과 ³⁴하딧과 스보임과 느발랏과 ³⁵로드와 오노와 장인들의 골짜기에 거주하였으며 ³⁶유다에 있던 레위 사람의 일부는 베냐민과 합하였느니라

잃어버린 가족의 이름을 찾는 사람들

워싱턴 링컨 메모리얼 앞에는 6·25 참전 용사들의 기념비가 있습니다. 그 기념비에는 참전 용사들의 전투하는 모습이 새겨져 있고 그 뒷면에는 모든 전사자들의 이름을 기록되어 있습니다. 우리의 대부분은 기념탑과 조형물을 보고 마음을 가라앉히며 생각에 잠기지만 어떤 사람들은 그들의 아들이었고, 형제였고, 애인이었고, 그리고 친구였던 전사자들의 이름을 찾으려고 합니다. 어느 때에 가보면 유족들 중 어떤 사람들이 그 이름에 종이를 대고 탁본을 하거나 묵념을 하며 꽃을 바치기도 합니다.

워싱턴에 있는 스미스 소니언 박물관(Smithsonian Museum)에 들어가기 전 왼편에는 홀로코스트 박물관(Holocaust Museum)이 있습니다. 그 박물관에 들어가서 나올 때까지 그 모든 역사적 유물들을 전시해 놓은 것을 둘러보다 보면 나지막하게 우리 귀에 들리는 소리가 있습니다. 그것은 600만 명이나 되는 학살당한 유대인들의 이름을 계속해서 부르는 소리입니다. 직접적인 혈연 관계나 인간관계가 없는 우리들은 하나의 역사적 교훈으로 보지만, 그들의 후손들은 들리는 그 이름 속에 행여나 자신의 부모나 조상들의 이름이 나오지는

않을까 하며 귀를 곤두세우고 듣기도 합니다.

하나님의 형상을 닮은 개인이 이룬 하나님의 공동체

느헤미야 11장에는 사람의 이름이 계속해서 등장합니다. 성경 본문을 읽어 가다가 어떤 교훈이나 깨우침이 아닌 단순히 이름이 반복될 때 우리는 무료해지고 때로는 의아해할 때가 있습니다. 과연 이곳에서 무슨 의미를 찾을 수 있을까? 목사님은 이 본문을 가지고 어떻게 설교를 하실까? 성경은 이 사람들을 통해서 무얼 말하려고 하는 것일까?

그러나 주께서 "온 천하를 얻고도 자기 생명을 잃으면 무슨 소용이 있느냐"라고 말씀하신 것처럼, 수십억 인구가 있어도 각각 지문이 다르고 DNA가 다르며 하나님의 형상의 독특한 존엄성을 가지고 태어난 한 사람 한 사람은 중요합니다.

그런데 그 한 사람 한 사람은 단지 한 사람으로만 존재하는 것이 아니라 공동체를 이룹니다. 서양 문화의 특징은 공동체입니다. 그래서 서양 사람들은 커뮤니티십과 시티즌십을 가지고 공동체 생활에 매우 익숙해 있습니다. 왜냐하면 기독교 문화가 그렇게 헤브라이즘을 통해서 우리에게 전달되었기 때문입니다.

우리들은 10장 전반부의 말씀을 가지고 '언약 공동체'라는 제목으로, 하나님과 믿음의 조상이자 영적 계승의 뿌리인 아브라함을 통해 맺은 언약이 오늘날 우리 믿음의 후손들에게 구체적으로 어떤 의미를 가지고 있는지를 생각했습니다. 그리고 어버이주일을 맞이하여 10장 후반부를 통해 '하나님이 세우신 공동체: 교회 공동체, 가정 공동체'라는 제목으로 그 언약의 계승이 이스라엘 민족의 후손에게 이어지며, 결국 이스라엘 백성들과 예루살렘의 성전을 중심으로 어떻게 상관관계를 맺고 있는가를 보았습니다. 그러면서 우리의 건강한 교회 공동체 생활과 건강한 가정 신앙 공동체를 생각하는 시간을 가졌습니다.

느헤미야 11장은 그러한 이스라엘 백성들이 가정과 가문, 민족을 회복할 때 어떻게 공동체적으로 인구를 재배치하여 민족 공동체를 회복할 수 있었는지를 보게 됩니다. 그래서 본문의 제목을 '하나님의 공동체'라고 붙여 보았습니다.

공동체는 처음부터 하나님의 영광을 위해 존재한다

여러분은 예배당에 들어올 때마다 '하나님의 영광스런 교회'라는 주예수교회의 표어를 볼 수 있습니다. 이것은 살아 계시는 하나님의 종 다니엘의 역전승 신앙과 주님 오실 때까지 그리스도의 신부로서 주님을 준비하고 맞이하며 사명을 감당하고자 하는 에베소의 교회론을 합친 것입니다. 우리는 이 표어를 가지고 함께 신앙 공동체를 엮어 가고 있습니다.

저는 예전에 이런 생각을 했습니다. 우리가 하나님의 영광을 드러내기 위해 개인적인 삶과 가정의 영적 유산 그리고 우리가 받은 사명을 통해 헌신하고 충성하면, 하나님께서는 결과적으로 당신의 영광으로 받으실 것이라고 생각했습니다. 이것은 우리 모두가 할 수 있는 자연스러운 생각일 것입니다.

그러나 제가 11장의 말씀을 묵상하고 준비하면서 새롭게 깨우친 것이 있습니다. 하나님께서 이미 정해 놓으시고 계획해 놓으신 하나님의 본성인 영광을 우리를 통해서 받으시고 나타내시려고 설정해 놓으셨는데, 우리가 무엇을 위해 노력하고 애쓰며 하나님의 영광을 나타내려고 하는 것인가?

하나님은 이미 스스로 정해 놓으신 영광의 사명과 몫이 있고 우리는 그것을 따라 순종하며 되는 것이 아닌가? 결과는 같을지 몰라도 그 방법은 다릅니다. 하나님이 주체인가, 내가 주체인가? 하나님께서 인도하시는가, 내가 인도하는가? 이것은 전혀 다른 문제입니다. 공동체는 처음부터 하나님의 본성과 관계되어 있습니다. 왜 그런 줄 아십니까? 성부, 성자, 성령 삼위일체의 하나님이 한 하나님으로 우리에게 나타났으므로 공동체는 하나님 자체의 본질이라고 학자들은 주장합니다.

하나님의 공동체인 교회는 하나님의 꿈

지금 미국에서 많은 영향을 주고 있고 전 세계적으로 운동을 일으키고 있는 빌 하이벨스 목사님이 세운 윌로우크릭 교회는 영어이름이 'Willow Creek Community Church' 입니다. 이 교회는 왜 커뮤니티라는 단어를 붙였을까요?

이유가 있습니다. 빌 하이벨스(Bill Hybels) 목사님에게 정신적인 감화를 주고 교회를 세울 때 함께하며 멘토의 역할을 한 길버트 빌지키언(Gilbert Bilezikian) 박사가 위튼 대학(Wheaton College) 교수 시절 신학적인 화두로 삼은 것이 공동체였기 때문입니다. 그래서 빌 하이벨스 목사님은 윌로우크릭 커뮤니티 처치의 성공 사례를 가지고 《The Story and Vision of Willow Creek Community Church》이라는 책을 썼습니다. 한 신학자가 어떻게 해서 빌 하이벨스 목사님의 마음속에 그런 꿈을 주고 동기를 불어넣어 함께 하나님의 영광을 나타내는 아름다운 공동체로 키울 수 있었을까요?

우리는 공동체라는 단어를 생각하면 가정, 교회, 국가, 사회를 생각하며 사람들의 필요에 의해서 만든 조직적이고 효율적인 모임이라고 생각하기 쉽습니다. 하지만 처음부터 공동체를 생각하고, 공동체의 이름을 붙이고, 공동체를 평생의 이념으로 생각했던 빌 하이벨스 목사님의 생각은 그것뿐만이 아니었습니다. 공동체라는 것은 바로 하나님이 공동체라는 것입니다. 그리고 하나님의 꿈이 공동체에 있다는 것입니다.

그러므로 교회는 단순히 우리의 공동체가 아니며 단순히 한 사람한 사람이 중요한 공동체가 아니라는 것입니다. 교회는 천지를 창조하신 하나님의 창조 섭리의 가장 위대한 꿈이고, 하나님은 그 교회를 통해서 당신의 꿈을 엮어가신다는 것입니다. 그런 점에서 볼 때 공동체는 저와 여러분의 자원, 노력, 옳고 그름과는 다른 하나님의 창조 섭리의 문제라는 것입니다.

인구를 재배치함으로 하나님의 공동체를 세우는 느헤미야

느헤미야 11장을 통해서 느헤미야는 이것을 실제 민족 재건과 민족 공동체 회복에 적용하고 있습니다. 이스라엘 백성들은 말씀을 통해서 다시 영적으로 깨우치고 자복하는 기도를 했습니다. 그리고 그들의 언약의 계승을 그들 자손들과 성전의 관계로 설명하며 깨우쳤습니다. 그다음에 느헤미야는 이스라엘 백성들을 다 모아서 인구를 재배치하면서, 민족 공동체를 든든한 하나님의 공동체로 세웁니다. 자기들의 공동체로 세우지 않습니다. 느헤미야와 함께한 이스라엘 지도자들의 공동체로 세우지 않습니다. 각 지파의 공동체도 아닌 하나님의 공동체로 세운 것입니다. 공동체의 꿈과 공동체를 통한 역사가, 느헤미야가 재배치한 공동체의 모습을 통해서 우리에게 지혜로운 조언을 합니다.

하나님의 공동체를 이루는 첫 번째 사람들 – 소속감을 가진 사람들

"마을과 들로 말하면 유다 자손의 일부는 기럇 아르바와 그 주변 동네들과 디본과 그 주변 동네들과 여갑스엘과 그 마을들에 거주하며"(느 11:25).

이 사람들은 이스라엘 백성들의 약 80퍼센트에 가까운 사람들을 말합니다. 이스라엘 백성들은 예루살렘 성을 쌓고 예루살렘 성전을 중심으로 민족 공동체를 형성할 때 먼 지방으로 나가지 않고 예루살렘 성 주변에서 마을을 형성하고 농사를 짓고 가축을 키우며 살았습니다. 그러면서 단과 브엘세바, 즉 이스라엘 땅 남북 전체를 꿈꾸며 살았습니다. 요즘 사회 조직 이론에 의하면 공동체에 소속되어 있는 소속감을 가진 대다수의 민중, 80퍼센트를 말합니다.

현대인들은 많은 문명의 매개체를 가지고 가깝게 사귀고 대화하며 서로가 알고 있다고 하지만 소속감이 없어서 허전해할 때가 많습니다. 갈수록 가족이 핵가족화되어 가고 갈수록 모든 만남이 개인주의화되어 가고 있기 때문입니다. 그래서 우리는 어느 공동체나 조직, 모임에 소속되기를 원합니다.

이처럼 소속감이 중요합니다. 하나님께서는 우리를 하나님의 백성으로 부르실 때에 사명감, 책임감을 주셨지만 먼저 소속감을 갖도록 하셨습니다. 그래서 자기가 어느 단체에 속해 있으며 속한 그 단체의 중심 구심이 어디에 있는지 알게 했습니다.

우리 그리스도인들이 어떤 신앙 공동체에 소속되어 있을 때, 모든 사람이 그 공동체의 책임을 가진 사람이나 사명을 가진 핵심 봉사자가 될 수는 없습니다. 그러나 우리는 하나님의 백성과 자녀로서 소속감을 가지고 지도자들을 돕고 후원하며 하나님 전에서 예배드리며 하나님의 사역에 동참할 수 있습니다.

하나님의 공동체를 이루는 두 번째 사람들 - 책임감을 가진 사람들

두 번째 그룹이 있습니다. 그 그룹은 일반 백성들 중 심지 뽑힌 사람들입니다. 느헤미야는 제비 뽑힌 10분의 1의 사람들을 거룩한 예루살렘 성에 거주하게 했습니다. 제비 뽑는 것은 잠언 16장 33절에서 말하는 것처럼, 이스라엘 백성들에게 중요한 하나님의 방법이고 모두가 그 방법을 받아들였습니다. 이스라엘 백성들은 '사람은 제비를 뽑으나 작정은 하나님이 하시느니라' 라는 믿음의 확신과 전승이 있기 때문에 제비를 뽑은 다음의 결과에 대해서는 사람의 뜻을 주장하지 않고 하나님의 뜻으로 따랐습니다.

그래서 이스라엘은 전쟁에서나, 중요한 국가적인 결정을 하거나, 사람을 세우는 일을 할 때 공동체적으로 결정할 수 있는 응집력이 있었습니다. 한 예를 보면, 이스라엘 백성들은 아이 성 전투에서 패배한 후에, 아간을 정확하게 뽑아내신 하나님을 보면서 하나님 앞에 심지 뽑아 결정한 것에 대해 절대적으로 순종하고 협력하는 영적인 일치감이 있었습니다.

그렇다면 이렇게 심지 뽑힌 사람들은 어떤 사람들일까요? 바로 책임감을 가진 사람들입니다. 우리가 젊을 때에는 꿈과 열정을 가지고 살지만 나이가 들면서 책임감을 가지고 삽니다. 힘이 들어도 내 자식을 생각하면서 책임을 느끼고, 힘이 들어도 우리 교인을 생각하면서 책임을 느끼는 것이 성인의 모습입니다. 그래서 에리히 프롬(Erich Fromm)이 《사랑의 기술》(The Art of Loving)에서 말했듯이, 사랑의 요소 가운데 중요한 것이 하나 있는데 바로 책임입니다. 사랑은 받거나 주는 것이 모두가 아니라 그 관계에서 오는 책임감을 가지는 것입니다.

하나님을 사랑한다는 것은 하나님의 공동체인 교회에 대해서 책임감을 가지는 것이고, 내가 가정을 사랑한다고 하는 것은 가족과 그 가문의 후손에 대해 책임감을 가지는 것입니다. 이 10분의 1에 해당하는 사람들은 하나님의 부르심(소명) 앞에 자신들의 계획과 욕심을 포기하고 올 수밖에 없습니다. 예루살렘 성에 산다는 것은 적들의 공격의 표적입니다. 예루살렘 성에 산다는 것은 160년 동안 폐허가 된 도시를 다시 일으키는 큰 사명을 갖는 것입니다.

그런데 이들은 뽑혔기 때문에 책임감을 가지고 왔습니다. 때때로 우리 중에는 사명에 불타서 자발적으로 하나님의 일을 하고자 하는 충성, 헌신을 가진 사람도 있지만, 원치 않았는데 하나님께서 부르시고 책임을 주시니 하나님의 일을 하는 사람도 있습니다.

이렇게 소명(calling)을 받은 사람은 실수하거나 힘이 들어도 소명에 대한 자의식을 느끼며 끝까지 자기 책임을 다합니다. 내가 부족하고 힘이 들어도 하나님께서 나를 부르셨기에 싸워가며 인내해 가면서 책임을 다하는 것입니다.

그러나 스스로 자의식에서 뜨거운 열정과 헌신과 사명 의식을 가지고 일을 하는 사람은 때때로 중단할 때가 있고 포기할 때가 있습니다. 아니면 스스로의 정의감 속에 사로잡힐 때가 있습니다.

여러분! 소명에 응답하는 것은 사명이지만 소명이 먼저 중요합니다. 그래서 우리는 소명 앞에 책임을 감당하는 인생의 목적에 순종해야 합니다. 우리 모두는 예배를 통하여 하나가 됩니다. 그리고 믿음의 공동체를 통해 가정 공동체에 영향을 주도록 노력하는 것은, 미래에 대한 우리의 책임이자 그 책임에 대해 깊이 순종하는 것입니다. 우리의 믿음이 성숙해 갈수록 우리는 이러한 책임감을 잘 감당하는 사람이 될 것입니다.

하나님의 공동체를 이루는 세 번째 사람들 - 사명감을 가진 사람들

마지막으로 예루살렘 성에 처음부터 살았던 사람들이 있습니다.

"백성의 지도자들은 예루살렘에 거주하였고"(느 11:1).

이 사람들은 백성들을 성 주변으로 모여서 살게 하고 일부를 제비 뽑아 재배치하기 전에 자발적으로 이 성에 먼저 정착하고 살고 있는 지도자들입니다. 그들은 느헤미야를 중심으로 성벽을 지을 때부터 천막을 쳤든지, 공사를 하기 위해서 가건물을 지었든지, 사명을 감당하기 위해 미리 정착한 사람들이었습니다. 성경에는 이렇게 기록되어 있습니다.

"예루살렘에 거주하기를 자원하는 모든 자를 위하여 백성들이 복을 빌었느니라"(느 11:2).

심지 뽑기에 뽑히지 않아도 하나님의 일과 백성을 위하여 자원해서 그 성에 들어온 사람들이 이들이었습니다. 이들이 바로 사명감에 사는 사람들입니다. 이런 사람들이 지도자들입니다. 이런 사람들이 교회 교역자이고 당회원들이고 소그룹 리더들입니다. 이런 사람들은 사명감에 의해서 하나님 앞에 책임지는 것 이상의 헌신과 충성과 삶의 목적을 가지고 있어야 합니다. 사명감이라는 것은 목적을 이루는 동기의 층입니다. 그래서 사명자는 죽지 않고 종래에 꿈을 이루는 것입니다.

그러나 그 사명감은 어디에서 왔습니까? 바로 하나님으로부터 받았습니다. 만약 사명자가 자기 정리가 안 되고 미성숙하고 자기 자신의 정체성이 흔들린다면 그 공동체는 어떻게 될까요? 사명자는 사심과 책략이 없어야 합니다. 자신의 이익을 위한 이중성이 없어야 합니다. 사명자는 그 사명에 순수하고 그 사명에 대해 불타고 양보가 없어야 합니다.

예루살렘에는 이렇게 성을 지키고 사는 사명자로부터 뽑혀 온 책임감을 가진 사람들, 그리고 성읍 주변에서 마음대로 자유롭게 살 수 있도록 허락받은 일반 주민에 이르기까지 모두가 소중하고 귀중하게 여겨져서 한 공동체를 이루게 되었습니다. 그래서 이스라엘이라는 민족 공동체를 회복할 수 있었습니다. 인구 재배치 정책을 통해서 느헤미야가 이 일을 실천해 나갔습니다.

하나님의 공동체로서 하나님의 말씀에 귀 기울이며 사는 교회 공동체

우리는 하나님께서 주신 하나님의 공동체 속에서 그저 소속하든지, 책임을 지든지, 사명을 받들든지, 모두가 공동체의 중요한 일원입니다. 그 속에서 각각 은사를 가지고 맡은 대로 이끌어 가고 섬겨야 하며 함께해야 합니다. 이때 이 모든 것의 주체가 되시는 하나님이 무슨 말씀을 하시는지 귀를 기울여야 우리 스스로의 열정과 기쁨에 도취되어 하나님과 멀어지는 일이 없습니다. 우리가 그러한 공동체적인 삶을 살 때 하나님의 영광을 드러낼 수 있습니다.

열심히 기도하고 열심히 하나님의 말씀을 생각하기 이전에 하나님이 무슨 말씀을 하시는지 듣는 귀가 필요합니다. 하나님께서 어떤 뜻을 가지고 계시는지 그 음성을 듣고 뜻을 구별할 수 있어야 합니다. 그것이 하나님의 공동체를 하나님의 공동체로 바로 세우기 위해 저와 여러분이 해야 할 노력일 줄 믿습니다. 그렇게 할 때 하나님께서는 교회를 통해 당신의 꿈을 이루어 가시고, 교회는 하나님의 꿈이 드러나는 공동체가 됩니다.

하나님께서 주신 그 꿈이 저와 우리 모두의 꿈이 될 때 하나님의 공동체는 하나님께서 목적하신 대로 하나님의 영광을 드러낼 수 있으리라고 믿습니다. 이런 축복이 공동체 생활과 공동체 열매를 통해서 우리 모두의 삶과 가정에도 좋은 영향을 주기를 축원합니다.

하나님 아버지, 감사합니다.

오늘은 느헤미야 11장에 도착했습니다.

우리는 개인적이고 이기적인 문화 속에 삽니다.

얼마나 자아 만족적인 잘못된 신앙 속에서 살기 쉽습니까?

하나님의 공동체를 하나님의 뜻과 방법과

하나님이 원하시는 길로 이루어 가도록

마음을 열고 귀를 열고 무릎을 꿇게 하여 주시옵소서.

그 가운데 나타나는 하나님의 영광이 우리의 삶,

우리의 가정에도 열매가 되게 도와주시옵소서.

그래서 그것이 결국은 구원의 방주로 세우시고

빛과 소금으로 이 세상에 세우신

그리스도의 몸 된 교회이게 도와주시옵소서.

이 땅에 피로 값 주고 세우신 교회들에게 하나님께서 이런 영향을 주시고,

주예수교회 공동체를 통하여 하나님께서 역사하여 주시기를

예수 그리스도 이름 의지하여 감사하옵고 기도드리옵나이다. 아멘.

23. 거룩한 공동체

느헤미야 12:1-47

¹스알디엘의 아들 스룹바벨과 예수아와 함께 돌아온 제사장들과 레위 사람들은 이러하니라 제사장들은 스라야와 예레미야와 에스라와 ²아마랴와 말룩과 핫두스와 ³스가냐와 르훔과 므레못과 ⁴잇도와 긴느도이와 아비야와 ⁵미야민과 마아댜와 빌가와 ⁶스마야와 요야립과 여다야와 ⁷살루와 아목과 힐기야와 여다야니 이상은 예수아 때에 제사장들과 그들의 형제의 지도자들이었느니라 ⁸레위 사람들은 예수아와 빈누이와 갓미엘과 세레뱌와 유다와 맛다냐니 이 맛다냐는 그의 형제와 함께 찬송하는 일을 맡았고 ⁹또 그들의 형제 박부갸와 운노는 직무를 따라 그들의 맞은편에 있으며 ¹⁰예수아는 요야김을 낳고 요야김은 엘리아십을 낳고 엘리아십은 요야다를 낳고 ¹¹요야다는 요나단을 낳고 요나단은 얏두아를 낳았느니라 ¹²요야김 때에 제사장, 족장 된 자는 스라야 족속에는 므라야 예레미야 족속에는 하나냐요 ¹³에스라 족속에는 므술람이요 아마랴 족속에는 여호하난이요 ¹⁴말루기 족속에는 요나단이요 스바냐 족속에는 요셉이요 ¹⁵하림 족속에는 아드나요 므라욧 족속에는 헬개요 ¹⁶잇도 족속에는 스가랴요 긴느돈 족속에는 므술람이요 ¹⁷아비야 족속에는 시그리요 미냐민 곧 모아댜 족속에는 빌대요 ¹⁸빌가 족속에는 삼무아요 스마야 족속에는 여호나단이요 ¹⁹요야립 족속에는 맛드내요 여다야 족속에는 웃시요 ²⁰살래 족속에는 갈래요 아목 족속에는

에벨이요 ²¹힐기야 족속에는 하사뱌요 여다야 족속에는 느다넬이었느니라 ²²엘리아십과 요야다와 요하난과 얏두아 때에 레위 사람의 족장이 모두 책에 기록되었고 바사 왕 다리오 때에 제사장도 책에 기록되었고 ²³레위 자손의 족장들은 엘리아십의 아들 요하난 때까지 역대 지략에 기록되었으며 ²⁴레위 족속의 지도자들은 하사뱌와 세레뱌와 갓미엘의 아들 예수아라 그들은 그들의 형제의 맞은편에 있어 하나님의 사람 다윗의 명령대로 순서를 따라 주를 찬양하며 감사하고 ²⁵맛다냐와 박부갸와 오바댜와 므술람과 달몬과 악굽은 다 문지기로서 순서대로 문안의 곳간을 파수하였나니 ²⁶이 상의 모든 사람들은 요사닥의 손자 예수아의 아들 요야김과 총독 느헤미야와 제사장 겸 학사 에스라 때에 있었느니라 ²⁷예루살렘 성벽을 봉헌하게 되니 각처에서 레위 사람들을 찾아 예루살렘으로 데려다가 감사하며 노래하며 제금을 치며 비파와 수금을 타며 즐거이 봉헌식을 행하려 하매 ²⁸이에 노래하는 자들이 예루살렘 사방 들과 느도바 사람의 마을에서 모여들고 ²⁹또 벧길갈과 게바와 아스마웻들에서 모여들었으니 이 노래하는 자들은 자기들을 위하여 예루살렘 사방에 마을들을 이루었음이라 ³⁰제사장들과 레위 사람들이 몸을 정결하게 하고 또 백성과 성문과 성벽을 정결하게 하니라 ³¹이에 내가 유다의 방백들을 성벽 위에 오르게 하고 또 감사 찬송하는 자의 큰 무리를 둘로 나누어 성벽 위로 대오를 지어 가게 하였는데 한 무리는 오른쪽으로 분문을 향하여 가게 하니 ³²그들의 뒤를 따르는 자는 호세야와 유다 지도자의 절반이요 ³³또 아사랴와 에스라와 므술람과 ³⁴ 유다와 베냐민과 스마야와 예레미야이며 ³⁵또 제사장들의 자손 몇 사람이 나팔을 잡았으니 요나단의 아들 스마야의 손자 맛다냐의 증손 미가야의 현손 삭굴의 오대 손 아삽의 육대 손 스가랴와 ³⁶그의 형제들인 스마야와 아사렐과 밀랄래와 길랄래와 마애와 느다넬과 유다와 하나니 다 하나님의 사람 다윗의 악기를 잡았고 학사 에스라가 앞서서 ³⁷샘문으로 전진하여 성벽으로 올라가는 곳에 이르러 다윗 성의 층계로 올라가서 다윗의 궁 윗길에서 동쪽으로 향하여 수문에 이르렀고 ³⁸감사 찬송하는 다른 무리는 왼쪽으로 행진하는데 내가 백성의 절반과 더불어 그 뒤를 따라 성벽 위로 가서 화덕 망대 윗 길로 성벽 넓은 곳에 이르고 ³⁹에브라임 문 위로 옛문과 어문과 하나넬 망대와 함메아 망대를 지나 양문에 이르러 감옥 문에 멈추매 ⁴⁰이에 감사 찬송하는 두 무리가 하나님의 전에 섰고 또 나와 민장의 절반도 함께하였고 ⁴¹제사장 엘리아김과 마아세야와 미냐민과 미가야와 엘료에내와 스가랴와 하나냐는 다 나팔을 잡았고 ⁴²또 마아세야와 스마야와 엘르아살과 웃시와 여호하난과 말기야와 엘람과 에셀이 힘써 있으며 노래하는 자는 크게 찬송하였는데 그 감독은 예스라히야라 ⁴³이날에 무리가 큰 제사를 드리고 심히 즐거워하였으니 이는 하나님이 크게 즐거워하게 하셨음이라 부녀와 어린아이도 즐거워하였으므로 예루살렘이 즐거워하는 소리가 멀리 들렸느니라 ⁴⁴그날에 사람을 세워 곳간을 맡기고 제사장들과 레위 사람들에게 돌릴 것 곧 율법에 정한 대로 거제물과 처음 익은 것과 십일조를 모든 성읍 밭에서 거두어 이 곳간에 쌓게 하였노니 이는 유다 사람이 섬기는 제사장들과 레위 사람들로 말미암아 즐거워하기 때문이라 ⁴⁵그들은 하나님을 섬기는 일과 결례의 일을 힘썼으며 노래하는 자들과 문지기들도 그리하여 모두 다윗과 그의 아들 솔로몬의 명령을 따라 행하였으니 ⁴⁶옛적 다윗과 아삽의 때에는 노래하는 자의 지도자가 있어서 하나님께 찬송하는 노래와 감사하는 노래를 하였음이며 ⁴⁷스룹바벨 때와 느헤미야 때에는 온 이스라엘이 노래하는 자들과 문지기들에게 날마다 쓸 몫을 주되 그들이 성별한 것을 레위 사람들에게 주고 레위 사람들은 그것을 또 성별하여 아론 자손에게 주었느니라

성벽 낙성식을 하는 느헤미야와 이스라엘 백성들

12장은 성벽을 봉헌하는 성벽 낙성식에 관한 말씀입니다. 이 장에서는 에스라와 느헤미야가 백성들과 함께 4마일(6.4km)의 성벽 둘레를 각각 반으로 나누어 돌면서 즐거워하고 감사·찬송하는 모습

을 보여줍니다. 그리고 이들이 성을 돌고 난 후 한곳에서 만나서 예배를 드리는데 그곳이 바로 성전이었습니다. 또한 성벽 봉헌을 한 다음 제사장 레위 사람들을 위하여 많은 준비를 해서 성전 섬김과 운영이 잘되도록 한 것이 12장 본문의 내용입니다.

느헤미야와 에스라가 이스라엘 백성들을 이끌고 봉헌을 할 때 감사, 찬송하는 소리가 넘치고 모두가 즐거워했다고 했습니다. 하나님의 전 앞으로 나아가 함께 기뻐하며 즐거워하라고 했습니다. 이처럼 우리도 예배를 'celebration'이라는 단어로 표현하며 하나님을 즐겁게 찬양하는 것이라고 말합니다.

느헤미야가 성벽을 쌓은 가장 중요한 이유

여러분! 그렇다면 왜 느헤미야는 힘들고 어려운 상황에서 외부, 내부의 적을 물리치면서 52일 만에 백성들과 함께 성벽을 쌓았습니까? 느헤미야는 왜 B.C. 444년 6월 25일 즐거운 성벽 낙성식을 하기까지 수많은 난관을 물리치고 성벽 4마일(6.4km)을 쌓았을까요?

물론 느헤미야가 예루살렘 성벽을 쌓은 이유는 적을 방어하고 도시를 튼튼히 하기 위함도 있었습니다. 하지만 군사, 정치, 외교적인 면과 더불어 이스라엘 백성들이 성을 쌓은 가장 중요한 이유가 있습니다. 바로 예루살렘 성 안에 성전이 있기 때문입니다.

예루살렘 성 안에는 솔로몬이 완공하고 바벨론 포로 시절 느부갓네살 의해서 훼파되었다가 스룹바벨이라는 유대 지도자에 의해 다시 지어진 성전이 있습니다. 그래서 느헤미야는 가장 중요한 이유로 성전을 보호하기 위해 성벽을 쌓은 것입니다.

구약 시대에는 성막을 통해서 이스라엘 백성들이 하나님과 만났습니다. 그리고 신약 시대에 와서는 예수님께서 당신의 몸이 곧 성전, 교회라고 하셨습니다. 주님 오실 때까지 이 땅에서 구원의 방주로 세상의 빛과 소금이 되어 주님의 뜻을 감당해야 할 성도들의 모임이 바로 교회입니다. 그래서 성전을 구약에서는 카할(qahal)이라고 하고, 신약에서는 에클레시아(ekklesia)라고 합니다. 이 두 단어는 모두 '모임'이라는 뜻을 가지고 있습니다.

이렇게 한 사람 한 사람이 모여서 하나님을 만나고 하나님께 예배드리고 하나님이 예배하는 자에게 주시는 축복을 자자손손 받아 누리고자 하는 우리의 소망이 담긴 예배 처소, 하나님의 집이 바로 성전입니다. 그리고 세상과 달리 구별된 거룩한 모임입니다.

하나님의 영광의 상징물-하나님의 언약궤

이스라엘 백성들은 성전을 지을 때 성전의 중심에 중요한 역할을 하는 어떤 것을 가져다 놓습니다. 성소와 지성소로 나누어진 하나님의 예배 처소는 무엇이 중심이 되었기 때문에 우리에게 중요한 것일까요? 이 질문을 가지고 사무엘상과 사무엘하의 네 곳을 찾아보기로 합니다.

먼저 사무엘상 4장 21절-5장 1절을 봅시다. 이스라엘 백성들이 블레셋과 전투를 하면서 승리의 힘과 상징이 되는 이스라엘 민족에게 어떤 것을 가져다 놓고 전쟁을 했지만 전투에 졌습니다.

"이르기를 영광이 이스라엘에서 떠났다 하고 아이 이름을 이가봇이라 하였으니 하나님의 궤가 빼앗겼고 그의 시아버지와 남편이 죽었기 때문이며 또 이르기를 하나님의 궤를 빼앗겼으므로 영광이 이스라엘에서 떠났다 하였더라"(삼상 4:21-22).

"블레셋 사람들이 하나님의 궤를 빼앗아 가지고 에벤에셀에서부터 아스돗에 이르니라"(삼상 5:1).

그 중요한 어떤 것은 바로 언약궤입니다. 언약궤는 이스라엘 백성들이 광야 생활을 할 때 모세로부터 받은 십계명, 아론의 싹 난 지팡이 그리고 만나 항아리를 넣은 것입니다. 그리고 하나님의 임재와 능력, 그리고 하나님의 영광의 상징인 이 언약궤가 있는 곳이 성전입니다.

그런데 사무엘상 4장 21절-5장 1절에서 보듯이, 이스라엘 민족은 언약궤를 블레셋에게 빼앗겨버렸습니다. 21절에 보면 "영광이 이스라엘에서 떠났다"라고 말합니다. 영광은 하나님의 본성이자 특징입니다. 영광은 히브리어로 '카보드' 라고 하는데, 한편으로는 '경외'라는 말로도 설명합니다. 이 카보드라는 단어는, 이 세상의 여러 가지 중요하고 모든 것에 무게 중심이 있지만 하나님이 가장 중요한 위치의 무게 중심이고, 하나님을 가장 중요하게 생각하라는 뜻을 내포하고 있습니다.

그런데 왜 이스라엘 민족은 블레셋과 전투할 때 언약궤(법궤)를 갖다 놓고 하나님의 힘을 의지하고 하나님과 함께 전투했는데 패배했을까요? 왜 결국은 법궤를 빼앗기고 비참하게 전투에 진 것일까요?

답은 이렇습니다. 사실 법궤 자체는 하나님이 아닙니다. 법궤에 들어 있는 물건 자체가 하나님의 능력이 아닙니다. 법궤는 그들에게 하나님의 임재를 뜻하는 하나의 상징이자 물건이지만, 중요한 것은 그 속에 하나님의 영이 있어야 한다는 것입니다.

이미 이스라엘 백성들은 하나님의 영을 잃어버렸습니다. 엘리 제사장의 영이 벌써 말씀을 떠나버렸고 그의 자녀들까지도 하나님의 전에서 범죄하므로 하나님이 그들을 버리셨습니다. 그래서 법궤를 옮겨갔지만, 법궤는 눈에 보이는 상징물일 뿐 이미 하나님께서 함께 하시는 영의 능력은 잃어버렸습니다.

교회 건물을 잘 짓고 많은 사람들이 모이는 모임이라고 하더라도 그것이 중요한 것이 아닙니다. 그 속에 성령을 통하여 그리스도 안에서 하나님께 예배드리는 영이 우리를 주장하고 우리를 인도하시지 않으면 교회는 하나님이 살아 역사하시는 곳이 아닙니다. 그것은 단순히 하나님을 이용하는 것입니다. 이런 이스라엘의 비참한 역사가 있었습니다. 그래서 법궤를 블레셋에게 빼앗겼습니다.

거룩한 공동체는 하나님이 가르치는 거룩한 방법으로 섬겨라

하나님을 믿지 않는 사람들이 법궤를 빼앗아 70여 년 가까이 그곳에 두었습니다. 그러한 상황에서 이스라엘의 새로운 임금이 된 다윗이 법궤를, 여부스 족속을 격퇴시킨 후 난공불락의 요새로 왕국의 도성으로 삼았던 다윗 성으로 모셔오기를 원했습니다. 사무엘하 6장 1-5절입니다.

"다윗이 이스라엘에서 뽑은 무리 삼만 명을 다시 모으고 다윗이
일어나 자기와 함께 있는 모든 사람과 더불어 바알레유다로 가서
거기서 하나님의 궤를 메어 오려 하니 그 궤는 그룹들 사이에 좌정
하신 만군의 여호와의 이름으로 불리는 것이라 그들이 하나님의 궤
를 새 수레에 싣고 산에 있는 아비나답의 집에서 나오는데 아비나
답의 아들 웃사와 아효가 그 새 수레를 모니라 그들이 산에 있는 아
비나답의 집에서 하나님의 궤를 싣고 나올 때에 아효는 궤 앞에서
가고 다윗과 이스라엘 온 족속은 잣나무로 만든 여러 가지 악기와
수금과 비파와 소고와 양금과 제금으로 여호와 앞에서 연주하더라"
(삼하 6:1-5).

다윗은 3만 명이나 되는 사람을 모아서 하나님의 법궤를 블레셋
아비나답의 영역에서 이스라엘 새 수도요 다윗이 있는 왕궁으로
모셔 오려는 거대한 행사를 벌였습니다. 임금이 행차하는 예식 이상
으로 큰 예식을 벌였습니다. 그래서 새 수레를 만들었습니다. 다윗
은 수레를 법궤를 모시는 운반 도구로 삼아 예루살렘 성으로 모셔
옵니다. 얼마나 기쁜 일입니까? 떠돌이 유랑 생활을 마치고 정착하
여 하나님의 제단을 쌓고 예배를 드리려고 법궤를 가져오는 것은 얼
마나 좋은 마음이고 좋은 일입니까? 그래서 하나님이 기뻐하시고 축
복하시고 함께하실 것 같은데, 6절부터 11절 이후를 보면 전혀 다른
모습이 나타납니다.

"그들이 나곤의 타작마당에 이르러서는 소들이 뛰므로 웃사가 손
을 들어 하나님의 궤를 붙들었더니 여호와 하나님이 웃사가 잘못함

으로 말미암아 진노하사 그를 그곳에서 치시니 그가 거기 하나님의 궤 곁에서 죽으니라 여호와께서 웃사를 치시므로 다윗이 분하여 그곳을 베레스웃사라 부르니 그 이름이 오늘까지 이르니라 다윗이 그 날에 여호와를 두려워하여 이르되 여호와의 궤가 어찌 내게로 오리요 하고 다윗이 여호와의 궤를 옮겨 다윗 성 자기에게로 메어 가기를 즐겨하지 아니하고 가드 사람 오벧에돔의 집으로 메어 간지라 여호와의 궤가 가드 사람 오벧에돔의 집에 석 달을 있었는데 여호와께서 오벧에돔과 그의 온 집에 복을 주시니라"(삼하 6:6-11).

새 수레에 언약궤를 가지고 오는데 소가 뛰자, 웃사가 고삐를 잡던 손으로 궤가 땅에 떨어지지 않게 자기도 모르게 그것을 붙잡아 넘어지지 않도록 했습니다. 그러나 웃사는 끔찍한 죽음을 당합니다. 우리가 볼 때 하나님이 기뻐하시는 일을 하는데 하나님은 왜 이런 끔찍한 일을 행하실까요? 바른 응급 조치를 한 웃사는 왜 하나님의 진노의 대상이 되었을까요? 그 일을 보고 다윗과 백성들은 하나님을 더욱 두려워했습니다. 과연 하나님께서 이러한 일을 행하신 이유는 무엇일까요?

"어떤 사람이 다윗 왕에게 아뢰어 이르되 여호와께서 하나님의 궤로 말미암아 오벧에돔의 집과 그의 모든 소유에 복을 주셨다 한지라 다윗이 가서 하나님의 궤를 기쁨으로 메고 오벧에돔의 집에서 다윗 성으로 올라갈새 여호와의 궤를 멘 사람들이 여섯 걸음을 가매 다윗이 소와 살진 송아지로 제사를 드리고 다윗이 여호와 앞에서 힘을 다하여 춤을 추는데 그때에 다윗이 베 에봇을 입었더라 다

윗과 온 이스라엘 족속이 즐거이 환호하며 나팔을 불고 여호와의
궤를 메어오니라"(삼하 6:12-15).

하나님께서는 이미 이스라엘 백성들에게 말씀하신 것이 있습니다. 아무리 좋은 수레를 만들어서 그것을 운반한다고 해도 그에 앞서 지켜야 할 계명이 있는데, 그것은 레위인 제사장들이 직접 궤를 메고 가도록 말씀해 놓으셨다는 것입니다. 하지만 이스라엘 백성들은 하나님께서 명하신 방법대로 하지 않았습니다.

내가 아무리 열심과 정열과 헌신을 가지고 신앙생활을 한다고 하더라도 하나님의 말씀이 원하지 않는 방법대로 하면 하나님께서는 이런 질문을 하십니다. '너는 왜 네 마음대로 세상 사람들이 좋아하고 세상에서 유행하는 방법대로 하지? 아무리 좋은 것들을 동원해서 일을 하고 있다고 하지만, 내가 너에게 가르쳐 준 방법은 이것이 아니지 않느냐?' 그리고 하나님께서 이렇게 명령하실 것입니다. '거룩한 공동체는 하나님의 말씀이 가르치는 거룩한 방법으로 섬겨라. 교회는 성경이 가르치는 방법대로 신앙생활 하는 공동체이다.'

그래서 다윗은 그것을 깨닫고 하나님이 가르쳐 준 방법으로 제사를 드리고 궤를 매어 왔습니다. 하나님이 가르치는 방법을 소홀히 하고 무시하면 우리도 이런 끔찍한 일을 당할 수 있습니다. 설사 그것이 하나님을 위하는 일, 하나님께 영광 돌리는 일이라고 하더라도, 우리는 하나님의 방법대로 해야 합니다. 하나님께서는 거룩한 방법과 마음, 신실한 중심을 보십니다.

하나님께서는 이렇게 다윗을 깨우쳐 주셨습니다. 그래서 다윗은 얼마나 기뻤는지 모릅니다. 그리고 하나님께서는 다윗에게 언약궤

를 말씀대로 잘 옮기게 하시고 축복을 해주셔서, 인근에 있던 두로 왕을 통하여 다윗에게 많은 격려를 해주십니다. 그 후 다윗은 이스라엘의 성군이 되어 다윗 성에 왕궁을 크게 지었습니다.

자신의 분수를 알고 하나님의 말씀에 순종한 다윗

그런데 다윗은 언제나 왕궁 밖에 천막을 쳐놓고 모셔 놓은 언약궤를 보면서 마음에 갈등이 일어났습니다.

"여호와께서 주위의 모든 원수를 무찌르사 왕으로 궁에 평안히 살게 하신 때에 왕이 선지자 나단에게 이르되 볼지어다 나는 백향목 궁에 살거늘 하나님의 궤는 휘장 가운데에 있도다"(삼하 7:1-2).

다윗은 자신은 훌륭한 왕궁을 짓고 모든 것에 부족함이 없이 지내는데, 하나님의 집은 너무 초라하다고 생각했습니다. 하나님의 교회는 아직도 부족한 것이 많다고 보았습니다.

미국이 오늘 이때까지 세계에서 앞서가는 나라가 될 수 있었던 요인이 어디에 있었습니까? 그들에게는 모든 어려움에서도 언제나 함께 모여 예배 드리고 감사하는 모임을 제일 중요시한 청교도 정신이 있었기 때문입니다. 건국의 개척자들인 청교도들은 예배당을 그 중심에 두고 지역 공동체를 세웠습니다.

다윗은 하나님의 언약궤를 감사하며 존중하는 마음이 불탔습니다. 자신을 이스라엘의 임금 되게 하시고 나라를 부강하게 하신 것은 하나님이시기에, 하나님의 궤를 임시 거처에 두는 것을 마음 아파했습니다. 그래서 하나님의 법궤를 놓을 하나님의 성전을 짓기로 다짐합니다. 다윗의 마음속에 선한 양심, 선한 동기가 하나님의 성전을 건축하도록 다짐하게 했습니다. 잘못된 사심이나 개인적인 야망, 정치적인 목적으로 하나님의 전을 지으려는 마음이 없었습니다.

그런데 하나님께서는 뭐라고 하십니까? 하나님께서는 성전 짓는 일을 다윗이 아닌 그 아들이 하도록 말씀하십니다. 전투에서 너무 많은 피를 흘린 다윗은 그 일을 할 수가 없었습니다. 그러면서 하나님이 다윗에게 약속을 하셨습니다.

"네 집과 네 나라가 내 앞에서 영원히 보전되고 네 왕위가 영원히 견고하리라 하셨다 하라"(삼하 7:16).

하나님께서는 다윗을 통해 성전을 받으시진 않았지만 다윗의 그 중심을 보시고 축복하십니다. 다윗의 왕위와 이름은 영원할 것이라는 약속의 말씀을 하십니다. 그래서 다윗의 후손이신 예수 그리스도는 우리의 구세주가 되시고, 지금도 이스라엘 백성들에게는 다윗의 별이 국가의 상징입니다.

하나님께서는 이렇게 다윗이 하나님의 전을 사모하고 하나님의 영광과 임재를 드러내고 싶어 하는 간절한 마음을 보시고 축복의 약속을 해주셨습니다. 이것이 다윗이 그의 자자손손 솔로몬을 통해 성전이 완공되고 오늘날까지 내려오는 위대한 이름이 된 이유입니다.

다윗이라는 한 사람의 이름이 한 세대에 끝나는 것이 아니고 영원토록 이어지고 있습니다. 하나님이 축복하시고 인정하시고 하나님의 마음에 합한 사람이 되면, 그 이름은 명예롭고 영광스러운 이름이 되는 가문이 될 것입니다. 다윗은 자신의 분수를 넘지 않았습니다. 다윗은 아무리 하고 싶어도 자신이 해야 할 일이 아님을 알고 하나님의 말씀대로 행했습니다.

하나님께서 칭찬하시고 기뻐하시는 일이라고 하너라도 하나님께서 멈추라 하시면 멈춰야 합니다. 다윗은 하나님 중심에 합하려고 몸부림친 사람이었기 때문에, 그런 좋은 의도가 중단된 것에 대해 고집부리지 않고 과욕하지 않고 아들 솔로몬에게 모든 것을 주고 지시함으로써 순종했습니다.

하나님의 마음에 합한 일을 행하는 다윗

그러나 그 일이 있기 전에 언약궤와 관계된 사건이 한 번 더 일어났습니다. 사무엘하 15장 25-29절을 보면, 다윗이 나라를 튼튼하게 왕조를 굳건히 하여 다스리는데 또 하나의 어려움이 나타났습니다. 다윗의 아들 압살롬이 인간관계와 형제간에 문제를 이용해서 아버지에게 반역을 하고 역모를 꾀했습니다. 그래서 다윗은 왕궁을 비워두고 조신들과 함께 요단 강을 건너 피난을 가게 되었습니다. 그 피난길이 과거 사울에게 쫓겨 피해 다니던 10여 년과 같을지 아니면 하룻밤만 자고 돌아올 길일지는 아무도 몰랐습니다. 다윗은 가슴을 쥐어짜는 배반감과 아들을 향한 연민의 정을 안고 예루살렘 성을 비워 주어야 했습니다.

그렇다면 여러분! 다윗이 피난 갈 때 그를 보호하시고 인도하시고 그의 영광에 보증이 될 언약궤를 가져가야 할까요? 두고 가야 할까요? 내가 헌금해서 지은 예배당이고 내가 뿌린 많은 공이 있는 것을 그냥 두고 갈 수 있을까요? 그런데 사무엘하 15장 25-29절을 보면 우리의 생각과 다른 다윗의 모습이 나타납니다.

"왕이 사독에게 이르되 보라 하나님의 궤를 성읍으로 도로 메어 가라 만일 내가 여호와 앞에서 은혜를 입으면 도로 나를 인도하사 내게 그 궤와 그 계신 데를 보이시리라 그러나 그가 이와 같이 말씀하시기를 내가 너를 기뻐하지 아니한다 하시면 종이 여기 있사오니 선히 여기시는 대로 내게 행하시옵소서 하리라 왕이 또 제사장 사독에게 이르되 네가 선견자가 아니냐 너는 너희의 두 아들 곧 네 아들 아히마아스와 아비아달의 아들 요나단을 데리고 평안히 성읍으로 돌아가라 너희에게서 내게 알리는 소식이 올 때까지 내가 광야 나루터에서 기다리리라 하니라 사독과 아비아달이 하나님의 궤를 예루살렘으로 도로 메어다 놓고 거기 머물러 있으니라"(삼하 15:25-29).

다윗의 신하들은 언약궤를 두고 가는 것에 대해 의문을 제기했습니다. 그들은 언약궤가 있음으로써 다시 돌아왔을 때 다윗 정권의 정통성을 지키고 언약궤를 통해 하나님의 함께하심을 체험하길 원했습니다. 그래서 다윗을 생각하는 충성, 헌신으로 제사장들, 충신들은 언약궤를 메고 따라왔습니다. 하지만 다윗은 뭐라고 합니까?

"내가 여호와 앞에서 은혜를 입으면 도로 나를 인도하사 내게 그 궤와 그 계신 데를 보이시리라"(삼하 15:25).

이미 다윗은 자신이 중심이 되는 것이 아니라 여호와의 언약궤가 중심이 되었습니다. 다윗이 블레셋으로부터 언약궤를 옮겨 올 때 자기의 정치적인 수단과 목적으로 옮겨 오지 않았다는 것이 여기에서 확실하게 나타납니다. 이제부터 궤는 성전의 중심입니다. 다윗은 하나님의 살아 계신 영과 말씀(언약궤)이 중심이고 그들은 그 중심에 의해 움직여야 한다고 말합니다. 이러한 다윗의 지도력은 하나님의 마음에 합한 자라는 칭함을 받을 만한 것과 일맥상통합니다. 그리고 다윗은 이렇게 말합니다.

"종이 여기 있사오니 선히 여기시는 대로 행하시옵소서"(삼하 15:26).

다윗은 모든 것을 하나님께 맡겼습니다. 사람은 위기를 당하거나 억울한 일을 당하면 하나님께 불평을 털어놓거나 대적하거나 교회에 피해를 주는 반역을 꾀하는 이기적인 본성을 가지고 있습니다. 그때 참 신앙이냐 그렇지 않느냐가 나타납니다. 참 그리스도인이고 참 제직인지는 그때 알 수 있습니다. 좋은 일만 있고 문제가 없을 때는 모릅니다. 중심이 어디에 있는지는 이럴 때 드러납니다.

다윗은 하나님의 궤는 예루살렘에 있어야 한다고 생각했습니다. 그리고 아무리 아들이 그를 반역해서 피난을 갈 수밖에 없는 상황이라 하더라도, 하나님께서 허락하시면 다시 돌아올 수 있다고 말했습니다. 모든 것은 하나님의 허락 아래 행해져야 함을 다윗은 알았기에 언약궤를 다시 예루살렘으로 돌려보냈습니다. 언약궤는 예루살렘 성 중심에 놓여야 할 하나님의 성전임을 다윗은 알았던 것입니다.

하나님의 성전을 우선시하는 삶의 축복

다윗은 하나님의 언약궤를 자신의 목적을 이루는 수단으로 삼지 않았고, 느헤미야는 그 언약궤를 위해서 성벽을 쌓았습니다. 오늘날 현대 교인들이, 특히 많은 이민 교인들이 하나님의 전과 교회, 사역에 대해서 자기 주관을 가지고 자신의 중심과 개인적인 편리에 따라 해석하고 태도를 취할 때가 많습니다.

잠깐은 그러한 사람들이 승리하고 그들이 열매를 거두는 것 같습니다. 그러나 그들의 미래와 후손들은 하나님의 축복을 영원하게 받을 수가 없습니다. 성전은 하나님과 만나는 곳이며 하나님의 축복이 함께하는 곳이므로, 성전을 우선시하는 삶이 축복이 되는 것입니다.

충청북도 예산에 가난한 한 부인이 살았습니다. 아들 중에 하나가 절름발이가 있습니다. 보다 못한 동네 사람들이 그 당시에 많은 사람들이 교회에 나오는 이유가 그렇듯이, 예수를 믿으면 복 받는다는 말을 하면서 교회에 나가기를 권했습니다. 그 여인은 복 받기 위해서, 자녀들을 위해서, 한 시간이나 걸리는 예배당으로 아이들을 데리고 신앙생활을 하기 시작했습니다.

그런데 이분은 남달리 마음이 신실하고 성실한 분이어서 누구 못지않게 성실하게 헌신적인 교회 생활을 했습니다. 가난한 사람이 자신의 도에 지나칠 만큼 영과 육과 물질을 다해서 성실한 신앙생활을 했습니다.

그런 가운데 절름발이 아들이 어머니를 따라 교회에 다니면서 풍

금 소리를 듣고 자기도 모르게 그 자리에 가서 건반을 지켜보다가 악성을 그대로 재현해서 아주 뛰어난 음악적인 자질을 나타냈습니다. 찬송가를 치기 시작합니다. 찬송가를 치다가 반주자가 되었습니다. 그러자 교회에서 그 성실한 가정을 교회가 잘 돌보아주고 격려해 주었습니다. 그리고 그 절름발이 아들을 연세대학교 종교음악과에 입학시켰습니다. 그 아들은 훌륭한 연주가가 되었고, 나중에는 연세대학교 음대 교수가 되었습니다. 그분이 바로 연세대학교 종교음악과 교수였던 나인용 교수입니다. 그분의 형님이신 나운용 목사님께서는 감리교 감독회장을 지내시고 그분의 누이는 사모가 되었습니다.

성소권이 가지는 다섯 가지 의미

하나님은 어떤 환경과 상황에서도 당신의 공동체와 성전, 사역, 영광을 위해서 진심을 가지고 최선을 다하는 사람들을 절대 외면하지 않으십니다. 그것은 다윗 이후로 성경이 말해 주고 있는 하나님의 집에 대한 약속입니다. 이것은 성서적인 본질이고 하나님께서 정해 놓으신 원리입니다. 이 원리를 최근에 《신정주의 교회를 회복하라》라는 훌륭한 책을 썼던 새에덴교회 소강석 목사님이 《성소권》이라는 책을 통해서 다시 한 번 깊이 풀어 해석했습니다.

그는 성소권은 장자권과 같이 하나님께서 이스라엘 백성에게 준 축복권과 같은 것이라고 말합니다. 성소, 성전을 통해서, 그리스도의 몸인 교회를 통해서 하나님께서는 만나시고 축복하신다고 말합니다. 하나님께서는 다윗의 별을 통해서, 예수 그리스도를 통해서 그러한 것들을 보여주셨다는 것을 말씀하셨습니다. 자신의 삶과 목회의 간증을 전하면서 책 마지막 결론에 가서 성소권을 존중해야 하는 의미 다섯 가지를 말씀하셨습니다.

"첫째, 성소권은 로드십(Lordship)의 신앙 소유를 말한다." 이것은 주님을 주님으로 모시는 것이고 하나님을 하나님으로 모시는 것입니다. 나를 구원하시고 문제를 풀어 주시고 도와 달라는 것이 아니라, 하나님의 뜻대로 하나님이 원하신 것을 주장하시기를 원하는 것으로 바꾸는 것입니다. 이것은 하나님에게 로드십을 완전히 위임하는 것입니다.

"둘째, 예배의 가치를 알고 예배를 생활화하는 것이다." 우리는 하나님이 기뻐하시고 하나님을 하나님답게 하는 것은 예배라는 것을 알고 있습니다. 예배에 대한 바른 자세 없이 아무리 훌륭하고 헌신적인 것을 하더라도 하나님께서는 기뻐하시지 않으십니다.

"셋째, 그리스도 몸 된 교회를 가까이하고 사랑하라." 하나님의 사랑한다고 하면서 하나님의 몸 된 교회를 사랑하지 않는 것은 이율배반적인 것이라고 말합니다.

"넷째, 주님의 교회를 위해 눈물과 희생으로 씨를 뿌려라." 하나님의 교회를 통해서 이익과 목적, 평안과 안식만 얻을 것이 아니라, 하나님의 교회가 하는 선한 사역과 하나님의 교회를 위하여 눈물로 희생하고 씨를 뿌릴 때 그 씨가 자라서 열매를 거두어 하나님의 영광이 드러난다고 합니다.

"다섯째, 이런 일들을 잘하기 위해서 영적 지도자를 존중하라." 하나님께서 합당하게 세우신 영적 지도자를 존중하고 그에게 순종할 때 이런 일들을 잘 이룰 수 있다고 합니다. 자기 아내, 자기 남편을 사랑하지 않고 자기 가정을 귀히 여기지 않는 사람이 남을 사랑하고 아끼고 남의 자녀를 돌보는 것은 어불성설(語不成設)입니다.

거룩한 공동체가 가져야 할 바른 자세

거룩한 공동체는 저와 여러분의 목표나 표준, 의도와 다릅니다. 그것을 훨씬 넘어서서 하나님께서 광야 생활부터 이스라엘 백성들에게 율법의 언약을 주시면서 시작하신 것입니다. 그것을 하나님의 마음에 합당한 다윗이 예루살렘으로 언약궤로 모셔 오고, 그 아들을 통하여 위대한 성전을 완공함으로써 우리에게 보여주셨습니다.

그리고 오늘날 예수 그리스도가 십자가의 피로 값 주고 사신 교회 공동체로 이어지고 있습니다. 성전에서 우리가 예배드리면서 하나님을 만나고, 우리는 그곳에서 축복의 근원이신 하나님의 축복을 받는 바른 축복권을 가지게 됩니다. 그리고 하나님에게 집중하는 삶을 살며 내 마음대로 궤를 움직이는 것이 아니라, 내가 그 궤의 중심에서 떠나지 않고 그 궤를 따라 움직이는 신앙생활을 해야 합니다. 에베소서 1장 22-23절은 이렇게 말합니다.

> "또 만물을 그의 발아래에 복종하게 하시고 그를 만물 위에 교회의 머리로 삼으셨느니라 교회는 그의 몸이니 만물 안에서 만물을 충만하게 하시는 이의 충만함이니라"(엡 1:22-23).

교회는 만물을 충만케 하는 세상에서 가장 영광스러운 공동체입니다. 이것은 우리 자신의 태도와 세상의 이해 관계가 없는 하나님의 본질적인 뜻과 의도와 목적입니다. 이러한 거룩한 공동체로 하나님께서 우리를 불러 주심을 감사드리며 영광 돌려 말씀의 열매를 맺을 수 있기를 바랍니다.

하나님 아버지, 감사드립니다.
세상 많은 사람들이 교회를 오해하고 비평하지만,
하나님이 세우신 거룩한 공동체가 언약궤를 따라 움직여서
결국 이스라엘을 부강케 하고 든든한 국가로 세운
위대한 메시아의 조상이 된 다윗처럼
우리의 신앙 정신, 신앙 태도, 봉사 자세에 바른 지혜를 가지고
바르게 설 수 있도록 도와주시옵소서.
하나님의 전, 교회를 통하여 축복을 받으며 살게 하고
노력하도록 성령님 도와주시옵소서.
그래서 사람들에게 하나님의 영광을 드러내고
우리의 자손들에게도 아름다운 유산을 물려주는
저희들이 되게 도와주시옵소서.
예수 그리스도 이름 의지하여 감사하옵고 기도드리옵나이다. 아멘.

24. 건강한 공동체

느헤미야 13:1-27

¹그날 모세의 책을 낭독하여 백성에게 들렸는데 그 책에 기록하기를 암몬 사람과 모압 사람은 영원히 하나님의 총회에 들어오지 못하리니 ²이는 그들이 양식과 물로 이스라엘 자손을 영접하지 아니하고 도리어 발람에게 뇌물을 주어 저주하게 하였음이라 그러나 우리 하나님이 그 저주를 돌이켜 복이 되게 하셨다 하였는지라 ³백성이 이 율법을 듣고 곧 섞인 무리를 이스라엘 가운데에서 모두 분리하였느니라 ⁴이전에 우리 하나님의 전의 방을 맡은 제사장 엘리아십이 도비야와 연락이 있었으므로 ⁵도비야를 위하여 한 큰 방을 만들었으니 그 방은 원래 소제물과 유향과 그릇과 또 레위 사람들과 노래하는 자들과 문지기들에게 십일조로 주는 곡물과 새 포도주와 기름과 또 제사장들에게 주는 거제물을 두는 곳이라 ⁶그 때에는 내가 예루살렘에 있지 아니하였느니라 바벨론 왕 아닥사스다 삼십이년에 내가 왕에게 나아갔다가 며칠 후에 왕에게 말미를 청하고 ⁷예루살렘에 이르러서야 엘리아십이 도비야를 위하여 하나님의 전 뜰에 방을 만든 악한 일을 안지라 ⁸내가 심히 근심하여 도비야의 세간을 그 방 밖으로 다 내어 던지고 ⁹명령하여 그 방을 정결하게 하고 하나님의 전의 그릇과 소제물과 유향을 다시 그리로 들여놓았느니라 ¹⁰내가 또 알아본즉 레위 사람들이 받을 몫을 주지 아니하였으므로 그 직무를 행하는 레위 사람들과 노래하는 자들이

각각 자기 밭으로 도망하였기로 ¹¹내가 모든 민장들을 꾸짖어 이르기를 하나님의 전이 어찌하여 버린 바 되었느냐 하고 곧 레위 사람을 불러 모아 다시 제자리에 세웠더니 ¹²이에 온 유다가 곡식과 새 포도주와 기름의 십일조를 가져다가 곳간에 들이므로 ¹³내가 제사장 셀레먀와 서기관 사독과 레위 사람 브다야를 장고지기로 삼고 맛다냐의 손자 삭굴의 아들 하난을 버금으로 삼았나니 이는 그들이 충직한 자로 인정됨이라 그 직분은 형제들에게 분배하는 일이었느니라 ¹⁴내 하나님이여 이 일로 말미암아 나를 기억하옵소서 내 하나님의 전과 그 모든 직무를 위하여 내가 행한 선한 일을 도말하지 마옵소서 ¹⁵그때에 내가 본즉 유다에서 어떤 사람이 안식일에 술틀을 밟고 곡식단을 나귀에 실어 운반하며 포도주와 포도와 무화과와 여러 가지 짐을 지고 안식일에 예루살렘에 들어와서 음식물을 팔기로 그 날에 내가 경계하였고 ¹⁶또 두로 사람이 예루살렘에 살며 물고기와 각양 물건을 가져다가 안식일에 예루살렘에서도 유다 자손에게 팔기로 ¹⁷내가 유다의 모든 귀인들을 꾸짖어 그들에게 이르기를 너희가 어찌 이 악을 행하여 안식일을 범하느냐 ¹⁸너희 조상들이 이같이 행하지 아니하였느냐 그래서 우리 하나님이 이 모든 재앙을 우리와 이 성읍에 내리신 것이 아니냐 그럼에도 불구하고 너희가 안식일을 범하여 진노가 이스라엘에게 더욱 심하게 임하도록 하는도다 하고 ¹⁹안식일 전 예루살렘 성문이 어두워갈 때에 내가 성문을 닫고 안식일이 지나기 전에는 열지 말라 하고 나를 따르는 종자 몇을 성문마다 세워 안식일에는 아무 짐도 들어오지 못하게 하였으므로 ²⁰장사꾼들과 각양 물건 파는 자들이 한두 번 예루살렘 성 밖에서 자므로 ²¹내가 그들에게 경계하여 이르기를 너희가 어찌하여 성 밑에서 자느냐 다시 이같이 하면 내가 잡으리라 하였더니 그후부터는 안식일에 그들이 다시 오지 아니하였느니라 ²²내가 또 레위 사람들에게 몸을 정결하게 하고 와서 성문을 지켜서 안식일을 거룩하게 하라 하였느니라 내 하나님이여 나를 위하여 이 일도 기억하시옵고 주의 크신 은혜대로 나를 아끼시옵소서 ²³그때에 내가 또 본즉 유다 사람이 아스돗과 암몬과 모압 여인을 맞아 아내로 삼았는데 ²⁴그들의 자녀가 아스돗 방언을 절반쯤은 하여도 유다 방언은 못하니 그 하는 말이 각 족속의 방언이므로 ²⁵내가 그들을 책망하고 저주하며 그들 중 몇 사람을 때리고 그들의 머리털을 뽑고 이르되 너희는 너희 딸들을 그들의 아들들에게 주지 말고 너희 아들들이나 너희를 위하여 그들의 딸을 데려오지 아니하겠다고 하나님을 가리켜 맹세하라 하고 ²⁶ 또 이르기를 옛적에 이스라엘 왕 솔로몬이 이 일로 범죄하지 아니하였느냐 그는 많은 나라 중에 비길 왕이 없이 하나님의 사랑을 입은 자라 하나님이 그를 왕으로 삼아 온 이스라엘을 다스리게 하셨으나 이방 여인이 그를 범죄하게 하였나니 ²⁷너희가 이방 여인을 아내로 맞아 이 모든 큰 악을 행하여 우리 하나님께 범죄하는 것을 우리가 어찌 용납하겠느냐

느헤미야의 마지막 공동체적인 도전

'하나님께 범죄하는 것을 우리가 어찌 용납하겠느냐' 라는 말은 공동체의 문제라는 것입니다. 느헤미야는 본문에서 특정한 어느 개인이나 소수의 그룹이 범죄한 것이 아니라 우리가 범죄하였다고 했습니다. 왜 그렇게 말하는 것입니까?

바로 하나님은 나의 하나님이 아니라 우리의 하나님이시기에 그렇습니다. 그렇기 때문에 어느 한 사람이나 소수가 그 잘못이 있고 책임을 지는 것이 아니라는 것입니다. 이것은 새롭게 이스라엘 민족 공동체를 세운 느헤미야가 13장을 통해 마지막으로 우리에게 주는 공동체적인 도전입니다.

이스라엘 백성들은 지난 12년 동안 느헤미야의 지도 아래 제사장들과 예언자, 소그룹의 지도자들과 함께 민족을 재건하는 일을 했습니다. 안팎으로 그들을 방해하는 수많은 난관을 극복하고 52일 만에 예루살렘 성벽을 쌓았습니다. 성벽을 쌓은 가장 중요한 이유로는 12

장에서 '거룩한 공동체'라는 제목으로 나눈 말씀을 통해 알 수 있듯이, 하나님의 성전이 그곳에 있었고 그 성전에는 하나님의 임재와 축복이 함께하는 언약궤가 있었기 때문입니다.

12년 동안 그렇게 느헤미야는 심려를 기울여 사신 없이 헌신하여 민족 공동체를 세웠습니다. 그리고 아닥사스다 왕의 부름을 받아 바벨론으로 돌아갔습니다. 본국에 가서 자신을 지원해 준 임금에게 보고를 했습니다. 성벽을 통한 유다 왕국의 재건과 통치 현황을 말했을 것입니다. 그리고 1년 후에 느헤미야는 다시 예루살렘으로 돌아왔습니다.

그러나 1년이라는 잠깐의 시간을 비웠는데 12년 동안 노력해서 세운 민족 공동체의 영적, 내적 유산이 무너져버렸습니다. 성경은 13장 본문을 통해 말하기를 악을 행했다고 했습니다. 이스라엘 백성들은 안식일을 지키지 않는 악을 행하고 하나님의 물질을 도적질하는 악을 행했습니다. 그리고 하나님의 전을 위해 책임을 맡아서 봉사하는 사람을 돕지 않고, 하나님이 아닌 다른 신을 섬기는 사람들과 가정을 이루는 악을 행했습니다.

느헤미야는 12년을 온 백성들과 더불어 심려를 기울여 세운 유다 민족 공동체가, 최고 책임자가 없는 동안에 다시 과거로 돌아가 심한 악을 하나님께 행했다고 한탄했습니다. 그리고 그것은 모두가 책임져야 할 문제라고 말했습니다.

여러 단계의 증축 과정을 거친 주예수교회의 건물들이 통일성을 가진 이유

주예수교회가 공동체로서의 아름다운 모습을 갖추어 가는 가운데는 내적인 훈련과 성숙도 많이 있지만, 외적인 하나님이 살아 계신 증거와 축복, 성장도 많이 있었습니다.

12년 전 주예수교회는 몇 천 스퀘어 되지 않는 예배당을 구입하였습니다. 그 당시에는 누구도 오늘날과 같은 하나님의 성전, 교육관, 그리고 시설이 6~7배나 크게 세워질 것이라고는 생각하지 못하였습니다. 제 자신부터 그랬고, 그때부터 함께했던 여러분 가운데도 이러한 생각을 공감하시리라고 봅니다. 그런데 최근 우리 교회에 오신 분들과 방문자들은 건물들이 차근차근 단계적으로 세워졌을 것이라고는 생각하지 못하십니다.

사실 주예수교회는 1999년 조그만 건물로 시작하여 2001년 새롭게 본당을 증축해서 예배를 드렸습니다. 그리고 2004년 본당 행정관보다 더 큰 교육관을 체육관과 함께 크게 지어 헌당하였습니다. 2008년에는 본당 뒤에 있는 남은 공간을 이용하여 아름다운 본당을 더욱 확장하였습니다. 이렇게 해서 지금의 주예수교회의 모든 건물들은 4단계의 과정을 거쳐 왔습니다.

그러한 사실들을 모르시는 분들은 한 목소리로 이렇게 말합니다. '주예수교회는 어떻게 처음부터 이렇게 크고 아름다운 건물을 지을 수 있었습니까?'

물론 저는 교회가 4단계를 거쳐 증축되고 신축된 것을 설명합니다. 하지만 그분들은 모든 건물들이 처음부터 함께 지어진 건물 같다고 말씀하십니다. 왜 그렇습니까? 주예수교회의 외부적인 모습을 보면 붉은 벽돌을 가지고 똑같이 지어서 연결했기 때문입니다. 본당과 행정관과 교육관, 체육관을 통로로 연결해서, 밖에서 보면 처음부터 규모 있고 통일성 있게 지은 것처럼 보입니다.

그렇다면 어떻게 하나님의 성전을 모두가 같은 모습으로 지을 수 있었을까요? 저나 장로님들이 잘해서 그런 것이 아닙니다. 건축자가 실력이 있어서 그런 것도 아닙니다. 그것은 바로 우리가 속해 있는 체스필드 카운티(Chesterfield County, VA)의 건축 코드 때문에 그렇습니다.

체스필드 카운티에서는 20여 년 전에 이 지역을 주택가에서 상가로 발전시키려고 할 때 종교 부지로 당시 조그만 예배당을 위해 넓은 땅을 정해 놓은 것이 있었습니다. 카운티에서는 처음 지은 건물과 새 건물을 지어야 하는 건축 코드를 정해 놓고 누구도 그 법을 바꾸지 못하게 했습니다. 주예수교회는 처음 예배당을 지을 때 사용했던 붉은 벽돌과 같은 건축 자재를 가지고 건물을 증축하고 신축하게 되어 있었습니다.

때로는 그것이 우리에게 부담이 되기도 했습니다. 교육관과 체육관을 더 크게 짓고 싶었습니다. 그러나 카운티에서는 전체와 앞뒤 균형이 맞도록 붉은 벽돌을 가지고 짓도록 했습니다. 이것을 저와 여러분이 함께 공부하며, 모든 규례를 찾아가며 배우고 따르면서 이루어진 일입니다. 모두가 하나님의 방법이고 섭리입니다.

하나님은 주예수교회가 건물을 증축할 당시 우리의 상황과 형편은 다르지만 우리에게 같은 법을 주시고, 같은 모양과 방법을 따르도록 하셨습니다. 세상의 공동체는 각자 공동체 나름대로 내규(bylaw)와 법이 있습니다. 어떤 이들은 그러한 것을 무시하고 자신의 개인적인 생각이나 과거의 경험을 적용하려고 합니다.

하지만 그러한 것들이 아닌 내규와 법, 코드대로 따랐을 때 주예수교회의 모든 건물이 붉은 벽돌로 통일성 있는 아름다운 모습으로 지어질 수 있었습니다. 이것은 주인이신 하나님의 뜻임을 깨닫게 되는 증거가 됩니다.

공동체적인 건강성을 유지해야 하는 교회 공동체

사회의 법도 우리를 이렇게 인도합니다. 하나님께서 세우신 공동체를 향하신 신묘막측한 섭리가 사회 법을 통해서 아름답게 행하시는 것을 우리는 체험했습니다. 그렇기 때문에 공동체의 건강은 어떤 개인이나 조직의 단면적인 생각으로만 되는 것이 아닙니다. 하나님께서는 공동체에게 성경이라는 법을 주시고 따르도록 말씀하셨습니다. 그리고 디모데전서 3장 15절은 이렇게 말합니다.

"만일 내가 지체하면 너로 하여금 하나님의 집에서 어떻게 행하여야 할지를 알게 하려 함이니 이 집은 살아 계신 하나님의 교회요 진리의 기둥과 터니라"(딤전 3:15).

교회는 살아 계신 하나님의 진리의 기둥입니다. 교회는 그 진리를 튼튼하게 세우는 터가 되어서 그리스도의 신부로서, 티나 주름 잡힌 것이나 흠이 없이, 주님 오실 때까지 이 땅에서 구원의 방주요 세상의 빛과 소금으로서 그 사명을 감당해야 합니다. 그렇기 때문에 거룩한 하나님의 교회는 공동체적인 건강성을 잘 유지해야 합니다. 건강한 사람은 독감이 걸려 있는 사람들의 모임 속에 다녀와도 쉽게 독감에 걸리지 않습니다. 하지만 건강하지 못한 사람은 병균의 침입을 막으러 애써도 쉽게 그 몸에 병원균이 침투할 수 있습니다.

그렇다면 건강한 교회를 유지하기 위해 어떻게 해야 할까요? 주님께서는 '음부의 권세가 너희를 넘기지 못하리라'고 말씀하셨습니다. 주님께서는 이렇게 말씀을 통해 우리를 방어해 주시고 보장해 주셨습니다. 그러나 그 말씀 속에는 음부의 권세가 늘 하나님의 공동체를 노릴 수 있다는 말씀이 들어 있습니다. 하지만 예수 그리스도의 영과 하나님의 사랑, 성령의 능력으로 건강하면 음부의 권세는 우리를 넘어뜨릴 수 없고, 오히려 우리는 그러한 것들을 무찌를 수 있습니다.

우리의 모퉁잇돌이 되신 예수 그리스도

기독교의 신앙은 건강이 중요합니다. 그리고 신앙의 개인적인 성숙은 공동체의 건강을 통해서 이루어지게 됩니다.

"너희는 사도들과 선지자들의 터 위에 세우심을 입은 자라 그리스도 예수께서 친히 모퉁잇돌이 되셨느니라 그의 안에서 건물마다 서로 연결하여 주 안에서 성전이 되어 가고 너희도 성령 안에서 하나님이 거하실 처소가 되기 위하여 그리스도 예수 안에서 함께 지어져 가느니라"(엡 2:20-22).

'함께 지어져 간다' 라는 말은 느헤미야서 전체에 흐르고 있는 공동체의 주제와 같은 맥락입니다. 이곳에서도 함께 세우는 공동체를 말씀합니다. 그런데 그 함께는 가까운 사람이나 편한 사람, 마음이 통한 사람끼리가 아닙니다. 교회 밖에서부터 이미 잘 알고 있거나 혈연적인 함께도 아닙니다. 그렇다면 여기서 말하는 함께는 무엇입니까?

우리는 모퉁잇돌이신 예수 그리스도가 우리를 지탱할 수 있도록, 나와 모든 사람들이 예수 그리스도라는 그 모퉁잇돌에 붙어 있어야 합니다. 그랬을 때 예수 그리스도께서 이음새가 되어 각각의 벽은 서로 연결되어 튼튼하게 됩니다. 벽이 튼튼해지면 자연스럽게 건물도 튼튼해지게 됩니다. 그래서 '함께 지어져 간다' 라는 것은 '그리스도 안에서 지어져 간다' 는 말입니다.

인간관계를 통해 도비야를 성전으로 불러들인 제사장 엘리아십

12년 동안 느헤미야는 산발랏과 도비야의 음모와 박해와 핍박 속에서도 이스라엘 민중에게 모든 헌신을 다했습니다. 백성들을 깨우치고 자기의 모든 재산과 지도력, 영적 헌신을 바쳐서 민족을 재건했습니다. 또한 에스라를 통해서 회개 운동을 벌이고 잘못된 모든 것을 바로잡아 성전을 지키는 일을 행했습니다. 십일조 생활과 제사장들을 바로 세우고, 이방 신을 섬기는 자가 가족 구성원이 된 잘못된 결혼 생활, 가정생활도 바로잡았습니다.

그런데 그런 느헤미야가 잠깐 자리를 비우는 사이에 성전 안에는 도비야가 들어오는 일들이 벌어진 것입니다. 도비야가 어떤 사람입니까? 그가 누구인데 예루살렘 성전에 들어와 한 방을 차지하고 성물이나 제삿물을 넣어 놓는 일을 하는 것입니까? 그는 레위인도 제사장도 아닙니다. 유대인도 아닙니다. 그런데 어떻게 감히 느헤미야가 없는 사이에 성전 안에 들어올 수 있었을까요?

그는 제사장의 사돈의 친척입니다. 제사장과의 인간관계를 통해서 그는 예루살렘 성전으로 들어왔습니다. 인간관계라는 것은 이처럼 무서운 것입니다. 목사나 장로, 제직들은 무서운 인간관계를 벗어나 하나님 앞에 악을 행하지 않겠다는 철저한 자기 지킴이 있어야 합니다. 그렇지 않으면 금방 악의 세력에 넘어가고 맙니다.

우리는 느헤미야가 처절하게 산발랏, 도비야와 싸우면서 이스라엘 백성과 함께 성벽을 쌓은 것을 보았습니다. 그러나 제사장 엘리아십은 인간관계를 이용해 도비야와 뒷거래를 했습니다. 제사장이라는 사람이 지도자가 없는 것을 기회로 삼아 성전 안팎에서 하나님의 전을 모욕하고 하나님의 영을 섬기지 않는 사람을 데려다 놓은 것입니다.

우리는 한편으로 이 사건을 이해할 수 없습니다. 하지만 사심이 들어가고 인간관계가 이미 영향을 주면 그러한 일이 일어날 수 있습니다. 우리도 인간적으로 혈연, 지연의 관계를 맺어가면서 이러한 악을 행할 수 있습니다.

안식일을 어기고 성전 마당에서 장사를 하는 이스라엘 공동체

그런데 도비야가 성전에 들어왔다는 것에서 끝나는 문제가 아닙니다. 도비야가 성전에 들어옴으로 백성들은 안식일을 지키지 않았습니다. 여러분! 안식일이 무엇입니까? 안식일은 이스라엘 백성들의 정체성을 나타내는 날입니다. 우리 예수 믿는 사람들은 주일에 예배드리는 것을 통하여 가장 중요한 정체성이 나타납니다.

그러나 이스라엘 백성들은 안식일에 하나님께 예배를 드리기 위해 모인 사람들과 장사를 하기 시작합니다. 그 속에서 온갖 주고 받는 이해타산의 뒷거래를 하기 시작합니다. 백성들은 영적인 것보다 인간적이고 사회적인 목적으로 만나서 교제하고 하나님이 보시기에 악을 행하고 있습니다. 예수님께서는 '내 집은 기도하는 집' 이라고 말씀하셨습니다. 그러나 인간들은 기도하는 집을 강도의 굴혈로 만들었습니다. 강도의 굴혈이라는 것은 인간들이 온갖 감추어진 더러운 욕심과 탐욕을 취하는 모습일 것입니다.

교회는 하나님의 집이요 예배하는 곳

이민 사회에서 교회가 갖는 의미는 큽니다. 교회는 이민 사회의 문화와 생활의 중심지입니다. 그러나 우리가 알아야 할 것은 교회는 하나님의 집이고 예배하는 곳이라는 것입니다. 그래서 저는 어린 2세들에게 확실히 일깨워 줍니다. 교회는 놀이터가 아니고 부모들이 무조건 축복하고 칭찬해 주는 곳이 아니라는 것을 말입니다. 교회는 하나님께 예배드리고 하나님을 만나는 곳입니다. 그리고 복의 근원이신 하나님의 축복을 받는 곳입니다.

하지만 우리가 편리하게 인간관계를 이루고 세상살이에 필요한 것들을 거래하다 보면, 교회는 사람을 모아 놓고 악을 행할 수 있도록 발판을 마련해 주는 역할을 하는 것입니다.

이스라엘 백성들은 사랑이라는 명목으로 안식일을 지키지 않으면서 예루살렘 성을 너 융성하게 만들었습니다. 그들은 이것이 바른 일이라고 생각했습니다. 이스라엘 성을 다시 활성화시킬 수 있는 좋은 방법이라고 생각했습니다. 하지만 느헤미야는 조상들의 과거를 돌이켜보면서 그들이 이러한 모습이었기 때문에 하나님의 심판을 받은 것이라고 말합니다. 이스라엘 백성들은 하나님을 떠나서는 살 수 없고, 하나님을 섬기는 것이 최고의 우선이고, 하나님이 모든 힘이고 능력이라고 말합니다.

그럴 듯하게 이스라엘 백성들이 인간적인 논리로 안식일을 범하는 것을 깨우치는 느헤미야의 안타까운 심정을 우리는 조금이나마 헤아릴 수 있습니다. 민족을 재건했다고 한들 무슨 소용이 있습니까? 그들은 이미 이스라엘 민족으로서의 정체성을 잃어버리고 말았습니다.

주일 성수가 중요한 이유

주일 성수는 이렇게 우리에게 매우 중요합니다. 우리가 온갖 핑계를 대고 변명거리가 있다고 하더라도, 주일 성수하는 것을 소홀히 하면 모든 것에서 덧나기 시작합니다. 그것은 명확한 역사적 사실이자 우리의 경험이고 고백입니다.

예배는 하나님을 하나님답게 하는 것입니다. 주일 성수를 하지 않으면서 하는 헌금, 열심, 선교, 전도는 아무 소용이 없습니다. 아울러 우리는 안식일을 통하여 마음의 평안을 얻고 육신의 휴식을 얻습니다. 그렇기에 안식일을 범하는 악을 행하면 마음의 평안도, 육신의 휴식도 없습니다.

13장 후반에 보면 이스라엘 백성들은 안식일을 범할 뿐 아니라 성전을 버려두기까지 했습니다. 장사를 통해 경제는 부유하게 돌아갔지만 그들은 십일조 생활을 하지 않았습니다. 그래서 성전을 섬기는 레위인들은 더 이상 제사장의 역할을 할 수가 없었습니다. 제사장들은 그들의 호구지책을 위해서 고향과 다른 지역으로 떠날 수밖에 없었습니다. 안식일을 지키지 않으면서 돈 많이 벌어 번성한 결과가 이것이었습니다.

하나님이 모든 것의 주인이시라는 것의 증거는 십일조와 헌금으로 나타납니다. 이스라엘에는 물질의 번영이 있다고 하고 나라가 부강해졌다고 하는데, 하나님은 멀리했습니다. 통탄할 일입니다.

건강한 교회가 건강한 가정을 만든다

13장에 나오는 이스라엘 백성의 모습들을 보면서 우리는 이런 질문을 하게 됩니다. '그렇다면 우리는 신앙 공동체를 어떻게 세워 나가고 어떤 신앙생활을 해야 할까요?' 우리가 신앙 공동체를 세울 때에는 기초를 튼튼히 하고 기준을 바로 세워야 합니다. 잘 다져진 터에 곧은 기둥을 세워 만들어진 공동체 속에서 우리는 건강한 믿음을 가질 수 있습니다. 그 속에서 생활하는 우리는 영이 성숙하고 신앙적으로 건강한 양육을 받을 수 있습니다. 그리고 그 속에서 사람들의 믿음이 건강하게 자라서 건강한 가정을 만들게 됩니다.

윌로우크릭 교회의 멘토가 되었던 길버트 빌지키언(Gilbert Bilezikian) 박사는 《공동체》라는 책에서 이렇게 다시 한 번 강조합니다. "건강한 교회는 건강한 가정이 만드는 것이 아니다. 건강한 교회를 세워야 건강한 가정이 된다. 건강한 교회에서 공동체적인 사명과 정결로 양육받은 성숙한 교인이 세운 가정은 건강한 자녀와 함께 건강한 가정을 이루어 간다."

그래서 저는 가정의 달을 맞이하여 2세들과 부서별로 함께 예배를 드릴 때 '건강한 교회, 건강한 가정'이라고 주제를 정한 것입니다.

현대 사회를 사는 우리는 너무 개인주의적이거나 가정 중심의 삶을 살아갑니다. 교역자들까지도 자신의 가정 일이라고 하면 어쩔 줄 모릅니다. 물론 가정을 무시하고 가정의 영적 유산을 무시하면 안 됩니다. 그러나 예수님께서는 '먼저 그의 나라와 그의 의를 구하라'고 하셨습니다. '힘을 다하고 목숨을 다하고 뜻을 다하여 주 너의 하나님을 먼저 사랑하라'라고 말씀하셨습니다.

하나님의 공동체 양육과 섬김과 공동체적인 일체감을 버리고 자신의 가정을 위해서 살면서 주일 성수, 십일조 생활을 바로 하지 않고 하나님을 멀리한다면, 하나님의 탄식 소리가 하늘에서부터 내려올 것입니다.

"평안의 매는 줄로 성령이 하나 되게 하신 것을 힘써 지키라"(엡 4:3).

우리는 교회 공동체 생활에서 우리의 노력이나 교회의 헌법을 말하기 전에 성령이 우리를 하나 되게 만들어 놓았음을 알아야 합니다. 하나님께서는 태초부터 아담과 하와를 통한 가정 공동체를 만드셨습니다. 그래서 하나님의 꿈이 공동체에 있다고 길버트 빌지키언 박사는 말합니다. 그리고 공동체는 하나님의 섭리이고 본질입니다. 하나님께서는 공동체를 통해서 우리를 원하시고 공동체가 답이라는 것입니다.

우리가 다시 한 번 공동체라는 것을 심각하게 생각해야 할 이유가 여기 있습니다. 우리는 성숙한 교인이 교회의 공동체를 성숙하고 건강하게 만들 수도 있다고 생각합니다. 물론 그럴 수도 있습니다. 그러나 꼭 그것만이 옳은 답이 아닙니다. 비록 성숙하지 못한 교인이라도, 비록 건강하지 못한 가정이라 하더라도, 교회가 성숙하고 공동체적인 교회가 건강하면 그곳에서 훈련을 통해 성숙해질 수 있는 것이 기독교의 공동체적 원리이기 때문입니다.

우리는 공동체 안에서 함께하는 이가 죄를 범했을 때는 그를 위하여 기도해 주고, 기쁜 일이 있을 때에는 함께 감사하고 축하해 줍니다. 그리고 신앙으로 성숙하지 못할 때는 성숙할 수 있도록 교회적인 방법이나 성도간의 교제를 통해서 깨우쳐 주고 인도해 주는 것이 공동체의 훈련입니다. 그래서 기독교 신앙은 처음부터 공동체적이지 혼자 믿는 것이 아닙니다. 혼자 일하고 혼자 성숙할 수 있는 것이 아닙니다. 우리는 공동체 생활에서 우리의 신앙적인 평가를 받습니다. 우리는 아이 성 전투에서 아간의 죄를 알고 있습니다. 아간 때문에 수백 명의 사람이 죽어야 했고 전투에서는 패배했습니다. 아간의 죗값을 공동체적으로 인식시키고 치르지 않고서는 이스라엘의 미래가 없었습니다.

공동체적인 사명을 가진 가정과 교회

느헤미야 13장 후반 부분에 보면 암몬, 모압 족속이 들어왔습니다. 그들의 딸들은 신앙적으로 우상을 섬기는 가치관을 가지고 이스라엘에 들어왔습니다. 단순히 이방 민족의 여인들과 혈연적인 결혼 관계만을 말하는 것이 아닙니다. 이스라엘 가정에 잘못된 가치관이 들어왔다는 것입니다. 이것은 오늘날 우리의 가정과도 연관해 볼 수 있습니다. 돈만 아는 가정, 자녀들의 교육만 아는 가정, 자기 가문의 발전만을 아는 가정은 결국에는 건강한 가문을 만들 수 없습니다.

미국의 위대한 사립 교육 기관이나 위대한 지도자를 학교에서 뽑을 때, 심지어는 아이비리그에 들어가는 좋은 대학들이 신입생을 뽑을 때, 어디에 중점을 두는지 우리가 생각해 볼 수 있습니다. 성적이나 능력은 비슷합니다. 그들은 이 사람이 과연 장래에 귀한 교육과 투자를 받고 사회에 나가서 공헌할 수 있는지를 살펴봅니다. 이 사람의 자질을 통해서 과연 사회가 발전할 수 있는지를 살펴봅니다.

우리가 교회 공동체를 건강하게 세우려고 할 때 살펴보아야 할 것이 이것입니다. 혼자 잘살고 혼자 성공하려는 가정이나 교회는 절대 건강한 공동체가 될 수 없습니다. 세상의 빛과 소금의 역할을 하는 구원의 방주가 되어 하나님의 선한 일을 하는 역사적 사명이 개인과 가정, 교회에 있어야 합니다.

공동체 생활을 위한 세 가지 원리

성령이 하나 되게 하신 것을 힘써 지키기 위해서 사도 바울은 세

가지 원리를 우리에게 가르쳐 주었습니다. 사도 바울은 공동체의 생활과 봉사, 헌신 가운데 질서를 지키고(고전 14:39-40) 분수를 알고(엡 4:15-18) 협력해야 한다고(고전 12:12-23) 말합니다. 제아무리 의욕이 넘치고 바른 판단력을 가진 자라 하더라도 질서를 지켜야 합니다. 아무리 많이 기도하고 봉사하는 사람이라도 믿음의 분수를 알아야 합니다. 그리고 혼자 잘하는 사람이라 해도, 그 사람이 없으면 안 된다고 하더라도, 협력하지 않는 봉사는 득이 되지 않습니다.

사도 바울이 그리스도의 몸 된 지체를 성령이 하나되게 한 것을 지키라고 한 것은 우리에게 주는 방법론입니다. 하나님이 이미 하나되게 하신 것을 내가 분수를 넘어서 하나 되게 만든다는 것은 오판입니다. 하나님이 하나 되게 해놓은 것을 내 권위와 욕심을 가지고 질서를 만든다는 것도 잘못된 것입니다. 하나님이 하나 되게 해놓은 것을 자기중심으로 협력해야 한다는 것도 마찬가지로 잘못입니다.

건강한 공동체를 통해 드러나는 하나님의 영광

느헤미야는 마지막 개혁과 시정을 통해서 우리에게 건강한 공동체를 살리는 길을 다시 한번 보여주었습니다.

"이는 우리가 그리스도 안에서 전부터 바라던 그의 영광의 찬송이 되게 하려 하심이라……이는 우리 기업의 보증이 되사 그 얻으신 것을 속량하시고 그의 영광을 찬송하게 하려 하심이라"(엡 1:12, 14).

건강한 공동체를 통해서 하나님의 영광이 드러나야 합니다. 그래서 주예수교회도 '살아 계시는 하나님의 영광스런 교회'라는 표어를 걸고 공동체를 함께 받들고 섬기며 세워 나가는 것입니다. 건강한 신앙 공동체를 통해 건강한 신앙과 가정을 이루고 건강한 인류 사회를 이루어 갈 수 있습니다.

하나님 아버지, 감사합니다.

세상은 너무 탐욕적이고 이기적이며 거짓 술수가 넘쳐납니다.

그리고 흠도 많고 죄도 많습니다.

교회도 마찬가지로 하나님과 세상 앞에

부끄럽고 어긋난 것이 많이 있습니다.

그러나 우리가 그리스도 안에서 굳건히 붙어 있음으로

그리스도의 모퉁잇돌을 통하여

하나님 안에서 건강한 공동체가 될 수 있게 하옵소서.

그러함으로 건강한 공동체를 이루고, 그 건강한 공동체 속에서

내 믿음과 가정과 우리의 삶의 가치관이 건강하게 도와주시옵소서.

하나님 아버지, 주예수교회를 건강한 공동체로 세우도록

늘 인도하시는 성령의 은혜에 감사합니다.

특별히 전 미국에 흩어져 있는 4천여 이민 교회마다

하나님의 건강한 공동체를 바로 세워 나가도록

지도자들을 축복하시고 인도하시고 깨우쳐 주시옵소서.

그리고 이 시대와 지역에 주신 주예수교회 사명 안에서

이 모든 일을 잘 감당하게 하옵소서.

예수님 이름 의지하여 감사하옵고 기도드리옵나이다. 아멘.

25. 역사적 공동체

느헤미야 13:28-31

²⁸대제사장 엘리아십의 손자 요야다의 아들 하나가 호론 사람 산발랏의 사위가 되었으므로 내가 쫓아내어 나를 떠나게 하였느니라 ²⁹내 하나님이여 그들이 제사장의 직분을 더럽히고 제사장의 직분과 레위 사람에 대한 언약을 어겼사오니 그들을 기억하옵소서 ³⁰내가 이와 같이 그들에게 이방 사람을 떠나게 하여 그들을 깨끗하게 하고 또 제사장과 레위 사람의 반열을 세워 각각 자기의 일을 맡게 하고 ³¹또 정한 기한에 나무와 처음 익은 것을 드리게 하였사오니 내 하나님이여 나를 기억하사 복을 주옵소서

역사적 공동체

느헤미야 10장부터 13장까지 우리는 여섯 번에 걸쳐 '공동체'라는 주제에 맞추어서 말씀을 생각했습니다. '언약 공동체'라는 제목으로 시작하여 마지막으로 '역사적 공동체'라는 제목을 붙이고 드디어 느헤미야의 강해를 마치게 됩니다. 저는 느헤미야 13장 28-31

절에 '역사적 공동체'(Historical Community)라는 제목을 붙였습니다. 어떤 구절과 내용이 근거가 되어 이런 제목을 정했을까요?

바로 '기억하옵소서, 기억하사' 라는 말입니다. 29절 "언약을 어겼사오니 그들을 기억하옵소서", 31절에서는 "내 하나님이여 나를 기억하사 복을 주옵소서"라고 기록하고 있습니다. 이 말씀을 통해 하나님의 역사성이 공동체를 통해서 지도자와 온 백성들에게 주는 교훈이 무엇인가를 생각해 보기로 합니다.

망각의 병

망각은 무서운 병입니다. 그래서 현대인의 병 가운데 알츠하이머(Alzheimer's Disease)라는 병은 노년에 우리를 괴롭히는 무서운 병 중의 하나입니다. 기억을 상실하는 병이기 때문입니다.

미국에서 가장 존경받는 직업 가운데 하나가 대법관입니다. 이 직업은 평생토록 할 수 있는 종신직일 뿐 아니라 대법관의 법적 수렴과 견해와 판단은 미국의 역사적인 흐름에 결정적인 영향을 주고 있습니다. 미국은 산드라 데이 오코너(Sandra Day O'Connor)라는 존경받는 여자 법조인이 대법관이 되었을 때 많은 사람들이 주목했습니다.

그러나 그녀는 수년 전 종신직으로 보장된 대법관직에서 사임을 했습니다. 왜 그런 줄 아십니까? 양로원에 들어간 자신의 남편을 돌보기 위해서였습니다. 치매에 걸려 양로원에서 외롭게 생활하는 남편을 위해, 아내로서 마지막으로 사랑을 표현하고 그를 위해 봉사하기 위해 존경받는 종신직 대법관직을 그만둔 것입니다. 그리고 매일 출근하다시피 하며 남편을 돌봤습니다.

그런데 어느 날 오코너는 뜻밖의 문제에 봉착했습니다. 그녀는 자기가 누구인지 알아보지도 못하는 남편이 같은 곳에 있는 어느 여인과 가까운 사이가 된 것을 보게 되었습니다. 그것을 보고 많은 사람들은 황당하게 생각하며 그녀를 위로했습니다.

그러나 그녀는 치매에 걸린 자신의 남편을 이해하며 오히려 가깝게 지낼 수 있게 된 다른 여인이 남편 옆에 있게 된 것을 인정하고 좋은 마음을 가졌습니다. 모든 현실을 받아들이고 남편이 행복해하는 모습을 보면서, 그녀도 기뻐하려고 노력한다고 했습니다. 내가 당하지 않은 남의 일이라 그녀의 심정을 우리는 충분히 헤아릴 수 없지만, 기억상실증은 우리를 안타깝게 하는 많은 문제를 불러일으킵니다.

하나님의 신실성은 역사를 통해서 나타난다

기독교는 역사적 종교입니다. 그리고 하나님께서는 당신이 하신 말씀과 약속, 언약을 철저히 이루시고 지키신다는 것을, 우리는 10장 '언약 공동체'를 통하여 배웠습니다. 언약 공동체에서는 아브라함의 언약을 통해 이루어지는 신앙의 유산과 약속의 성취에 대해 생각하는 시간을 가지고 우리의 삶에도 적용하는 시간을 가졌습니다.

그리고 느헤미야 13장 마지막에 와서는 "내 하나님이여 나를 기억하사 복을 주옵소서"라는 느헤미야의 고백을 통해, 우리는 역사적인 연속성을 가진 하나님의 신실성에 대한 깨우침을 얻을 수 있습니다. 그리고 우리의 삶이 신앙을 맹목화하거나 결과만 중요시하지 않고, 그 삶의 과정과 여정이 성실하고 신실하다면 하나님 앞에 기억되는 열매가 있다는 것을 배울 수 있습니다.

이 구절은 자칫하면 기복 신앙이나 결과론적인 신앙으로 보이기 쉽습니다. 그리고 은혜와 용서와 자비만 생각하면서 자신의 신앙의 책임과 성실성을 희석시킬 수도 있습니다. 하지만 이 구절은 하나님의 신실성을 역사적인 공동체적인 면에서 가르쳐 주고 있다는 것을 주목해야 합니다.

하나님이 기억하시기를 원하는 느헤미야

느헤미야는 13장 14절에서도 이런 말을 합니다.

"내 하나님의 전과 그 모든 직무를 위해여 내가 행한 선한 일을 도 말하지 마옵소서"(느 13:14).

느헤미야는 하나님께서 자신의 선한 모든 일을 기억하여 주시기를 바라는 마음을 가졌습니다. 그리고 13장 22절에서 또 말합니다.

"내 하나님이여 나를 위하여 이 일도 기억하시옵고 주의 크신 은혜대로 나를 아끼시옵소서"(느 13:22).

한편으로 보면 심한 자기 도취이고 자기 주장처럼 보입니다. 하지만 그렇지 않습니다. 느헤미야가 '하나님이여, 나를 위하여 이 일도 기억하시고, 주의 크신 은혜대로 나를 아끼시옵소서, 하나님이여, 나를 기억하사 복을 주시옵소서. 하나님이여, 내가 행한 선한 일을 기억하사 도말하지 마시옵소서' 라고 말한 것은 자기의 모든 수고와 충성과 헌신에 대한 주장과 과시가 아닙니다. 그의 기준이 거기에 있지 않습니다. 그는 하나님께 근본을 두었습니다. 느헤미야는 기억하시는 하나님을 말하고 있는 것입니다.

그리고 자신이 동기와 열매가 바른 것만을 기억할 것이 아니라, 29절에 보듯이 '제사장의 직분과 레위 사람들의 언약을 어긴 잘못도 기억해 주십시오' 라고 하면서, 선한 것과 악한 것 모두를 기억하시는 하나님의 준엄한 양면성을 말했습니다.

느헤미야는 언약을 어기고 약속을 위반하고 사명을 버린 죄악을 기억하시기를 원하는 것도 있지만, 느헤미야서 전체를 통해서 강조하고 있듯이, 하나님 앞에 행한 모든 선한 일들을 보시고 잊지 마시고 기억하셔서 복을 주시기를 원하는 기도를 한 것입니다.

느헤미야는 위대한 행정가였습니다. 그리고 사심 없는 공인으로서 자신의 모든 은사와 재산과 노력을 들여서 52일 만에 백성들과 함께 예루살렘 성벽을 쌓은 위대한 추진력이 있는 사람이었습니다. 그런 지도자적인 탁월한 인격과 능력 속에는 감추어진 본질적인 힘이 있는데, 그것은 바로 하나님과의 관계입니다. 그래서 그는 마지막 결론에 '하나님이여, 기억하여 주시옵소서' 라고 말할 수 있었습니다.

하나님의 역사성

여러분! 느헤미야서 5장 19절로 올라가 보십시오. 느헤미야가 이렇게 말합니다.

"내 하나님이여 내가 이 백성을 위하여 행한 모든 일을 기억하사 내게 은혜를 베푸시옵소서"(느 5:19).

느헤미야가 그의 모든 공식적인 수고를 하며 국가와 민족을 재건하기 위해서 성벽을 중수하는 노력을 할 수 있었던 이유가 있습니다. 그가 모든 원수와 대적들을 물리치고 사심 없이 스스로 모범이 되어서 성전을 보호하고 성전을 활성화시키는 일을 했던 것은, 언제나 모든 것의 중심을 하나님에게 두었기 때문입니다. 모든 본질과 판단과 평가 그리고 모든 복은 하나님으로부터 온다는 것에 대한 그의 고백입니다. 그렇기 때문에 '하나님, 기억해 주십시오' 라고 한 것입니다. 자신의 공적이나 수고나 이름을 나타내고자 함이 아닙니다.

"그들을 모아 내 이름을 두려고 택한 곳에 돌아오게 하리라 하신 말씀을 이제 청하건대 기억하옵소서"(느 1:9).

처음부터 느헤미야는 하나님 앞에 기도하면서 '당신이 하신 말씀을 기억해 주시옵소서' 라고 반문하면서 일을 시작했습니다. 느헤미야는 이스라엘 백성들이 돌아오고 회개해서 하나님의 율법과 뜻대로 살도록 하려면, 하나님께서 당신의 백성들을 택한 곳으로 다시 모아야 한다는 것을 알았습니다. 그래서 하나님께서 하신 말씀의 신실성, 정직성, 공직성을 그대로 기억하시기를 원했습니다.

이런 느헤미야의 하나님에 대한 역사성은 기독교 신앙의 역사성을 말합니다. 이것은 우리가 살아가는 모든 삶의 여정 가운데 어떤 결과만을 가지고 하나님께서 평가하시고 상급을 주시는 것이 아님을 알 수 있습니다. 그 삶의 여정 속에서 있었던 내 모든 행적들을 하나님은 영상 필름처럼 다 기억하고 계신다는 것을 우리는 기억해야 합니다. 이러한 하나님의 역사성에 대해서 성경의 두 곳을 통해서 느헤미야의 기도가 얼마나 정확하고 성서적이고 바른 기도였던가를 찾아볼 수 있습니다.

아브라함의 기도를 통해 나타난 하나님의 역사성

먼저 창세기 19장 27-29절입니다.

"아브라함이 그 아침에 일찍이 일어나 여호와 앞에 서 있던 곳에 이르러 소돔과 고모라와 그 온 지역을 향하여 눈을 들어 연기가 옹기 가마의 연기같이 치솟음을 보았더라 하나님이 그 지역의 성을 멸하실 때 곧 롯이 거주하는 성을 엎으실 때에 하나님이 아브라함을 생각하사 롯을 그 엎으시는 중에 내보내셨더라"(창 19:27-29).

영어 성경 번역에는 '생각하사'를 대부분 'remembrance'라고 기록했습니다. 하나님께서는 기억을 돌이키셔서 아브라함을 생각하시고 롯을 소돔과 고모라에서 구출했습니다. 우리는 소돔과 고모라성을 잘 압니다. 아브라함은 이미 조카를 데리고 하나님이 떠나라고 명령하실 때 그의 인생을 늘 걱정하고 염려했습니다. 그러나 롯은 물질과 눈에 보이는 성공을 찾아서 소돔과 고모라 성에 점점 가까이 갔고, 결국 그 성 중앙에 살게 되었습니다.

하나님께서 죄악이 가득했던 소돔과 고모라 성을 멸하실 때 아브라함이 그 조카의 가정을 생각하는 마음을 아시고 아브라함에게 넌지시 먼저 힌트를 주시고 가르쳐 주셨습니다. 창세기 18장을 보면 소돔과 고모라 성의 멸망을 예언하십니다. 그래서 롯의 가정이 함께 멸망할 것을 아브라함에게 알려 주십니다. 아브라함은 그 소식을 듣고 조카를 생각하는 마음을 가지고 하나님께 간절히 기도합니다. 아브라함의 기도에 응답하시는 하나님께서는 의인 열 명만 있어도 그 성을 멸망하지 않을 것을 약속하셨습니다.

하지만 실망스럽게도 롯의 신앙은 그렇지 못했습니다. 겨우 자기 부인이나 자기 딸들을 전도하고 예수 믿게 할 정도뿐이었습니다. 하나님께서 성을 멸망하신다고 할 때 롯의 사위들은 농담으로 여겼습니다. 롯이 신앙이 얼마나 경건하지 못했으면 사위들이 하나님을 두려워하지 않고 그의 말을 농담으로 알아들었을까요?

자신의 영적 영향을 갑자기 나타낼 수 없습니다. 신앙의 유산이 갑자기 물려질 수는 없습니다. 헌신과 충성도 마찬가지입니다. 그래서 아브라함의 간절한 기도가 있었음에도 소돔과 고모라는 망하게 되었습니다. 하지만 하나님께서는 아브라함을 생각하시고, 그의 영적 유산을 생각해서 아브라함이 기도해 놓은 것을 기억하셔서 결국은 롯을 구원해 주십니다. 이렇게 하나님은 기억해 두십니다.

이렇게 하나님께서는 응답되지 않은 기도까지도 기억해 두십니다. 하나님께서는 아직 해결되지 않은 기도까지도 기억해 놓으시고 모든 선의 행위를 기록해 놓으십니다. 하나님께서는 이렇게 역사적인 하나님이십니다.

  구약성경은 하나님의 역사를 이스라엘 민족 역사를 통해서 우리에게 가르쳐 줍니다. 그리고 신약성경은 예수 그리스도의 삶과 초대교회의 역사를 통해서 하나님의 역사를 가르쳐 줍니다. 하나님께서는 신부 되신 예수 그리스도가 다시 오실 때까지 이 땅이 해야 할 일을 창세기 1장부터 요한계시록을 통해서 우리에게 가르쳐 주십니다.

  사람이 역사와 역사적인 가치관을 잃어버리면, 임기응변식이거나 기회주의적인 삶을 살아가기 쉽습니다. 그래서 결국은 영향력 있는 창조적인 삶을 살아가지 못합니다. 그래서 하나님의 역사성을 잃지 말아야 합니다. 우리의 신앙생활이 그래야 하고 기독교의 사명이 그래야 합니다.

한 여인의 헌신을 통해 나타난 하나님의 역사성

  또 하나의 성경적 사실을 통해서 우리는 하나님의 역사성을 알 수 있습니다. 마가복음 14장 6-9절을 살펴보면 예수님께서 이런 문제를 직접 말씀하신 부분이 나옵니다.

  "예수께서 이르시되 가만 두라 너희가 어찌하여 그를 괴롭게 하느냐 그가 내게 좋은 일을 하였느니라 가난한 자들은 항상 너희와 함께 있으니 아무 때라도 원하는 대로 도울 수 있거니와 나는 너희와 항상 함께 있지 아니하리라 그는 힘을 다하여 내 몸에 향유를 부어 장례를 미리 준비하였느니라 내가 진실로 너희에게 이르노니 온 천하에 어디에서든지 복음이 전파되는 곳에는 이 여자가 행한 일도 말하여 다함께 그를 기억하리라"(막 14:6-9).

옥합을 깨트려 향유를 예수님의 발에 부은 한 여인의 지극한 헌신과 충성은, 제자들과 다른 사람이 볼 때는 낭비이고 예수의 자기 도취로 보였습니다. 그러나 주님께서 보실 때에는 가장 적절한 때에 가장 적절한 방법으로 예수인 당신을 기억하는 것이라고 말했습니다. 예수님은 복음이 전파되는 곳에서 당신이 올 때까지 이 여인의 아름다운 행위를 기억하라고 말씀하십니다.

여러분! 때로는 우리의 부모와 이웃들이 하나님의 전과 일에 충성하는 것이 어리석고 낭비인 것 같아 보일 때가 있습니다. 그리고 하나님 보시기에 응답이 없고 현명하지 못한 사용인 것 같아 보일 때도 있을 것입니다.

그러나 하나님은 가장 적절한 때에 가장 적절한 방법으로 기억하시는 하나님이시기 때문에, 그것은 결국 낭비가 아니라 하나님의 영광과 기쁨이 되는 준비입니다. 그래서 주님께서 부활하신 다음에 가장 기쁘고 즐거웠을 여인 가운데 한 사람이 바로 이 사람이었을 것입니다. 그리고 주님께서는 그 여인의 행동을 기억해 두십니다.

우리의 선한 행위와 충성, 주를 위한 희생이 때로는 보답이 없고 때로는 그 열매가 당장 눈에 드러나지 않고 때로는 사람들이 오해하고 비평하고 어리석다고 지적을 하더라도 하나님은 그것을 기억해 놓으십니다. 그 중심과 동기가 하나님 앞에 합당할 때 주님께서는 결코 도말하지 않으십니다.

하나님과 하나님의 전에 충성하였을 때 자녀들이 받는 축복

한국 교회의 초대 선교사적인 인물 가운데 많은 지도자들이 한국의 현대사에 위대한 영향을 미치고 있습니다. 초창기 기독교 선교사들이 평북 정주에서 복음을 전할 때 있었던 일입니다. 한학을 좀 하지만 그것 가지고는 안 되니까, 점쳐 주는 일을 하며 먹고살아가는 어떤 사람에게 한 선교사가 찾아갔습니다.

그 선교사는 그 점치는 일을 하는 사람에게, 사람들에게 점 쳐주고 돈을 받는 것은 사탄이 좋아할 일이고 지옥 갈 일이라고 말했습니다. 그것은 인생을 망치는 일이고 하나님께서 가장 싫어하시는 일이라는 말을 하고, 후손들까지도 망한다는 소리를 합니다.

그 소리를 들은 그 사람은 깜짝 놀랐습니다. 그래서 자식들을 생각하고 후손들을 생각하는 마음으로 전도받아 구원받았습니다. 그리고 하나님과 하나님의 교회를 위해 충성을 다했습니다. 교회 건축을 할 때 그는 모든 재산을 드렸습니다.

그런데 어느 날 선교사가 그 집을 방문했다가 중학교에 가야 할 나이가 된 그의 자녀가 집에서 놀고 있는 것을 보았습니다. 선교사가 왜 학교에 가지 않는지 물어 보자, 아이는 부모가 모든 재산을 교회에 바쳤기 때문에 학교에 갈 수 없다고 말했습니다. 선교사가 그 말을 듣고 마음에 깊은 감동을 느끼고 그 아이를 자기 집으로 데리고 와서 교육시키고 미국으로 유학까지 보냈습니다.

그 후 그 아이는 신학을 공부하고 마지막에는 예일 대학교에서 교회사로 박사 학위(Ph. D.)를 받았습니다. 그분은 다름 아닌 학자로서, 신학자로서, 목사로서, 나중에 기독교 교육자로서 큰 인물이 된 용재 백낙준 연세대 총장입니다. 그분이 나중에 크게 성공하고 교육계에 헌신해서 한국에 기독교 신앙으로 젊은이들을 양육하고 정치계까지 영향을 줄 때 이런 말씀을 하셨습니다.

"그때 우리 어머니, 아버지가 그저 점이나 쳐서 나를 일본 유학을 보냈다면, 나는 아마 일본 사람들의 앞잡이가 되었을 것이다."

신앙은 고사하고 민족의 앞잡이로 그의 가문이 기록에 남았을 것이라는 그의 고백이었습니다. 그의 부모가 하나님께 대한 사랑을 가지고 하나님의 일에 생명을 걸었기 때문에 그는 교회뿐 아니라 민족 앞에 기독교 교육자로서 큰 인물이 되었습니다.

그분은 연세대학교 총장 시절에 학생들이 채플 시간을 꼭 지키도록 노력했습니다. 억지로라도 예배를 드리게끔 하였습니다. 그리고 지금의 용재 중앙도서관은 소탈하고 소박한 한국 교육계의 지도자이자 정치가이며 신앙의 승리자인 그분을 기념하고 있습니다.

당신을 향한 최선과 최고를 기억하시는 하나님

하나님의 전과 나라, 하나님의 사역에 헌신하고 충성하는 것을 세상 사람들은 이해하지 못하고 핍박하고 시험을 줍니다. 그러나 그 중심을 하나님께 모두 바칠 때 하나님께서는 결코 그 사람을 잊어버리지 않으실 것입니다. 잊어버리시는 하나님이 아니십니다.

느헤미야는 52일 만에 성벽을 쌓고 성벽 낙성식을 한 후, 성전에 와서 예배드리고 성전의 제사장과 전에 필요한 모든 물건들이 부족함이 없도록 하였습니다. 최고와 최선의 것으로 하나님께 드리며 백성들과 더불어 헌신과 충성의 결단을 했습니다. 그리고 마지막으로 하나님 앞에 고백적이며 소망적이며 그리고 확신에 찬 기도를 드렸습니다. '내 하나님이여, 나를 기억하사 복을 주옵소서.'

그가 기복적인 기도를 하는 것입니까? 그가 자기가 한 것을 과시하는 기도를 하는 것입니까? 절대 아닙니다. 그는 하나님이 어떠신 분인지 알고 있기 때문에 백성과 자신은 결단코 하나님과의 관계를 끊을 수 없다고 결단하는 것입니다.

우리는 하나님 앞에 어떤 기록을 남기고 있는가?

나의 삶과 민족 공동체, 우리 교회 공동체는 이 땅에 그리스도가 오실 때까지 세워 가야 하는 그리스도의 신부이자 하나님의 역사성 앞에 서 있는 공동체이어야 합니다. 이민 1세로 살아가는 우리 자신은 원하든 원치 않든 내 후손들에게 역사서를 쓰는 것이고, 우리 교회 공동체의 역사는 내가 인식하든 인식하지 않든 세월이 가면서 이 지역과 이 시대에 하나님의 사역을 역사적으로 기록을 해나가는 것입니다.

위대한 정치가였던 윈스턴 처칠(Winston Churchill)은 그의 회고록을 통하여 "역사는 기록해야 한다"라고 말했습니다. 기록하지 않은 역사는 역사가 아니라고 말했습니다.

우리의 마음속에는 무엇이 기록되어 있습니까? 그리고 앞으로 어떻게 기록할 것입니까? 우리의 공동체를 통해서 우리가 어떤 기록을 남겼는지, 하나님은 결코 잊어버리지 않으시고 영원토록 기록해 놓으실 것입니다. 은혜를 주시고 우리를 아끼시며 축복해 주시기 위해서 하나님은 기억해 두신다고 했습니다.

교회는 하나님의 꿈의 공동체

성도 여러분! 기억하시는 하나님을 생각하면 하나님께서는 이 땅에 꿈으로 세운 하나님의 사역과 사명의 공동체, 신앙의 어머니인 영적 공동체인 교회를 귀히 여기게 될 것입니다. 특별히 시대와 역사 상황 속에서 세우신 각 지역 교회 공동체를 통하여 우리의 사역과 헌신이 헛되지 않도록 기록해 놓으시는 것입니다.

존 오트버그(John Ortberg)라는 신학자는 이런 말을 했습니다. "교회란 종교적 예배를 드리기 위해서 사람들이 가끔씩 모이는 장소가 아니다. 교회는 다른 많은 사회적 기관들 중 하나도 아니다. 교회는 하나님께서 가장 아끼시는 피조물들 중 하나인 그분의 꿈이다."

교회는 하나님의 꿈의 공동체이기 때문에 나와 여러분에게 중요한 것이고, 인류에게 중요한 것입니다. 하나님의 창조 섭리에 의한 하나님의 꿈이 교회 공동체에 있습니다. 그렇기 때문에 이 땅에 그 꿈을 통해서 하나님의 나라가 확산되고 주님이 다시 올 때까지 그리스도의 신부로서 티나 주름 잡힌 것이나 흠이 없이 아름다운 모습을 가꾸어 가도록 사명을 우리게게 주셨습니다. 결국 교회는 영광스런 모습으로 신랑 되신 주님께서 다시 오실 때까지 이 땅에서 그 사명을 감당해야 합니다.

하나님 앞에 순결하고 정결한 공동체의 삶

"교회로 말미암아 하늘에 있는 통치자들과 권세들에게 하나님의 각종 지혜를 알게 하려 하심이라"(엡 3:10).

하늘의 지혜는 하나님의 능력입니다. 하나님의 능력을 교회로 말미암아 주께서 나타내신다고 하셨습니다. 우리 영적 공동체와 신앙 공동체가 왜 중요한지 그 이유가 여기 있습니다. 성도 여러분! 피로 값 주고 세우신 하나님의 몸 된 공동체에서 여러분이 헌신하고 충성하고 봉사하시는 그 모든 것을 하나님께서는 기록하십니다. 그리고 그것들은 상급이 될 수도 있고 징계의 채찍이 될 수도 있을 것입니다.

세상이 비평하고 인간의 욕망이 나를 유혹할지라도 언제나 하나님 앞에 정결하고 거룩하게 역사적 공동체인 하나님의 집을 세워 나가기를 원합니다. 우리 모두가 성경이 말하고 인도하고 지시하는 대로 하나님의 공동체, 거룩한 공동체, 역사적 공동체, 언약의 공동체, 건강한 공동체인 교회를 통하여 하나님의 축복을 받아 누리며, 선한 일을 함께 더할 수 있기를 바랍니다.

하나님 아버지, 감사합니다.
망각하기 쉽고 기회주의적이고 이기주의적인 처세에 따라서
선택하기 쉬운 것이 우리의 모습입니다.
그러나 하나님께서는 분명히 기억하신다고 하셨습니다.
하나님 당신께서는 아브라함의 그 자격 없는 기도까지
기억하셔서 생각하십니다.
그리스도의 몸 된 교회는 그리스도가 다시 이 땅에 오실 때까지
신부로서 가꾸어 가며 기억되게 역사를 써 나가며 기록하고 있습니다.
우리는 하나님의 그릇으로서 하나님의 역사서에
한 발자국, 한 발자국 남깁니다.
이 땅에 세운 특별히 4천여 이민 교회 교인들, 평신도 지도자들,
교역자들, 목사들이 하나님의 역사성 앞에 옷깃을 여미고
귀한 사명과 정결한 자긍심과 확신에 찬 결단을 가지게 도와주시옵소서.
건강한 주의 교회를 세우게 도와주시옵소서.
느헤미야의 정직과 신념과 헌신의 지도력을 가지고 함께 세우는
이스라엘 민족 공동체를 보면서,
오늘날 이 땅에 허물어져가거나 나약해져 가는
이민 교회들, 그리고 사명을 받았으나 게으른 이민 교회들,
사명 속에 있으나 힘이 없고, 부족하고, 능력과 자원이 필요한 교회들
모두가 하나님의 역사성에 살아 움직이는
하나님의 꿈의 공동체로 변하게 하시옵소서.
하나님의 꿈이 그곳을 통하여 일어나게 도와주시옵소서.
주예수교회도 하나님의 그런 일에 앞장서고 헌신하도록 도와주시옵소서.
예수 그리스도의 이름을 의지하여 감사하옵고 기도드리옵나이다. 아멘.

판권
소유

공동체 시리즈 I
리더십은 이렇게 - 느헤미야 강해

2012년 10월 10일 인쇄
2012년 10월 15일 발행

지은이 | 배현찬
발행인 | 이형규
발행처 | 쿰란출판사

주소 | 서울특별시 종로구 이화동 184-3
TEL | 02-745-1007, 745-1301~2, 747-1212, 743-1300
영업부 | 02-747-1004, FAX / 02-745-8490
본사평생전화번호 | 0502-756-1004
홈페이지 | http://www.qumran.co.kr
E-mail | qrbooks@gmail.com
　　　　qrbooks@daum.net
한글인터넷주소 | 쿰란, 쿰란출판사

등록 | 제1-670호(1988.2.27)

책임교열 | 김향숙 · 이화정

값 13,000원

ISBN 978-89-6562-362-5 94230
　　　978-89-6562-361-8 (세트)

＊ 이 출판물은 저작권법에 의해 보호를 받는 저작물이므로 무단 복제할 수 없습니다.
　잘못된 책은 교환해 드립니다.